中国近代经济史
统计资料选辑

编者　严中平　徐义生　姚贤镐　孙毓棠
　　　汪敬虞　李一诚　宓汝成　聂宝璋
　　　李文治　章有义　罗尔纲

中国社会科学出版社

图书在版编目(CIP)数据

中国近代经济史统计资料选辑/严中平等编．—北京：中国社会科学出版社，2012.6

（中国社会科学院经济研究所中国近代经济史参考资料丛刊）

ISBN 978-7-5004-8317-5

Ⅰ.①中… Ⅱ.①严… Ⅲ.①经济史—统计资料—中国—近代 Ⅳ.①F129.5-66

中国版本图书馆CIP数据核字（2009）第193236号

出 版 人	赵剑英
责任编辑	李　是
特约编辑	纪　辛
责任校对	刘　娟
责任印制	李　建

出　　版	中国社会科学出版社
社　　址	北京鼓楼西大街甲158号（邮编100720）
网　　址	http://www.csspw.com.cn
	中文域名：中国社科网　010-64070619
发 行 部	010-84083685
门 市 部	010-84029450
经　　销	新华书店及其他书店
印刷装订	北京一二零一印刷厂
版　　次	2012年6月第1版
印　　次	2012年6月第1次印刷
开　　本	880×1230　1/16
印　　张	17.5
插　　页	2
折　　页	13
字　　数	500千字
定　　价	59.00元

凡购买中国社会科学出版社图书，如有质量问题请与本社联系调换
电话：010-64009791

版权所有　侵权必究

中國近代經濟史統計資料選輯

嚴中平 等編

科學出版社

一九五五年版封面

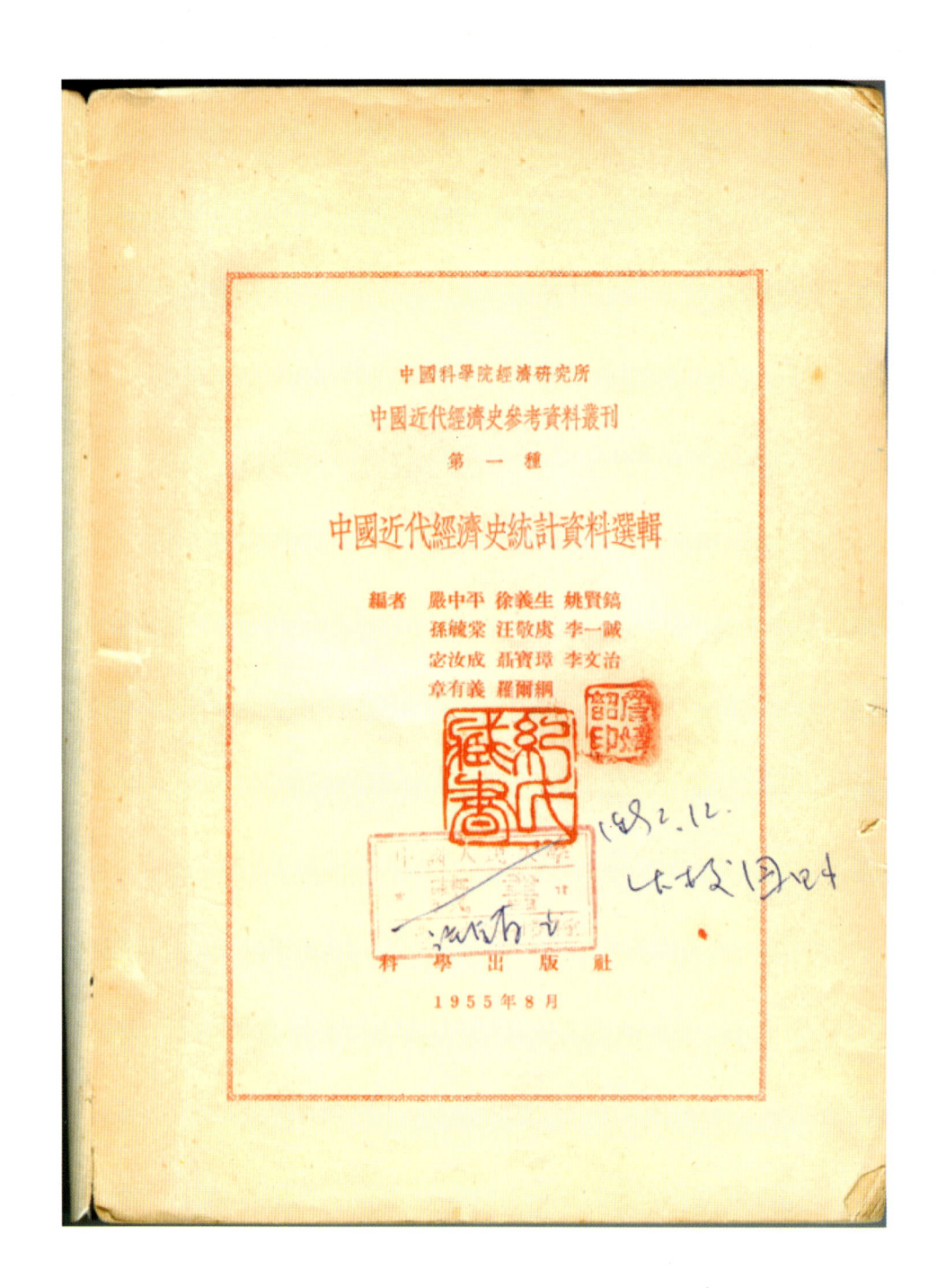

中国科学院经济研究所

中国近代经济史参考资料丛刊

第 一 种

中国近代经济史统计资料选辑

编者 严中平 徐义生 姚贤镐
　　　孙毓棠 汪敬虞 李一诚
　　　宓汝成 聂宝璋 李文治
　　　章有义 罗尔纲

科 学 出 版 社

1955年8月

一九五五年版扉页

目　　录

编辑说明 …………………………………………………………………………（1）

重版序言 …………………………………………………………………汪敬虞（1）

一　鸦片战争前的中国与英国贸易 ……………………………………………（1）
　　（一）中英贸易的总情况 ……………………………………………………（1）
　　（二）中英贸易中的主要商品 ………………………………………………（9）
　　（三）鸦片与中英贸易 ………………………………………………………（16）
　　（四）白银与银价问题 ………………………………………………………（25）

二　商埠、租界、租借地 ………………………………………………………（36）

三　对外贸易 ……………………………………………………………………（38）
　　（一）协定关税的税率水准 …………………………………………………（38）
　　（二）对外贸易的发展趋势 …………………………………………………（43）
　　（三）中国对外贸易的商品结构 ……………………………………………（50）
　　（四）几种进出口商品 ………………………………………………………（57）
　　（五）中国的国际收支 ………………………………………………………（62）

四　工业 …………………………………………………………………………（67）
　　（一）中国新式工业的发展趋势和基本情况 ………………………………（67）
　　（二）中国工业中的外国资本 ………………………………………………（83）
　　（三）中国工业中的官僚资本 ………………………………………………（106）
　　（四）帝国主义和封建势力双重压迫下的民族工业 ………………………（113）

五　铁路 …………………………………………………………………………（122）
　　（一）铁路的兴建 ……………………………………………………………（122）
　　（二）帝国主义对中国铁路的控制 …………………………………………（125）
　　（三）铁路的营业情况 ………………………………………………………（130）
　　（四）铁路的运载内容 ………………………………………………………（142）

六 轮船航运业···(152)
　(一)中国轮船航运业的发展···(152)
　(二)外国在华航运势力···(163)

七 农业···(174)
　(一)中国农村的阶级构成···(174)
　(二)土地占有情况···(180)
　(三)土地使用情况···(188)
　(四)地租形态、租佃制度与超经济强制···(193)
　(五)地租的剥削···(201)
　(六)租佃情况的变动···(210)
　(七)农村经济商品化与商业资本对农民的剥削···································(221)
　(八)农村高利贷···(228)
　(九)封建、半封建生产关系桎梏下的农业生产···································(236)

附录 清代乾隆、嘉庆、道光、咸丰、同治、光绪六朝人口统计表················(243)

代跋···陈争平(260)

图表目录

表1-1	1760~1833年间中英进出口贸易价值及其指数	(3)
表1-2	1764~1833年间英国在中国对欧美各国海上贸易中所占的比重(一)输入中国	(4)
表1-3	1764~1833年间英国在中国对欧美各国海上贸易中所占的比重(二)自中国输出	(5)
表1-4	1760~1833年间东印度公司对华贸易价值及其指数	(6)
表1-5	1760~1833年间各类英商在中英贸易上所占的比重(一)输入中国	(7)
表1-6	1760~1833年间各类英商在中英贸易上所占的比重(二)自中国输出	(8)
表1-7	1780~1833年间英商输入中国货物的来源地	(10)
表1-8	1775~1833年间英商输入中国的三项主要商品的价值及其发展趋势	(10)
表1-9	1780~1833年间英商输入中国毛织品、金属品、棉花占英商进口总值的百分比	(11)
表1-10	1800~1833年间从广州口岸进口的棉花数量	(11)
表1-11	1817~1833年间英伦本土对华棉纺织品贸易的趋势	(12)
表1-12	1760~1833年间东印度公司自中国输出的主要商品	(13)
表1-13	1760~1833年间东印度公司自中国输至英伦本土茶叶量的发展趋势	(14)
表1-14	1800~1833年间自广州运出三项主要出口货的商船国别	(15)
表1-15	1775~1799年间东印度公司输华商货的盈亏	(18)
表1-16	1775~1814年间东印度公司在输出中国货物上所获得的盈利及其利润率	(18)
表1-17	1760~1833年间中国在对英商贸易上的出入超	(19)
表1-18	1760~1833年间东印度公司采购中国货物的支付手段	(20)
表1-19	1795~1838年间鸦片进口量的估计	(20)
表1-20	1816~1837年间中国消费鸦片量值的估计	(21)
表1-21	1773~1839年间英属印度政府的鸦片收入	(22)
表1-22	1809~1828年间鸦片专卖收入在孟加拉省财政总收入中所占的比重	(23)
表1-23	1834~1843年间鸦片收入在印度财政总收入中所占的比重	(24)
表1-24	1800~1834年间广州白银进口统计	(27)
表1-25	1800~1834年间广州白银出口统计	(28)
表1-26	1800~1834年间广州白银流出与流入统计	(29)

表 1-27	1814~1844 年间中国与印度之间的白银流向	(30)
表 1-28	1834~1843 年间中国与新加坡之间的白银与鸦片的对流	(31)
表 1-29	1817~1834 年间广州对欧美海上贸易中的鸦片与白银	(32)
表 1-30	1798~1850 年间白银外流状况下的中国银钱比价	(33)
表 1-31	1800~1850 年间北直隶宁津县乡镇的零售物价和银钱比价指数	(34)
图 1-1	1800~1850 年间北直隶宁津县乡镇的零售物价和银钱比价指数	(35)
表 2-1	开放的商埠	(36~37)
表 2-2	列强在中国的租界	(36~37)
表 2-3	列强在中国的租借地	(36~37)
图 2-1	1843~1930 年间中国开辟的商埠、租界、租借地地图	(37)
表 3-1	1843 年中英协定关税前后几种主要进口货物的新旧税率水准	(40)
表 3-2	1858 年中英重修进口税则前后几种主要进口货物的税率水准	(40)
表 3-3	三次修改税则前后中国几种主要进口货物的税率水准	(41)
表 3-4	1926~1936 年间中国各类货物进口税率水准	(41)
表 3-5	1873~1936 年间中国进出口贸易的税率水准	(42)
表 3-6	1871~1936 年间中国进出口贸易净值	(44)
表 3-7	1871~1947 年间中国进口贸易价值中各国所占的比重	(45)
表 3-8	1871~1947 年间中国出口贸易价值中各国所占的比重	(46)
表 3-9	1871~1936 年间中国对各国贸易的出(十)入(一)超	(46)
表 3-10	1871~1947 年间中国各地区在进口贸易价值上所占的比重	(47)
表 3-11	1871~1947 年间中国各地区在出口贸易价值上所占的比重	(48)
表 3-12	1871~1936 年间中国各地区对外贸易的出(十)入(一)超	(48)
表 3-13	1871~1947 年间五大港及其他港口在中国对外贸易总值中所占的比重	(49)
表 3-14	1873~1947 年间中国各年进口货物分类统计	(51)
表 3-15	1873~1947 年间中国各年出口货物分类统计	(52)
表 3-16	1871~1947 年间中国各年十二项主要进口货物统计	(53)
表 3-17	1871~1947 年间中国各年十二项主要出口货物统计	(54)
表 3-18	1871~1947 年间中国各年十二项主要进口货物所占进口总值的比重	(55)
表 3-19	1871~1947 年间中国各年十二项主要出口货物所占出口总值的比重	(56)
表 3-20	1933~1936 年间中国钨、锑、锡的生产和输出	(58)
表 3-21	1933~1936 年间中国铁矿石的出口及钢铁进口	(58)
表 3-22	1926~1931 年间中国东北煤的生产及输出	(59)
表 3-23	1926~1931 年间中国东北生铁的生产及输出	(59)
表 3-24	1923~1931 年间中国东北大豆的生产与输出	(59)
表 3-25	1873~1947 年间中国对外贸易中的棉花、棉纱与棉布的进出口统计	(60)
表 3-26	1873~1947 年间世界主要产茶国茶叶输出统计	(61)

表 3-27	1880～1946年间中国与日本生丝出口量的比较	(61)
表 3-28	1927～1936年间中国生丝出口指数与美国华丝市价指数	(61)
表 3-29	1903～1936年间中国的国际收入	(64)
表 3-30	1903～1936年间中国的国际支出	(65)
表 3-31	1937～1947年间中国国际收支	(66)
表 4-1	1872～1911年间中国民族资本主义发生及其初步发展时期历年设立的厂矿及其资本——按经营方式分类	(69)
表 4-2	1872～1911年间中国民族资本主义发生及其初步发展时期历年设立的厂矿及其资本——按工业部门分类	(70)
表 4-3	1876～1910年间中国民族资本主义发生和初步发展时期的煤矿工业	(71)
表 4-4	1890～1910年度中国民族资本主义初步发展时期的纺纱工业	(72)
表 4-5	1933～1946年间国民党统治区十二种工业的生产量实数	(73)
表 4-6	1933～1946年间国民党统治区十二种工业的产量指数	(74)
表 4-7	1912～1937年间中国煤铁的机械生产与土法生产的变动实数	(75)
表 4-8	1912～1937年间中国煤铁的机械生产与土法生产的变动百分数	(76)
表 4-9	1933、1942、1946年中国工业的部门结构	(77)
表 4-10	1890～1936年间上海等城市华商纱厂纱锭在全国纺织行业中的比重	(78)
表 4-11	1933、1947年上海等十二个城市的工业	(79)
表 4-12	1933、1942年中国各地工厂工人集中情况表	(80)
表 4-13	1933、1942年中国工人所集中产业统计	(81)
表 4-14	1933年中国煤矿工人集中情况	(82)
表 4-15	中日甲午战争前(1840～1894年)外国资本在中国经营的近代工业简表	(84～85)
表 4-16	1912～1937年间中国煤矿生产中采用机械及土法开采的帝国主义垄断势力	(85)
表 4-17	1912～1937年间中国煤矿生产中机械开采的帝国主义垄断势力	(86)
表 4-18	1913～1942年间中国煤矿生产中按国别划分的帝国主义垄断势力	(87)
表 4-19	1913～1936年间中国煤矿生产中按生产规模划分的帝国主义垄断势力	(88)
表 4-20	1900～1937年间中国生铁生产中帝国主义的垄断势力	(89)
表 4-21	1912～1937年间日本帝国主义对中国铁矿生产的垄断	(90)
表 4-22	1922～1936年间中国部分工业品生产中帝国主义的垄断势力实数	(91)
表 4-23	1922～1936年间中国部分工业品生产中帝国主义的垄断势力所占百分比	(92)
表 4-24	1906～1936年间帝国主义在中国煤矿中的投资	(93)
表 4-25	1897～1947年间中外资本纱厂纱锭、线锭、布机统计	(94)

表 4-26	1897~1947年间中外资纱厂纱锭、线锭、布机所占比重统计	(95)
表 4-27	1890~1932年间帝国主义在中国棉纺业里的投资	(96)
表 4-28	1897~1936年间帝国主义兼并中国纱厂情况	(97)
表 4-29	1912~1937年间中国主要金属矿产量及净出口量	(98)
表 4-30	1896~1937年间中国钢铁产量及进口量的比较	(99)
表 4-31	1938~1945年间日本帝国主义对中国煤铁资源的掠夺	(100)
表 4-32	1936~1938年间日本帝国主义对沦陷区中国纱厂的掠夺	(101)
表 4-33	1933~1944年间日本占领下中国东北主要工业的产量及其指数	(102)
表 4-34	1936~1944年间日本占领下中国华北十五种工业品的产量	(103)
表 4-35	1936~1944年间日本占领下中国华北十五种工业品的生产指数	(104)
表 4-36	1893~1940年间开滦煤矿、上海电力公司、怡和纱厂账面盈利	(105)
表 4-37	1912~1927年间中国煤矿生产中官僚资本的垄断势力——机械开采	(107)
表 4-38	1914~1934年间中兴煤矿历年账面盈亏统计	(108)
表 4-39	1914、1932年中兴煤矿公司剩余价值比较	(109)
表 4-40	1938~1946年间国民政府资源委员会所经营的重工业产品产量	(110)
表 4-41	1938~1946年间国民政府资源委员会所经营的重工业产品产量占国民党统治区总量的百分比	(111)
表 4-42	1947年中纺公司各厂纱锭、布机数在国民党统治区总数中所占的比重	(112)
表 4-43	1947年中纺公司各厂纱锭、布机设备及运转数额	(112)
表 4-44	1881~1936年间上海华商部分企业及设备统计	(114)
表 4-45	1916~1936年间荣宗敬家族纱厂发展统计	(115)
表 4-46	1901~1927年间荣宗敬家族面粉加工厂发展统计	(116)
表 4-47	第一次世界大战及之后(1914~1922年)中国纱厂的盈利情况	(116)
表 4-48	1912~1930年间中国民族资本经营下保晋煤矿账面盈亏	(117)
表 4-49	1915~1922年间中国煤矿运费税捐负担比较	(118)
表 4-50	1935年中国华资与日本资本纱厂成本比较	(118)
表 4-51	1905~1937年间中国华资与外国资本纱厂账面盈利比较	(119)
表 4-52	1919~1937年间英美烟草公司与南洋兄弟烟草公司账面盈利比较	(120)
表 4-53	1932年华商纱厂中的利润率和剥削率	(121)
表 5-1	1876~1948年间中国铁路的兴建情况(一)干线	(122~123)
表 5-2	1876~1948年间中国铁路的兴建情况(二)各路支线	(123)
表 5-3	1876~1948年间中国铁路的兴建情况(三)历年里程	(124)
表 5-4	1876~1938年间帝国主义各国掠夺中国铁路路权表(一)已成各路	(126~127)
表 5-5	1896~1937年间帝国主义掠夺中国铁路路权表(二)未成各路	(126~127)
表 5-6	1887~1946年间帝国主义各国在中国铁路中的投资	(126~127)
表 5-7	1894~1948年间帝国主义各国对中国铁路的控制	(127)

表 5-8	1898~1937年间帝国主义各国在中国铁路债务中所占的比重	(128)
图 5-1	1878~1948年间帝国主义各国控制下的中国铁路图	(129)
表 5-9	1907~1947年间中国各种铁路车辆历年增加情况	(131)
表 5-10	1912~1935年间中国铁路机车挽力、客车座位与货车载重的能力	(132)
表 5-11	1920~1935年间中国主要铁路干线货车利用状况	(133)
表 5-12	1917~1936年间中国铁路的运输成本	(134)
表 5-13	1927~1929年间中国、美国、日本铁路各项营业用款所占用款总额的百分数	(135)
表 5-14	1917~1936年间中国铁路的利润率	(136)
表 5-15	1918~1936年间中国铁路营业进款总数中政府运输欠款的比重	(137)
表 5-16	1928~1936年间政府欠账占中国铁路账面盈余中的比重(一)京绥路上暂垫政府款	(138)
表 5-17	1922~1931年间政府欠账占中国铁路账面盈余中的比重(二)京奉路上军运欠账部分	(138)
表 5-18	1912~1935年间历年应还路债占铁路营业进款净数的比重(一)沪杭甬路	(139)
表 5-19	1912~1935年间历年应还路债占铁路营业进款净数的比重(二)沪宁路	(140)
表 5-20	1912~1935年间历年应还路债占铁路营业进款净数的比重(三)津浦路	(141)
表 5-21	1907~1947年间中国铁路客货运输量	(143)
表 5-22	1907~1935年间中国铁路客货运输收入	(144)
表 5-23	1919~1925年间中国铁路客运中军运的比重(一)京汉铁路	(145)
表 5-24	1920~1931年间中国铁路客运中军运的比重(二)京奉铁路	(145)
表 5-25	1916~1947年间中国铁路载运货物统计	(146)
表 5-26	1916~1947年间中国铁路载运货物延吨量	(147)
表 5-27	1928~1935年间胶济铁路工农业产品的流向	(148)
表 5-28	1932~1935年间中国铁路货运各类产品的比重	(149)
表 5-29	1916~1946年间中国铁路货物运量指数	(150)
表 5-30	1916~1946年间中国铁路货物运输历年延吨量指数	(151)
表 6-1	1872~1930年间中国各通商口岸进出中外轮船只数吨位对比	(154)
表 6-2	1872~1926年间中国轮船公司设立情况	(154~155)
表 6-3	1882~1921年间中国所有轮船数量统计	(155)
表 6-4	1910~1924年间中国轮船吨级分类统计	(156)
表 6-5	1928~1948年间中国轮船吨级分类统计	(157)
表 6-6	抗日战争时期(1937~1945年)中国轮船损失统计	(157)

表 6-7	1926～1949年间"民生轮船公司"股权分配实数统计	(158)
表 6-8	1926～1949年间"民生轮船公司"股权分配百分比统计	(159)
表 6-9	1935～1948年间官僚资本对中国航运业的垄断情况	(160)
表 6-10	1936年中国所有轮船船龄按吨级分类统计	(160)
表 6-11	1935年部分在中国水域航行船舶船龄情况	(161)
表 6-12	1922～1931年间南宁、梧州航线轮船、帆船只数与吨位的比较	(161)
表 6-13	1891～1932年间川江轮船、帆船只数与吨位的比较	(162)
表 6-14	1860～1940年间主要外国轮船公司在华设立情况	(164～165)
表 6-15	1868～1947年间中国各通商口岸往来外洋与往来国内的外籍航运势力	(165)
表 6-16	1877～1947年间中国各通商口岸往来外洋的外籍航运势力	(166)
表 6-17	1877～1947年间中国各通商口岸往来国内的外籍航运势力	(167)
表 6-18	1903～1936年间太古、怡和、日清、招商局四大公司长江航线所配轮船吨位	(168)
表 6-19	1927～1936年间太古、怡和、日清、招商局四大公司长江航线的载货量	(169)
表 6-20	1907～1936年间招商局和日清轮船公司的发展情况	(170)
表 6-21	1907～1939年间日清轮船公司账面利润率统计	(171)
表 6-22	怡和洋行关系企业	(172)
表 6-23	太古洋行关系企业	(173)
表 7-1	抗日战争前中国农村阶级构成百分比	(175)
表 7-2	1936年中国佃农户数占农业总户数百分比	(176)
表 7-3	抗日战争前中国各类佃农占佃农全体户数百分比	(177)
表 7-4	1933年中国雇农人数占农村总人口百分比	(177)
表 7-5	1930年江苏省大地主各类职业户数百分比	(178)
表 7-6	1919～1929年间广东省新会县各类农户的消长	(178)
表 7-7	1939～1942年间广东省南雄县农村每百户的阶级分化	(178)
表 7-8	1928～1933年间中国部分地区农村每百户阶级构成的变动	(179)
表 7-9	抗日战争前中国农村土地的阶级分配	(182)
表 7-10	抗日战争前中国农村每百亩土地各阶级所有的对比	(183)
表 7-11	抗日战争前中国农村无地户占总户数百分比	(184)
表 7-12	抗日战争前中国部分地区各阶级占有田地的质的差异	(185)
表 7-13	抗日战争前中国官公田私有化的趋向	(185)
表 7-14	1905～1924年间苏皖部分地区自耕农没落的倾向	(186)
表 7-15	1912～1947年间中国农民无地化的趋势百分比	(186)
表 7-16	1935年四川省新旧地主所有土地的对比	(186)
表 7-17	1939～1946年间广西省灌阳县地主官僚兼并农民土地情况	(186)

表 7-18	"土地改革"前中国农村土地占有情况	(187)
表 7-19	1928～1933 年间中国农村各阶级每百亩土地占有百分比	(189)
表 7-20	1928～1933 年间中国农村各阶级平均每户耕地面积比较	(190)
表 7-21	1934 年中国各地农场规模及比例	(191)
表 7-22	1890～1933 年间中国农场缩小的趋势	(192)
表 7-23	1923～1933 年间中国各地农场面积的下降	(192)
表 7-24	1934 年中国各省实物地租及货币地租的比重	(194)
表 7-25	1934 年江苏省商品经济发达区和落后区的地租形态	(195)
表 7-26	1933～1934 年广东省番禺县稻作村和纯商品作物村的地租形态	(195)
表 7-27	1934 年中国各省各种力役地租比例调查	(196)
表 7-28	1933 年中国各大区通行押租县数及所占比例	(197)
表 7-29	近代中国部分省租田押租额对正租额的比例	(197)
表 7-30	1934 年前中国部分省预租每亩租额及通行情况示例	(198)
表 7-31	近代中国部分省租佃与高利贷的关系示例	(199)
表 7-32	近代中国超经济强制例示	(200)
表 7-33	中国部分省额外地租示例	(200～201)
表 7-34	1934 年中国各等田地实物地租租价占产值的百分比	(202)
表 7-35	抗日战争前中国各省定额实物地租租额及其所占产量的百分比	(203)
表 7-36	"土地改革"前中国各省实物地租租额及其所占产量的百分比	(204)
表 7-37	1930 年中国各等水旱田地货币地租租额对地价的百分比	(205)
表 7-38	抗日战争前的中国各省劳役地租示例	(206)
表 7-39	"土地改革"前江苏省嘉定等四县劳役地租	(206)
表 7-40	1934 年中国各省实物地租及货币地租剥削程度比较	(207)
表 7-41	民国时期中国部分省佃农收支不敷示例	(208)
表 7-42	民国时期中国部分省地租侵占佃农必要劳动示例	(209)
表 7-43	中国地租与西欧各国地租购买年的比较	(209)
表 7-44	1924～1934 年间中国部分地区实物地租及货币地租百分比的变动	(209)
表 7-45	1923～1933 年间江苏省劳役地租缩减示例	(212)
表 7-46	1941 年国民党统治区货币地租向实物地租的逆转百分比	(213)
表 7-47	1904～1924 年度江苏省南通、安徽省宿县实物地租增加百分比	(214)
表 7-48	抗日战争前中国部分省货币地租租额增加示例	(214)
表 7-49	抗日战争期间国民党统治区实物地租租额增加情况	(215)
表 7-50	抗日战争期间四川省佃农租额增加情况	(216)
表 7-51	1905～1924 年间江苏省昆山、南通县有押租田逐年增加情况	(216)
表 7-52	抗日战争前中国部分省租田增加押租示例	(217)
表 7-53	抗日战争结束以后国民党统治区租田加押示例	(217)
表 7-54	抗日战争结束以后国民党统治区地主利用货币贬值剥夺佃农押金示例	(218)

表 7-55	1923~1932 年江苏省宝山县预租田的增加	(219)
表 7-56	1929~1934 年间中国部分省永佃制的没落示例	(219)
表 7-57	1924~1934 年间中国部分省各类租佃期限比重的变动	(220)
表 7-58	1914~1929 年间中国农产贸易的增长趋势	(222)
表 7-59	1922~1923 年黑龙江流域农村各阶层对市场的依赖程度	(222)
表 7-60	中国商业资本对农民的榨取形式示例	(222~223)
表 7-61	1921~1925 年间中国农家经济商品化程度百分比	(223)
表 7-62	民国时期中国部分地区农产品价格中农民所得价格的比率	(224)
表 7-63	1936 年中国部分乡镇农产品价格季节差	(225)
表 7-64	1937~1944 年间四川省温江等四县农民所得物价与所付物价的变动	(225)
表 7-65	1907~1932 年间江西省南城县农民所得物价与所付物价的变动	(226)
表 7-66	1910~1932 年间江苏省武进县农民所得物价与所付物价的变动	(227)
表 7-67	1934~1935 年中国农村各类农户中负债户百分率	(229)
表 7-68	1933 年中国各地农村借款和借粮债户百分率	(229)
表 7-69	抗日战争前后中国部分地区负债农户阶层分配比例	(229)
表 7-70	1934 年广西省苍梧县农村各阶层实物借贷与货币借贷的百分比	(230)
表 7-71	1929~1931 年间河北省定县农村负债情况的变动	(230)
表 7-72	1934~1935 年间各类农户借款用途百分比	(230)
表 7-73	1934 年中国农村借款来源百分比统计	(231)
表 7-74	1938~1946 年间中国农村高利贷主的变动百分比	(232)
表 7-75	民国时期中国农村"高利贷"的剥削形式示例	(232~233)
表 7-76	1934 年中国农村各地的借贷期限与借贷方式百分比	(233)
表 7-77	1933~1934 年中国农村一般借贷的利率	(234)
表 7-78	1909~1934 年间中国农村借贷利率增长情况	(235)
表 7-79	1938~1946 年间中国农村借贷利率及借贷期限的变动比率	(235)
表 7-80	1929~1933 年间中国耕地的面积	(237)
表 7-81	1893~1933 年间近代中国耕地面积指数	(238)
表 7-82	1933~1934 年中国耕地面积下降趋势	(239)
表 7-83	1904~1933 年间中国各种作物耕面积百分比的变动	(240)
表 7-84	1931~1947 年间中国主要农产品总产量的变动	(241)
表 7-85	1931~1947 年间中国主要农产品单位面积产量的变动	(242)

编辑说明

本辑发表一些和中国近代经济史有关的统计资料。所谓近代,指的是一八四〇至一九四八年这一百零八年。由于中英鸦片战争成为近代史划分时代的起点,所以我们把这次战争前中英贸易的统计资料也一并印在这里。又,许多同志向我们查询清代人口统计,所以把一七八六〜一八九八年间的人口数字也附录在后面。

这本资料的内容没有把一切主要经济部门都包括在内,例如:财政、货币、银行等等。这是因为我们所掌握的资料还不够充分。

旧中国没有遗留下合乎科学要求的统计资料。北洋政府农商部曾经发表过不少的统计数字,往往自相矛盾,错得很荒唐;人们常常引用的海关统计,算是比较可靠的,但也有不少缺点。我们这里所编列出来的,年份不全、项目不齐、来源庞杂,我们主观上未尝不企图做得比较精确,但是原资料不精确,所做的结果,也就只好当做近似数字看待。

这里所发表的数字,多半是经过我们加工的。要把一百零八年来重要的统计资料照原样发表出来,是困难的,也是不必要的。既然需要加工,自然就有某种看法指导我们加工。简单说,我们企图把资料整理成这样一种形式:这种形式可以表现近代中国经济的发展历程,表现它的半封建半殖民地性。因此,我们就把资料按照一定的线索,分别归类编排,并加上简单的说明。我们这样做的结果,可能有很大的错误,希望读者批评纠正。

负责编辑的同志按他所编资料在书内的先后次序排列是:严中平、徐义生、姚贤镐、孙毓棠、汪敬虞、李一诚、宓汝成、聂宝璋、李文治、章有义和罗尔纲。

编 者
一九五五年三月

重版序言

《中国近代经济史统计资料选辑》初版于一九五五年，它是一九四九年后中国科学院经济研究所（今属中国社会科学院）第一部集体编纂的专业工具资料书。时隔半个多世纪，如今重版，作为这部工具资料书的编者之一，我有义务将本书的情况做一个简略的介绍。

一 编纂本书的缘起

一九四九年中国大陆的政权鼎革，其影响波及到社会生活的各个方面。作为一个学术研究机构的中国科学院经济研究所（它的前身是中央研究院社会调查所）自然包括在内。这个研究所留下来许多前政权时期的专家学者，他们大都学有专攻，学术上也颇有建树，但一九四九年以来的一连串的政治运动，使得一些专业被撤销，如政治学；必要的研究条件亦不复存在；如巫宝三先生原来主持过《中国国民所得》的研究工作，这项工作需要大量公开的国民经济各个行业和部门的统计资料。但一九四九年后，"以俄为师"的计划经济体制，使得国民经济各个部门行业的资料成为"高度机密"，进行国民所得研究的条件业已消失，我本人原来是从事现实经济研究的，做过巫宝三先生的三年助手，然而此时已没有可能继续这方面的研究了。不得已，转入中国近代经济史的领域。其他同仁，也多有类似经历，如徐义生先生是研究政治学的，后改为研究外债史；孙毓棠先生，原本主要从事中国古代史的研究，这时为了工作需要，也就加入到这一行列中来。一时间，名家荟萃，极尽一时之盛。在严中平先生的主持之下，由当时还隶属中国科学院经济研究所的十位同仁参与编选工作。这十一个人，除了严中平外，还有徐义生、姚贤镐、孙毓棠、汪敬虞、李一诚、宓汝成、聂宝璋、李文治、章有义等同人。这个编辑集体的构成都是很有实力的专家学者，也可以说是自一九四九年以来大陆的中国经济史学界精英的第一次集体出场。

二 本书的特点与不足

本书是一九四九年后第一种关于中国近代经济史方面的工具书，它的编纂出版，使得中国近代百余年来的许多纷繁复杂的各个行业各个部门的形形色色的统计资料，第一次得到了长时段的系统完整的爬梳和整理；在当时乃至现在，都很有意义。因为，尽管自一八四〇年以来迄止一九四九年，各种统计资料已经不少，有的出版延续时间还很长，较为完整，有的也还颇具权威性。值得着重提出的，是海关贸易统计，海关之有统计，从十九世纪的六十年代就已经开始，其早期的历年报告与十年报告，直可视之为近代的中国经济全书。就是到了二十世纪，它的贸易总论和各埠统计及报告，仍然有很高的参考价值。另外，还有政府部门各级公开的资料，各种期刊杂志乃至报纸等；但上述这些资料基本上处于一种互不相属、各自为战的状态，本书则按照统一的原则将上述各种资料汇集于一书之中。

　　当然，本书也存在着一些较为明显的问题。第一次将国民经济所有部门，囊括了各个行业的长时段的统计资料汇集于一书，这在当时还是个新的尝试。由于成书较为仓促，又是在一九四九年以来各种政治运动不断的大环境中的第一次集体合作，当时本书的编纂者多有无所适从之感；加之经验有限，因此本书的编纂工作在某种程度上有一定的探索性质。当时我们采取按人分工，各自将本人分配到的部门和行业的相关资料中的统计部分抽取出来，最后加以汇总而成。随着五十余年来近代史研究的深入，各种新资料不断出现，本书的不足，已经看得很明显了。以中国国际贸易收支统计为例，后来的青年学者如陈争平就著有专著指出并纠正了本书中这个方面存在的问题；还有棉纺织业等方面的一些问题，在这里不一一列举。总之，它的确不是一部完善的书，其不足之处，理应在重版时予以修订和改正。而目前的情况是：五十多年过去了，当年参加本书编纂的十一位同仁中，枝叶飘零，过世者已有八位；历尽劫难幸存者仅三位，聂、宓二公八十多岁，我本人也已是九十四岁的老人了；耄耋之年，即便有心修改，精力也已不允许了，此其一；其二，当时编纂此书所用的资料，经过半个多世纪的风风雨雨，目前已散失殆尽，无法进行增补——即便有，那也是补不胜补，添不胜添！总结起来讲，无人无资料，对本书进行整体性的修订增补的条件完全消失；因此本次再版时全书不可能进行整体性的大规模修订；此次重版，只能将初版时排印错误的地方，根据勘误表逐一纠正；再对书中陆续发现的初版时未曾发现的问题进行必要的技术性处理，以保持历史原貌。

　　即便如此，本书仍然是有着不可替代的意义和不寻常的历史地位，半个多世纪来，它已经成为中国近代史研究者必备的基础工具书。尽管存在着这样那样的问题，但它的历史地位已然确立；在国内乃至国际学术界本书有着较高的引用率。

　　半个多世纪之前，当进行这部工具资料书的编纂时，编者大都正值壮年，正处于人生和事业的顶峰阶段，即便是后来被尊称为严老的严中平先生，当时也不过四十几岁。如今，十一位编者中，仅聂公宝璋与宓公汝成、我三位老人尚在，其余八位同仁已成古人，抚今追昔，不禁感慨系之。本书的重版，证明了它的自身价值，不因时间的流逝而湮没，反而更为凸显；同时也对前人劳动成果是一个纪念与肯定。中国近代经济史研究的深入和发展，还有待于后来者。但愿前人开创的这门学科，能薪火传继。

二〇〇九年七月十一日
于北京华威西里寓所

一　鸦片战争前的中国与英国贸易

（一）中英贸易的总情况

英国商人冒险家早在一五二七年就已企图侵入中国，一五九一年绕过好望角进入远东洋面，一六三五年才第一次到达中国海域。一六三五年以后五十年内，中英贸易没有进展。一六八五年中国开海禁，允许外商自由到澳门、漳州、宁波与云台山进行贸易。但到了一六九九年英商才和广州地方官吏达成四项协议，取得若干来华贸易的便利条件。一七〇〇～一七五七年间，英商对华贸易数量并不大。

一七五七年，清政府令限广州一口对外通商，从此直到一八四二年，广州成为中国对欧美海上贸易的唯一口岸。这个时期也正是英国经历工业革命，资本主义迅速发展至于成熟的时代。

现存一七六〇年以前的中英贸易数据不够完整。下列各表取自摩斯和普立查特两人的著作。摩斯根据英国东印度公司档案，普立查特除根据同一档案外，并参用英、美两国政府所发表的文件和一些私家著述，除少数年份系普立查特的估算而外，其他数字都是据原件计算而得的。英国东印度公司对华贸易专利权在一八三四年废除，所以它的对华贸易档案数据就截至一八三三年为止。

表1-1至表1-6说明十八世纪后半期直到鸦片战争前夕中英广州贸易的一般情况。在这段时期里（缺一八〇七～一八一六年数字），中英（包括印度）之间的贸易总额增加到十倍以上。其中进口价值的增加比出口略大，发展得比较迅速的时代则在一七八四年以后（见表1-1）。

一七八四年英伦本国把茶叶的进口税率从百分之一百一十九减至百分之十二点五。减税的目的在于消灭大量的茶叶走私，同时和欧陆各国竞争中国的茶叶贸易。结果，英籍商人以茶叶为主要内容的自广州出口的货值立刻大为增加，输入广州者，跟着也就有了提高。

在广州对欧美各国海上贸易中，英商早已占据很高的地位。当时欧洲大陆到广州贸易的国家有荷兰、法国、丹麦、瑞典、普鲁士等等，所有这些国家的输华总值连英商输华值的一半都不到（见表1-2），自华出口者也没有一个国家可以敌过英国（见表1-3）。一七八四年英国减低茶税后，这些国家的对华贸易就都低落得毫无地位可言。美国是从一七八四年才开始有商船来华的，到了十九世纪，逐渐获得仅次于英国的地位（见表1-2、表1-3）。

到广州进行贸易的英籍商人，以东印度公司为首。一七八四年以后五十年内，这个公司的输华货值提高到六至七倍，自华出口值提高到三倍多（见表1-4）。

一八三四年以前，东印度公司一直掌握着英商对华贸易的专利权，但公司的船员也得经营一定限额的私人贸易；印度商人获得公司的特许后，也可到广州经营进出口生意，这就是所谓"港脚"商人。在全部英商对华贸易总额中，输华值方面，东印度公司所占的份额始终不及半数（见表1-5）；自华出口却在百分之六十至百分之七十（见表1-6）。东印度公司垄断了英商对华贸易，主要的生意在于垄断茶叶的对英输入。

表 1-1　　1760～1833年间中英进出口贸易价值及其指数

以 1780～1784 年平均指数为 100

年 份	进出口合计 价值（银两）	指数	进口 价值（银两）	指数	出口 价值（银两）	指数
1760～1764	1449872	42.8	470286	36.1	979586	47.0
1765～1769	3383534	99.9	1192915	91.6	2190619	105.1
1770～1774	3585524	105.9	1466466	112.6	2119058	101.7
1775～1779	3216242	95.0	1247471	95.8	1968771	94.5
1780～1784	3385277	100.0	1301931	100.0	2083346	100.0
1785～1789	9104271	268.9	3612763	277.5	5491508	263.6
1790～1794	10851405	320.5	5007691	384.6	5843714	280.5
1795～1799	11092987	327.7	5373015	412.7	5719972	274.6
1800～1804	15272029	451.1	7715556	592.6	7556473	362.7
1805～1806	18874732	557.6	11474509	881.3	7400223	355.2
1817～1819	15707048	464.0	7646777	587.3	8060271	386.9
1820～1824	16341267	482.7	6525201	501.2	9816066	471.2
1825～1829	17806955	526.0	7591390	583.1	10215565	490.3
1830～1833	17285309	510.6	7335023	563.4	9950286	477.6

资料来源：(1) 1760～1799 年间，据普立查特《早期中英关系史上的决定性年代》(Earl H. Pritchard, *The Crucial Year of Early Anglo-Chinese Relations*, 1750—1800, Washington, 1936)，第 391—396、401、402 页，以下简作"决定性年代"。(2) 1800～1806 年间，据普立查特《十八世纪控制对华贸易的斗争》，太平洋历史评论 (Earl H. Pritchard, *The Struggle for Control of The China Trade During The Eighteenth Century*, The Pacific Historical Riview)，第三卷，1934 年 9 月号，以下简作"对华贸易的斗争"。(3) 1817～1833 年间，据摩斯《东印度公司对华贸易编年史》(H. B. Morse, *The Chronicles of The East India Company Trading to China*, 1635—1834, Oxford, 1926)，第 2～4 卷，以下简作"编年史"。

编者注：英国包括印度在内，其中缺 1807～1816 年间资料。

表 1-2　1764～1833 年间英国在中国对欧美各国海上贸易中所占的比重（一）

输入中国

年份	欧美各海上贸易国总值	英国 输华值（银两）	英国 占总值百分比	美国 输华值（银两）	美国 占总值百分比	其他欧陆各国 输华值（银两）	其他欧陆各国 占总值百分比
1764	1908704	1207784	63.3	—	—	700920	36.7
1765～1769	1774815	1192915	67.2	—	—	581900	32.8
1770～1774	2094336	1466466	70.0	—	—	627870	30.0
1775～1779	1995913	1247471	62.5	—	—	748442	37.5
1780～1784	1994617	1301931	65.3	27290	1.4	665396	33.3
1785～1789	4489527	3612763	80.5	123164	2.7	753600	16.8
1790～1794	5876663	5007691	85.2	181096	3.1	687876	11.7
1795～1799	5908937	5373015	90.9	374124	6.3	161798	2.8
1800～1804	8727364	7715556	88.4	828326	9.5	183482	2.1
1805～1806	12348319	11474509	92.9	767775	6.2	106035	0.9
1817～1819	9053298	7646777	84.5	1184551	13.1	221970	2.4
1820～1824	7952488	6525201	82.1	1427287	17.9	—	—
1825～1829	9161314	7591390	82.9	1534711	16.7	35213	0.4
1830～1833	9192608	7335023	79.8	1766692	19.2	90893	1.0

资料来源：(1) 1764～1799 年间，英国，据普立查特，前引"决定性年代"，第 391—394、401、402 页。(2) 1764～1806 年间，美国和其他欧陆各国，及 1800～1806 年间英国，据普立查特，前引"对华贸易的斗争"。(3) 1817～1833 年间，据摩斯，前引"编年史"，第 2～4 卷。

原注：1764～1774 年间，除 1764、1768、1771、1772 年以外，其余各年数字皆系根据 1775～1785 年间每船输入价值乘各该年船只数估计而得。

编者注：(1) 英国包括印度。(2) 1780～1784 年间美国商船只有一年的数字。(3) 缺 1807～1816 年间资料。

表 1-3　　1764～1833 年间英国在中国对欧美各国海上贸易中所占的比重（二）

自中国输出

年　份	欧美各海上贸易国共计 金额（银两）	英国 金额（银两）	英国 百分比	美国 金额（银两）	美国 百分比	其他欧陆各国 金额（银两）	其他欧陆各国 百分比
1764	3637143	1697913	46.7	—	—	1939230	53.3
1765～1769	4177909	2190619	52.4	—	—	1987290	47.6
1770～1774	4362676	2119058	48.6	—	—	2243618	51.4
1775～1779	4725989	1968771	41.7	—	—	2757218	58.3
1780～1784	5008263	2083346	41.6	15864	0.3	2909053	58.1
1785～1789	8454720	5491508	65.0	325988	3.9	2637224	31.1
1790～1794	7348420	5843714	79.5	440978	6.0	1063728	14.5
1795～1799	7937254	5719972	72.1	1399680	17.6	817602	10.3
1800～1804	10391797	7556473	72.7	2036448	19.6	798876	7.7
1805～1806	11168783	7400223	66.2	3391560	30.4	377000	3.4
1817～1819	13770740	8060271	58.5	5710469	41.5	—	—
1820～1824	14678252	9816066	66.9	4862186	33.1	—	—
1825～1829	14390108	10215565	71.0	4116182	28.6	58361	0.4
1830～1833	13443641	9950286	74.0	3321296	24.7	172059	1.3

资料来源：(1) 1764～1799 年间，英国，据普立查特，前引"决定性年代"，第 396、401、402 页。(2) 1764～1806 年间，美国和其他欧陆各国，及 1800～1806 年度英国，据普立查特，前引"对华贸易的斗争"。(3) 1817～1833 年间，据摩斯，前引"编年史"，第 2～4 卷。

原注：1764～1774 年间，除 1764、1768、1771、1772 年以外，其余各年数字皆系根据 1775～1785 年间每船输出价值乘各该年船只数估计而得。

编者注：(1) 英国包括印度；(2) 1780～1784 年间美国商船只有一年数字；(3) 缺 1807～1816 年间资料。

表 1-4　　1760～1833 年间东印度公司对华贸易价值及其指数

以 1780～1784 年平均指数为 100

年份	进出口总值 价值（银两）	指数	输入中国 价值（银两）	指数	自中国输出 价值（银两）	指数
1760～1764	1222776	56.5	345930	64.9	876846	53.7
1765～1769	2121358	98.0	520059	97.6	1601299	98.1
1770～1774	2037760	94.1	622332	116.8	1415428	86.7
1775～1779	1592321	73.5	384009	72.1	1208312	74.0
1780～1784	2165369	100.0	532649	100.0	1632720	100.0
1785～1789	5463651	252.3	1026528	192.7	4437123	271.8
1790～1794	6084283	281.0	2059181	386.6	4025092	246.5
1795～1799	6238768	288.1	1961352	368.2	4277416	262.0
1800～1804	9118272	421.1	3359501	630.7	5758771	352.7
1805～1809	8502981	392.7	3955787	742.7	4547194	278.5
1810～1814	9494898	438.5	3886684	729.7	5608214	343.5
1815～1819	9153334	422.7	3405750	639.4	5747584	352.0
1820～1824	9782631	451.8	3417760	641.7	6364871	389.8
1825～1829	9964129	460.2	3647790	684.8	6316339	386.9
1830～1833	8972493	414.4	2987766	560.9	5984727	366.5

资料来源：(1) 1760～1799 年间，据普立查特，前引"决定性年代"，第 391～396 页。(2) 1800～1833 年间，据摩斯，前引"编年史"，第 2～4 卷。

原注：(1) 进口各货皆按在广州售得之价格计算。(2) 出口各货已包括公司在广州的杂支在内。(3) 缺 1807～1816 年资料。

表 1-5　　1760～1833 年间各类英商在中英贸易上所占的比重（一）

输入中国

年份	各类英商输华总值（银两）	东印度公司 价值	东印度公司 占总值百分比	东印度公司船员私人 价值	东印度公司船员私人 占总值百分比	"港脚"商人 价值	"港脚"商人 占总值百分比
1760～1764	470286	345930	73.6	86436	18.4	37920	8.0
1765～1769	1192915	520059	43.6	394936	33.1	277920	23.3
1770～1774	1466466	622332	42.4	376614	25.7	467520	31.9
1775～1779	1247472	384009	30.8	256712	20.6	606751	48.6
1780～1784	1301931	532649	41.0	289575	22.2	479707	36.8
1785～1789	3612764	1026528	28.4	523394	14.5	2062842	57.1
1790～1794	5007691	2059181	41.1	812001	16.2	2136509	42.7
1795～1799	5373016	1961352	36.5	506706	9.4	2904958	54.1
1800～1804	7861096	3359501	42.7	711973	9.1	3789623	48.2
1805～1806	11474510	3623853	31.6	832363	7.2	7018294	61.2
1817～1819	7646777	3261836	42.7			4384941	57.3
1820～1824	6525201	3417760	52.4			3107441	47.6
1825～1829	7591390	3647790	48.1			3943600	51.9
1830～1833	7335023	2987766	40.7			4347257	59.3

资料来源：(1) 1760～1799 年间，据普立查特，前引"决定性年代"，第 391～394、401、402 页。(2) 1800～1806 年间，除 1800～1804 年东印度公司据摩斯前引"编年史"外，余据普立查特，前引"对华贸易的斗争"。(3) 1817～1833 年间，据摩斯，前引"编年史"，第 2—4 卷。

原注：各货皆按在广州售得之价格计算。

编者注：(1) 1817 年度以后，东印度公司船员私人与"港脚"商人输出不能分拆，系合计数字。(2) "港脚"（Country）商人即获得东印度公司特许来华贸易的印度商人。(3) 缺 1807～1816 年数字。

表 1-6　　1760～1833 年各类英商在中英贸易上所占的比重（二）

自中国输出

年份	各类英商自华输出总值（银两）	东印度公司 价值（银两）	东印度公司 占总值百分比	东印度公司船员私人 价值（银两）	东印度公司船员私人 占总值百分比	"港脚"商人 价值（银两）	"港脚"商人 占总值百分比
1760～1764	979586	876846	89.5	70160	7.2	32580	3.3
1765～1769	2190619	1601299	73.1	350400	16.0	238920	10.9
1770～1774	2119058	1415428	66.8	321810	15.2	381820	18.0
1775～1779	1968771	1208312	61.4	230652	11.7	529807	26.9
1780～1784	2083345	1632720	78.4	237337	11.4	213288	10.2
1785～1789	5491508	4437123	80.8	431709	7.9	622676	11.3
1790～1794	5843714	4025092	68.9	629497	10.8	1189125	20.3
1795～1799	5719972	4277416	74.8	480122	8.4	962434	16.8
1800～1804	7593097	5758771	75.8	631491	8.4	1202836	15.8
1805～1806	7400224	5379407	72.7	666043	9.0	1354774	18.3
1817～1819	8060271	5139587	63.8			2920684	36.2
1820～1824	9816066	6364871	64.8			3451195	35.2
1825～1829	10215566	6316339	61.8			3899227	38.2
1830～1833	9950286	5984727	60.1			3965559	39.9

资料来源：(1) 1760～1799 年间，据普立查特，前引"决定性年代"，第 395、396、401、402 页。(2) 1800～1806 年间，除 1800～1804 年东印度公司数据摩斯前引"编年史"外，余据普立查特，前引"对华贸易的斗争"。(3) 1817～1833 年间，据摩斯，前引"编年史"，第 2～4 卷。

原注：1760～1799 年间东印度公司各货价值皆按采购成本（Prime Cost）计数。1766 年以前茶叶量值包括私人输出在内，其后只为公司输出数。

编者注：(1) 各项数字，包括在广州为购办货物所开支的各项杂支在内。(2) 东印度公司部分数字与分项相加不符，今按分项相加改正。(3) 东印度公司船员私人与"港脚"商人部分数字与分项相加不符，当系总数中包括其他商品在内之故，未加改正。(4) 1817 年度以后，东印度公司船员私人与"港脚"商人输出分拆不开，系合计数字。(5) 缺 1807～1816 年资料。

（二）中英贸易中的主要商品

英籍商人输入中国的货物，来自英伦本国和印度两地。表 1-7 说明这两项来源的对比地位：前者始终在百分之四十以下，后者却总在百分之六十至百分之七十。英国本土输入中国的货物以毛织品和金属品为主。毛织品就是各种呢绒，金属品以铅料、锡料、铜料为主，包括少量金属制品如刀子、钟表等，没有机器。印度来货则以棉花为最大宗。棉花一项，大于毛织品和金属品的总和，且其增长速度也在两者之上（见表 1-8）。毛织品、金属品和棉花这三项常占英印输华总值的百分之七十至百分之八十（见表 1-9）。

英商输入中国货物中的棉花是很值得注意的一项。从绝对数量看，在十九世纪二三十年代曾达到四十多万担的庞大数字。这些棉花多半是销在两广（广东、广西）用作手工业纺织原料的，进口量的庞大说明当时这个地区的手工纺织业是相当兴盛的。广州进口的棉花，几乎全部来自印度，就是美国商船输华的棉花也不例外。表 1-10 说明各籍商船经营这项重要进口货上的对比情况。

表 1-11 说明中国和英伦本土之间棉纺织品的对流情况。从此可知直到十九世纪的前三十年，英国人所消费的中国手织土布实超过中国人所消费的英国机制棉布，这情况是到一八三一年以后才改变的。

英籍商人自广州输出的货物以茶叶为最大宗；次为生丝、土布；此外还有一些零星货物如丝织品、陶瓷、糖、大黄、樟脑、水银等等。可惜只有东印度公司的出口细目有记录可查。表 1-12 说明东印度公司自广州输出的货物中，茶叶常占百分之八十以上的地位；生丝居次；其他各项货物总计还不足百分之八。一七八四年英国本土减低茶税后五十年内，由东印度公司输入英伦本土的茶叶量增加到 4 倍（表 1-13）。

茶叶、生丝和土布，不仅是当时广州对英国的三项首要出口货，也是对一切国家的首要出口货。英、美两国几乎垄断这三项的全部出口贸易。其中英国在茶叶与生丝上占绝对优势，美国所运去的土布则比英国为多。值得注意的是到了十九世纪，生丝的出口量增加得非常迅速，三四十年以内，几乎达八倍之多（表 1-14）。

根据上举各表，可知十八世纪后半期以至十九世纪三十年代，英国本土的对华贸易基本上就是以毛织品、金属品换取茶叶和生丝的交易，而这种交易是需要以印度棉花做补充的。英国工业革命的成果，这时还没有在对华贸易上表现出来。

表 1-7　　　　　　　　　1780～1833 年间英商输入中国货物的来源地

年 份	进口总值	自英本国进口 价值（银两）	自英本国进口 占总值百分比	自印度进口 价值（银两）	自印度进口 占总值百分比
1780～1784	1301931	494502	38.0	807429	62.0
1785～1789	3612764	1008469	27.9	2604295	72.1
1790～1794	5007691	2021280	40.4	2986411	59.6
1795～1799	5373015	1955320	36.4	3417695	63.6
1817～1819	7646777	2111464	27.6	5535313	72.4
1820～1824	6525201	2250626	34.5	4274575	65.5
1825～1829	7591390	.2336146	30.8	5255244	69.2
1830～1833	7335023	2318558	31.6	5016465	68.4

资料来源：(1) 1780～1799 年间，据普立查特，前引"决定性年代"，第 391～394、401、402 页。(2) 1817～1833 年间，据摩斯，前引"编年史"，第 2～4 卷。

编者注：1800～1816 年原资料数字不完整。

表 1-8　　　　　1775～1833 年间英商输入中国的三项主要商品的价值及其发展趋势

以 1780～1884 年平均为指数 100

年 份	各类英商输华英印三项主要商品总值 价值（银两）	指数	东印度公司输华英本国商品 毛织品 价值（银两）	毛织品 指数	东印度公司输华英本国商品 金属品 价值（银两）	金属品 指数	各类英商输华印度棉花 价值（银两）	指数
1775～1779	588260	91.0	277671	58.7	22255	64.1	288334	123.7
1780～1784	646493	100.0	473370	100.0	34723	100.0	233074	100.0
1785～1789	2627081	406.4	801879	169.4	127201	366.3	1698001	728.5
1790～1794	3630023	561.5	1586662	335.2	359875	1036.4	1683486	722.3
1795～1799	3745780	579.4	1556419	328.8	313684	903.4	1875677	804.8
1817～1819	6589283	1019.2	1951267	412.2	110805	319.1	4527211	1942.4
1820～1824	5134507	794.2	2042102	431.4	134156	386.4	2958249	1269.2
1825～1829	6413034	992.0	1903266	402.6	202091	582.0	4307677	1848.2
1830～1833	5791228	895.8	1584940	334.8	109255	314.6	4097033	1757.8

资料来源：(1) 1775～1799 年间，据普立查特，前引"决定性年代"，第 391～394、401、402 页。(2) 1817～1833 年间，据摩斯，前引"编年史"，第 2～4 卷。

表1-9 1780～1833年间英商输入中国毛织品、金属品、棉花占英商进口总值的百分比　　（单位：银两）

年份	进口总值	主要商品值	主要进口商品占进口总值百分比
1780～1784	1301931	646493	49.7
1785～1789	3612764	2627081	72.7
1790～1794	5007691	3630023	72.5
1795～1799	5373015	3745780	69.7
1817～1819	7646777	6589283	86.2
1820～1824	6525201	5134507	78.7
1825～1829	7591390	6413034	84.5
1830～1833	7335023	5791228	79.0

资料来源：据表1-7、表1-8。

表1-10 1800～1833年间从广州口岸进口的棉花数量　　（单位：担）

年份	英美各种商船进口棉花总量	英籍商船 合计	英籍商船 东印度公司	英籍商船 东印度公司私人及港脚	美籍商船
1800～1804	194485	193550	61520	132030	935
1805～1809	339577	332751	92248	240503	6826
1810～1814	269598	267275	123070	144205	2323
1815～1819	368830	367036	100997	256039	3894
1820～1824	262368	261123	101253	159870	1245
1825～1829	429910	429406	136126	293280	504
1830～1833	453814	452954	114474	338480	860

资料来源：摩斯，前引"编年史"，第2～4卷。
编者注：1815～1819年度包括极少量荷兰等其他国家输入中国的棉花在内。

表 1 - 11　　1817～1833年间英伦本土对华棉纺织品贸易的趋势

(单位：银两)

年份	自英输华棉纺织品值	自华输英土布值	中国对英贸易出口（＋）入／（－）超
1817～1818	—	395237	＋395237
1818～1819	—	515640	＋515640
1819～1820	—	265987	＋265987
1820～1821	—	433734	＋433734
1821～1822	9807	367651	＋357844
1822～1823	—	337264	＋337264
1823～1824	—	451434	＋451434
1824～1825	—	321162	＋321162
1825～1826	1895	366750	＋364856
1826～1827	36144	145172	＋109028
1827～1828	124983	467876	＋342893
1828～1829	183338	469432	＋286094
1829～1830	215373	355295	＋139922
1830～1831	246189	386364	＋140175
1831～1832	360521	115878	－244643
1832～1833	337646	61236	－276410
1833～1834	451565	16304	－435261

资料来源：摩斯，前引"编年史"，第2～4卷。

表 1-12　　　　　　1760～1833 年间东印度公司自中国输出的主要商品

年份	出口商货总值	茶叶 价值(银两)	茶叶 占总值百分比	生丝 价值(银两)	生丝 占总值百分比	土布 价值(银两)	土布 占总值百分比	其他 价值(银两)	其他 占总值百分比
1760～1764	876846	806242	91.9	3749	0.4	204	0.1	66651	7.6
1765～1769	1601299	1179854	73.7	334542	20.9	5024	0.3	81879	5.0
1770～1774	1415428	963287	68.1	358242	25.3	950	0.1	92949	6.5
1775～1779	1208312	666039	55.1	455376	37.7	6618	0.5	80279	6.7
1780～1784	1632720	1130059	69.2	376964	23.1	8533	0.5	117164	7.2
1785～1789	4437123	3659266	82.5	519587	11.7	19533	0.4	238737	5.4
1790～1794	4025092	3575409	88.8	274460	6.8	34580	0.9	140643	3.5
1795～1799	4277416	3868126	90.4	162739	3.8	79979	1.9	166572	3.9
1817～1819	5139575	4464500	86.9	183915	3.6	121466	2.4	369694	7.1
1820～1824	6364871	5704908	89.6	194779	3.1	58181	0.9	407003	6.4
1825～1829	6316339	5940541	94.1	—	—	612	*	375186	5.9
1830～1833	5984727	5617127	93.9	—	—	—	—	367600	6.1

资料来源：（1）1760～1799 年间，据普立查特，前引"决定性年代"，第 395、396 页。（2）1817～1833 年间，据摩斯，前引"编年史"，第 2～4 卷。

原注： 各货价值皆按采购成本计数。1776 年以前，茶叶量值包括私人输出在内，其后只为公司输出数。

编者注：（1）原表有数年总数与分数不符，今按分项相加改正。（2）"其他"项内包括其他出口品如瓷器、西米，并包括广州公行开支、船钞等等在内。（3）1800～1816 年原资料有量无值。（4）1825～1829 年土布占总值不足 0.05%。

表 1-13　　1760～1833 年间东印度公司自中国输至英伦本土茶叶量的发展趋势

指数：1780～1784 年平均为 100

年份	茶叶量（担）	占总量百分比
1760～1764	42065	75.7
1765～1769	61834	111.2
1770～1774	54215	97.5
1775～1779	33912	61.0
1780～1784	55590	100.0
1785～1789	138417	249.0
1790～1794	136433	245.4
1795～1799	152242	273.9
1800～1804	221027	397.6
1805～1809	167669	301.6
1810～1814	244446	439.7
1815～1819	222301	399.9
1820～1824	215811	388.2
1825～1829	244704	440.2
1830～1833	235840	424.2

资料来源：(1) 1760～1799 年间，据普立查特，前引"决定性年代"，第 395、396 页。(2) 1800～1833 年间，据摩斯，前引"编年史"，第 2～4 卷。

原注：1776 年以前包括私人输出在内，其后只为公司输出数。

表 1-14　1800~1833 年间自广州运出三项主要出口货的商船国别

年份	广州 茶叶（担）	广州 生丝（担）	广州 土布（匹）	英籍商船 茶叶（担）	英籍商船 茶叶 占总量百分比	英籍商船 生丝（担）	英籍商船 生丝 占总量百分比	英籍商船 土布（匹）	英籍商船 土布 占总量百分比	美籍商船 茶叶（担）	美籍商船 茶叶 占总量百分比	美籍商船 生丝（担）	美籍商船 生丝 占总量百分比	美籍商船 土布（匹）	美籍商船 土布 占总量百分比
1800~1804	284424	1187	1353400	224430	78.9	1133	95.5	353280	26.1	37584	13.2	37	3.1	930320	68.7
1805~1809	234249	1258	1209500	171199	73.1	1175	93.4	232800	19.2	58695	25.1	48	3.8	855000	70.7
1810~1814	260913	1933	692900	247691	94.9	1859	96.2	497020	71.7	13222	5.1	73	3.8	195880	28.3
1815~1819	296478	1956	1301200	233584	78.8	1855	94.8	527180	40.5	59726	20.1	101	5.2	771160	59.3
1820~1824	305389	4361	1328227	231931	75.9	4329	99.3	596686	44.9	73459	24.1	33	0.7	731541	55.1
1825~1829	343171	5971	1102880	265724	77.4	5596	93.7	632540	57.4	75875	22.1	349	5.8	470340	42.6
1830~1833	328890	8082	422721	259710	79.0	7923	98.0	348463	82.4	75180	19.8	135	1.7	71759	17.0

资料来源：摩斯，前引"编年史"，第 2~4 卷。
编者注：共计项内包括少量其他各国商船出口者在内。

（三）鸦片与中英贸易

英商到中国进行贸易，以何物来换取中国货物，很早就成为难以解决的一个问题。

鸦片战争以前，英伦本土的出产，实在没有任何一样是值得中国人民欢迎的。

当时英国的王牌货物是毛织品，但是这种货物既不够精美，又不够便宜，在中国一直找不到主顾。表1-15说明一八〇〇年以前，东印度公司向中国贩卖毛织品一直是亏本的，平均每年总得亏上十多万至二十多万两。一八〇〇年以后没有统计可引用，但我们确知那还是一直亏本的。东印度公司运到中国来的第二项大宗货物是金属品，这是可以赚利的。但金属品中最受欢迎的是铅料，铅料的主要用途是做成茶叶和樟脑的打包铅皮，需量有限；其他金属品更没有多大的销路，因而东印度公司每年从金属品上所能获得的利润，平均每年不过数千两，有时甚至也亏本。此外，最能使公司赚利的是东方产品，特别是印度的棉花，但总算起来，这仍旧抵不过毛织品的亏损，于是东印度公司在广州的整个进口生意也就无一年不亏的（见表1-15）。

另一方面，英伦本土对茶叶的需求却日益提高。随着资本主义的发展，英伦劳动人民的生活日益贫困化，他们的早餐饮料由牛奶变成淡得无味的红茶，到了十八世纪后半期，茶叶成为英伦广大劳动人民的生活必需品了，东印度公司在茶叶生意上所获取的利润也更加庞大。表1-16说明这种利润大到可以抵补输华商品上的一切亏损以后，每年还有四五十万两至一百余万两的盈余。若只就自华出口生意的投资与利润而论，则利润率常在百分之二十六以上，有时高达百分之四十三。

高额利润迫使东印度公司必须坚持茶叶贸易，可是用什么东西来支付呢？十七世纪至十八世纪早期，所有英商都不得不运送白银（几乎全是西班牙、墨西哥银元）到中国来贩取货物。东印度公司来船的装载，白银经常占百分之九十以上，商货不足百分之十。十八世纪后半期，英商运到中国来的东方物产，特别是印度的棉花很能吸取中国的现金，东印度公司就利用这些现金，部分地解决收支平衡问题。但是全部英商对华贸易仍旧是进出不能平衡的。表1-17说明英商这种贸易逆差几乎是经常存在的，到了十九世纪二三十年代且高达二三百万两以上。

在本节所讨论的时代里，中国对欧美各国整个的海上贸易是经常维持出超的，这就是说东印度公司不可能利用其他国家对中国贸易的收支余额来解决自己的平衡问题。另一方面，表1-18却又说明十八世纪七十年代以后，东印度公司运来的白银也在锐减，终至消灭，同时在广州出卖汇票所获取的现金则高达二三百万两以上。这种现金从何而来呢？

东印度公司平衡收支的全部秘密都在鸦片上。原来一七七三年不列颠印度政府为了弥补财政上的亏空，开始鸦片专卖，其后，鸦片专卖就给英属印度政府产生大量的收入，成为印度财政收入上一个绝不可少的项目。表1-21至表1-23分别说明这种情况。

英属印度政府所专卖的鸦片，基本上是专门销到中国来的。于是除去为印度政府产生大量收入而外，鸦片又产生一个副作用：在中国吸收现金转为东印度公司的贩茶资金，使东印度公司长久无法解决的贸易收支难以平衡的问题得以化解。这个过程是，鸦片贩子用那种毒药向中国社会的各个角落吸取现金,而东印度公司则用伦敦、孟买或加尔各答汇票向他们买换这些现金转为自己贩买茶叶的资金。

鸦片是走私的、非法的、可耻的生意,鸦片战争前英商究竟向中国走私了多少鸦片谁也不知道。表1-19和表1-20提供了两个估计数字。从此可知十八世纪二十年代以前,平均每年约销四千多箱,价值四五百万元;二十年代以后,销量直线上升,到鸦片战争前夕,已达三万五千余箱,将近两千万元了。

表 1-15　　　　　　　　1775～1799 年间东印度公司输华商货的盈亏　　　　　　（单位：银两）

年份	毛织品 净亏（一）	金属品 盈（+）亏（一）	印度产品 盈（+）亏（一）	共计 净亏（一）
1775～1779	-23788	+7989	+17512	-2831
1780～1784	-22456	+6754	-4849	-23199
1785～1789	-26284	-4443	+24829	-7906
1790～1794	-106187	+24746	+26703	-62141
1795～1799	-191552	+9772	+20687	-168099

资料来源：普立查特，前引"决定性年代"，第 391—394 页。

编者注：(1) 原表"进口货物共计盈亏"之数字与分数相加不符，今按分数相加改正。(2) 输华各货在广州的售价减各货在英印的采购成本与运费、保险等项的总和，不足为亏，有余为盈。(3) 共计净亏包括毛织品、金属品、印度产品以外之杂项亏损在内。

表 1-16　　　　　　　　1775～1814 年间东印度公司在输出中国货物上
所获得的盈利及其利润率

年份	输华货物 净亏（一）（镑）	自华输出 货物净利（镑）	出口贸易 投资额（镑）	出口贸易 利润率
1775～1779	-8663	272518	988361	27.6
1780～1784	-7791	394115	1295346	30.4
1785～1789	-23277	402690	2226692	18.1
1790～1794	-26343	574914	2182313	26.3
1795～1799	-65607	736215	2525762	29.1
1800～1804	-159361	776095	2617810	29.6
1805～1809	-40638	1163076	2693402	43.2
1810～1814	-17439	1045484	3106923	33.7

资料来源：普立查特，前引"决定性年代"，第 397～398 页。

表 1-17　　1760～1833 年间中国在对英商贸易上的出入超　　（单位：银两）

年　份	东印度公司出超	东印度公司职员私人入超	港脚商人出入超	总计出入超
1760～1764	+530921	-101380	-26700	+509300
1765～1769	+1065389	-44530	-39000	+981859
1770～1774	+793096	-54804	-85740	+652552
1775～1779	+824303	-26460	-76944	+720899
1780～1784	+1100472	-52238	-266419	+781816
1785～1789	+3410595	-91685	-1440165	+1878745
1790～1794	+1966311	-182524	-947384	+836403
1795～1799	+2523948	-26584	-1942524	+554840
1800～1804	+2508184	-80480	-2586787	-159083
1805～1806	+1755555	-166320	-5663521	-4074286
1817～1819	+1877738		-1474256	+403482
1820～1824	+2947111		+343753	+3290864
1825～1829	+2668548		-44373	+2624175
1830～1833	+2996962		-381699	+2615263

资料来源：(1) 1760～1799 年间，据普立查特前引"决定性年代"，第 391～396、399、401、402 页。(2) 1800～1806 年间，据普立查特，前引"对华贸易的斗争"。(3) 1817～1833 年间，东印度公司据摩斯，前引"编年史"，第 2～4 卷。

表 1-18 1760～1833 年间东印度公司采购中国货物的支付手段 （单位：两）

年 份	进口商货价值	运入中国的白银量	公司在广州出卖汇票所得白银量
1760～1764	345926	434243	75799
1765～1769	520059	1066596	67923
1770～1774	622332	471600	383764
1775～1779	384009	143032	834246
1780～1784	532649	1728	956632
1785～1789	1026528	1478240	2084079
1790～1794	2059181	559448	1712193
1795～1799	1961352	739585	2151182
1800～1804	3359501	557935	2013384
1805～1809	3955787	—	1225871
1810～1814	3886684	—	1751376
1815～1819	3405750	731158	1356325
1820～1824	3417760	534427	2329152
1825～1829	3647790	—	2095838
1830～1833	2987766	—	3209899

资料来源：(1) 1760～1799 年间，据普立查特，前引"决定性年代"，第 394、396、399、400 页。(2) 1800～1833 年间，据摩斯，前引"编年史"，第 2—4 卷。

表 1-19 1795～1838 年间鸦片进口量的估计 （单位：箱）

年 份	各类共计	"公班土"	"白皮土"	"金花土"
1795～1799	4124	1804	2320	—
1800～1804	3562	2288	1274	—
1805～1809	4281	2824	1364	93
1810～1814	4713	3184	1469	60
1815～1819	4420	2665	1354	401
1820～1824	7889	3825	3877	187
1825～1829	12576	5875	6296	405
1830～1834	20331	7620	11918	793
1835～1838	35445	16317	18385	743

资料来源：摩斯：《中华帝国国际关系史》第 1 卷，第 209、210 页（H. B. Morse, *The Internatonal Relations of The Chinese Empire*, 1910, Shanghai）。

编者注：(1) 1795～1799 年间白皮土所用数据为 1798～1799 年的平均数。(2) 1830～1834 年间金花土，不包括 1834 年的（因数字不详）数字。(3) 1835～1839 年间金花土所用数字为 1936 年之数，其余年份数字不详。

表 1-20　　　　　　　　　　1816～1837 年间中国消费鸦片量值的估计

以 1819～1820 年为指数 100

年　份	数量（箱）	指数	价值（元）	指数
1816～1817	3698	77.4	4084000	70.5
1817～1818	4128	86.4	4178500	72.1
1818～1819	5387	112.7	4745000	81.9
1819～1820	4780	100.0	5795000	100.0
1820～1821	4770	99.8	8400800	145.0
1821～1822	5011	104.8	8822000	152.2
1822～1823	5822	121.8	7989000	137.9
1823～1824	7222	151.1	8644603	149.2
1824～1825	9066	189.7	7927500	136.8
1825～1826	9621	201.3	7608200	131.3
1826～1827	10025	209.7	9662800	166.7
1827～1828	9525	199.3	10425190	179.9
1828～1829	14388	301.0	13749000	237.3
1829～1830	14715	307.8	12673500	218.7
1830～1831	20188	422.3	13744000	237.2
1831～1832	16225	339.4	13150000	226.9
1832～1833	21659	453.1	14222300	245.4
1833～1834	19362	405.1	12878200	222.2
1837～1838	28307	592.2	19814800	341.9
合计	213899	—	188514393	—

资料来源：摩斯，前引《中华帝国国际关系史》，第一卷，第 209、210 页。
编者注：1834～1836 年数字缺。

表 1-21　　　　　　　　　　1773～1839 年间英属印度政府的鸦片收入

以 1815～1819 年平均为指数 100

年　份	卢比	折合银两	指数
1773～1774	270465	77894	3.3
1775～1779	414822	119469	5.1
1780～1784	505010	145443	6.2
1785～1789	1504025	433159	18.4
1790～1794	1988156	572589	24.4
1795～1799	2261660	651358	27.7
1800～1804	4313382	1242254	52.8
1805～1809	6000748	1728215	73.5
1810～1814	8029534	2312506	98.4
1815～1819	8163204	2351003	100.0
1820～1824	15680081	4515863	192.1
1825～1829	19945436	5744286	244.3
1830～1834	14462756	4165274	177.2
1835～1839	18044062	5196690	221.0

资料来源：(1) 1773～1785 年间，据欧文《不列颠在中国和印度的鸦片政策》，第 37 页 (D. E. Owen, *British Opium Policy in China and India*, 1934)。(2) 1785～1800 年间，据英国《国会蓝皮书》，1895 年，卷 42，附录 B，第 281—282 页 (B. P. P. Accounts and Papers, Final Report of Royal Commission on China)。(3) 1800～1840 年间，据英国《国会蓝皮书》，"有关在华鸦片贸易的文件，1842～1856 年"(*Papers Relating to the Opium Trade in China*)，第 50 页。

编者注：鸦片收入包括专卖和鸦片过境税收入在内。

表 1-22　　　　1809～1828年间鸦片专卖收入在孟加拉省财政总收入中所占的比重

年　份	财政总收入（镑）	鸦片专卖收入（镑）	鸦片专卖收入占总收入百分比
1809～1810	10263656	822343	8.0
1810～1811	10682249	935996	8.7
1811～1812	10706173	924677	8.7
1812～1813	10425052	729940	7.0
1813～1814	11172471	946073	8.6
1814～1815	11089823	1103563	10.0
1815～1816	11243273	1051260	9.3
1816～1817	11789511	941654	7.4
1817～1818	11621513	873598	7.5
1818～1819	12370370	830585	6.0
1819～1820	12187570	799825	6.0
1820～1821	13487218	1436432	10.0
1821～1822	13340502	1125728	8.0
1822～1823	14163277	1493554	10.0
1823～1824	12950309	852042	6.6
1824～1825	13479192	1516820	11.0
1825～1826	13119658	939891	7.1
1826～1827	14757089	1715308	11.0
1827～1828	14695998	1840503	12.0

资料来源：不列颠博物院手稿部藏手稿第 ADD. MSS. 43357 卷，阿伯丁文书，1829 年，内阁专用密件，《东印度公司财政问题意见书》续编（Aberdeen Papers, *Further Considerations Respecting the Finance Concerns of the East India Company*, *Private for Cabinet*）。

表 1-23　　1834～1843 年间鸦片收入在印度财政总收入中所占的比重

年　份	财政总收入（镑）	鸦片收入（镑）	鸦片收入占财政总收入百分比
1834～1835	26856647	838450	3.12
1835～1836	20148125	1492007	7.41
1836～1837	22359967	1534968	6.86
1837～1838	21610557	1586445	7.34
1838～1839	21632680	953130	4.41
1839～1840	20151750	337777	1.68
1840～1841	20851351	874277	4.19
1841～1842	21840018	1018766	4.66
1842～1843	22616487	1576581	6.97

资料来源：突奈尔：《不列颠鸦片政策及其在印度与中国之后果》。(E. S. Turner, *British Opium Policy and its Results to India and China*, London, 1876)，附录五。

原注：录自《加尔各答蓝皮书》，1875 年财政与岁入数字表第三编。

（四）白银与银价问题

鸦片泛滥中国，给中国人民造成洪水一般的灾难。

自十六世纪葡萄牙人初到中国的时候起，三百多年来，中国人民一直用自己勤劳的双手，精练的技术，为世界市场提供自己的优良物产，先进的资本主义国家以至落后的殖民地，多多少少都乐于购用中国的茶叶、生丝、土布等等价廉物美的货物。同时，来到中国的欧美商人却找不出值得中国人民欢迎的任何商品，他们只好运进白银来进行交易。就这样，中国和欧美的海上贸易，一直维持着贸易出超、白银入超的局面。这个时代中国是采银很少的国家，但是，民间大宗的交易，政府的财政收支，普遍地用银两作为价值尺度和流通手段。三百多年不断的内流，久已使银子成为中国经济生活上不可缺少的"血液"了。

到了十九世纪，中国对欧美一般商品的海上贸易，仍旧是保持每年约五六百万两的出超，但是由于英国海盗冒险家大量地走私鸦片，白银却扭转其三百多年的流向，由入超变为出超了。

由于流通便利，银元在中国市场上享有超过其含银量的高价。因此向来欧美商人运入中国的白银几乎全部都是银元，而运出去的几乎全都是细丝银。清政府是严禁细丝出口的，外商运出细丝全部都是走私出去的。走私的东西当然没有精确的记载流传下来。所以，中国从那个年代起开始白银出超，出超的数量多大，很难找到精确的数字。

本节就我们所查到的数字列五个有关白银流动的统计表。表1-24和表1-25分别列举广州白银进出口统计，这只是见诸东印度公司和美国记载的数字，表1-26就根据这两个统计结算广州的出超。据此，则入超一直维持到一八二六至一八二七年度，次年才开始出超，出超数量最高仅达四百三十多万两。很显然，有大量走私出口的白银是没有出现在这个统计里的。

表1-27是印度孟买、加尔各答和马特拉斯三个海关记载的印度与中国之间的白银流动统计。英商从中国走私出口，到印度则公开报关，无须隐瞒，所以仅就中国、印度之间的对流而论，这个统计应该是相当准确的。根据这个统计，则中国对印度的白银出超，一八一四至一八一五年度已达一百三十万两左右，一八一四年以后，出超一直继续着，并有增大的趋势，到了林则徐没收鸦片时，即一八三八至一八三九年度（印度财政年度至一八三九年四月三十日），则超过六百万两。其中，一八一四至一八二七年这十三个年度共计出超二千三百五十七万五千五百九十二两，一八三〇至一八三九年这九个年度共计出超三千一百七十六万二千七百六十七两（当中的一八二七～一八三〇年数字空缺）。鸦片走私最猖獗的一八三三～一八三四年至一八三八～一八三九年这六个年度里，平均每年度出超达四百二十八万一千零三十三两。

白银对印度的出超，只是中国白银流出的一部分，我们可以把这数字看为最低限。实际广州这时对欧美或亚洲其他地区一定还存在相当数量的白银出超的。表1-28就证明对新加坡那样贸易数量本很微小的地方，也因鸦片流入而有白银的出超。

从广州对欧美（包括印度）海上合法贸易的进出口总额和鸦片销售量方面考察，也可显示中国白银外流的情况。表1-29说明从这方面去估计白银外流数量的结果，一八二六～一八二七年度已超过三百五十万两，一八三三～一八三四年度更超过九百六十万两了。按照这种的情况推测鸦片战争前夕中国每年的白银流出量，即使是保守的看法，似乎也绝不在一千万两以下。

白银的流向，由三百多年长期的入超变为大量的出超，其结果自然使中国经济生活受到极大的震动。这首先表现在银钱比价上。

在我们所说的时代，中国没有严格的现代意义上的本位币制度。清政府的税收单位和民间大量交易的计价单位通用银两制。政府规定每纹银一两兑换铜钱一千文。在白银外流以前，银钱比价基本上是维持在一千文的水平上的。白银大量的外流，不能不使银价抬高，银钱比价涨到一千文以上。

表1-30提供了一七九八～一八五〇年间银钱比价的统计。这项统计是根据北直隶宁津县大柳镇"统泰升记"商店的账簿结算而得的。"统泰升记"是一个有十几个分号的杂货商店，结算的数据，可以代表乡村小额交易的银钱比价情况。根据这项统计，可知在一八一〇年以前，比价围绕一千文在变动，变动的幅度不大；自一八一〇年起，比价超过一千一百文，而其趋势一直在上升，到了一八三九年则已高达一千六百七十八点九文。银价剧烈上升的现象非常明显。

铜钱鼓铸成色的降低可能成为抬高比价的重要因素，可是这个时代，清政府严禁私铸，我们还没有看到这个时代北直隶私铸猖獗的记载，所以私铸劣钱当不成为我们数据上的重要问题。又，白银走私集中在广东福建沿海，江苏、浙江、山东与河北数量较小，但我们认为白银为通货材料，广东、福建的"银荒"必然很快就会反映在河北的银钱比价上的。因此，宁津银钱比价的剧烈上升，基本上应该是白银外流的结果。

同一个商店还留有零售物价资料，可供做比较研究。我们根据这些资料分别计算出农业方面的大米、花生和手工业方面的蒲席、酒、木炭、桐油、赤砂糖、白毛边纸、铡钉、南铁、甬铁和改锅十种产品的物价指数，结果如表1-31所示。

表1-31说明当银钱比价剧烈上升时，用铜钱表示的农工业产品的零售价格基本上仍维持平稳。这个银价物价变动差异的现象下面，是包含着中国劳动人民的绝大灾难的。

一八一〇年以后，用铜钱表现的中国工农产品物价维持稳定，所以当农民和手工业者用自己的劳动成果零星出卖、换取铜钱的时候，他们的收入并没有增加；可是银价升高了，所以当他们必须用铜钱换取白银以缴纳各种赋税时，他们的实际负担也随银价的升高而呈同比例的增加。这种负担，一八二一～一八三九年二十年间提高到百分之三十以上。

银价物价问题，当然不能像我们这里所说的这么简单，但是无疑的这两个问题的基本情况正是这样。总之，人民负担的加重由于银价的高涨，银价的高涨由于白银的外流，白银的外流由于鸦片的走私。因此，中国人民必须坚决反对鸦片走私（见图1-1）。

表 1-24　　　　　　　　　　　1800~1834 年间广州白银进口统计

年　份	各国商船进口白银总值（元）	折合银两	东印度公司进口（元）	东印度公司私人及"港脚"进口（元）	美国商船进口（元）	其他各国商船进口（元）
1800~1801	611254	440103	611254			
1801~1802	1496014	1077130	113014		1383000	
1802~1803	3484000	2508480			2584000	900000
1803~1804	6091131	4385614	1997131		2932000	1162000
1804~1805	5176547	3727114	1153147		2207400	1816000
1805~1806	3322000	2391840			2902000	420000
1806~1807	4176000	3006720			4176000	
1807~1808	3395000	2444400			2895000	500000
1808~1809	3032000	2183040			3032000	
1809~1810	220000	158400			70000	150000
1810~1811	4723000	3400560			4723000	
1811~1812	2405000	1731600		75000	2330000	
1812~1813	1990000	1432800		115000	1875000	
1813~1814	616000	443520			616000	
1814~1815						
1815~1816	1720100	1238472	1520400			199700
1816~1817	5479088	3944943	3557088		1922000	
1817~1818	4795000	3452400			4545000	250000
1818~1819	5601000	4032720			5601000	
1819~1820	7414000	5338080			7414000	
1820~1821	9051083	6516780	2754083		6297000	
1821~1822	3042000	2190240		47000	2995000	
1822~1823	5125000	3690000			5125000	
1823~1824	7369226	5305843	957218	119168	6292840	
1824~1825	4159356	2994736		63356	4096000	
1825~1826	6524500	4697640			6524500	
1826~1827	5725200	4122144			5725200	
1827~1828	1841168	1325641			1841168	
1828~1829	2640300	1901016			2640300	
1829~1830	775900	558648		35000	740900	
1830~1831	1195344	860648		55000	1123644	16700
1831~1832	199655	143752		16000	183655	
1832~1833	2543671	1831443		7500	2480871	55300
1833~1834	703019	506174		20500	682519	

资料来源：摩斯，前引"编年史"，第 2~4 卷；拉脱莱特，《中美早期关系史》，第 27~28 页。
编者注：其他各国商船包括法国、西班牙、葡萄牙、丹麦、荷兰、瑞典、普鲁士等国。

表 1-25　　　　　　　　　　1800～1834 年间广州白银出口统计

年份	各国商船出口白银总值（元）	折合银两	东印度公司出口（元）	东印度公司私人出口（元）	其他各国商船出口（元）
1800～1801					
1801～1802					
1802～1803					
1803～1804					
1804～1805					
1805～1806					
1806～1807					
1807～1808	3377070	2431490	3377070		
1808～1809	1870000	1346400	1870000		
1809～1810	1564518	1126553	1564518		
1810～1811	1402461	1009772	1402461		
1811～1812	1158685	834253	1158685		
1812～1813					
1813～1814					
1814～1815					
1815～1816					
1816～1817					
1817～1818	3920000	2822400	2000000	1920000	
1818～1819	6088679	4383849	400000	2688679	3000000
1819～1820	2461470	1772258		861470	1600000
1820～1821	1395000	1004400		495000	900000
1821～1822	1780560	1282003		480560	1300000
1822～1823	234600	168912		234600	
1823～1824	2618500	1885320		2618500	
1824～1825	1743357	1255217		1743357	
1825～1826	4341000	3125520		4341000	
1826～1827	4019000	2893680		4019000	
1827～1828	6094646	4388145		6094646	
1828～1829	4703202	3386305		4703202	
1829～1830	6755372	4863868	90000	6656372	9000
1830～1831	6595306	4748620	1910936	4684370	
1831～1832	4023003	2896562	1173957	2849046	
1832～1833	5155741	3712134	1356059	3534866	264816
1833～1834	6731615	4846763	155030	6576585	

资料来源：摩斯，前引"编年史"，第 2～4 卷。

编者注：其他各国包括美国及未列名国家。

表 1-26　　1800～1834 年间广州白银流出与流入统计　　（单位：银两）

年份	白银流入量	白银流出量	白银出（＋）入（－）超
1800～1801	440103		－440103
1801～1802	1077130		－1077130
1802～1803	2508480		－2508480
1803～1804	4385614		－4385614
1804～1805	3727114		－3727114
1805～1806	2391840		－2391840
1806～1807	3006720		－3006720
1807～1808	2444400	2431490	－12910
1808～1809	2183040	1346400	－836640
1809～1810	158400	1126553	＋968153
1810～1811	3400560	1009772	－2390788
1811～1812	1731600	834253	－897347
1812～1813	1432800		－1432800
1813～1814	443520		－443520
1814～1815			
1815～1816	1238472		－1238472
1816～1817	3944943		－3944943
1817～1818	3452400	2822400	－630000
1818～1819	4032720	4383849	＋351129
1819～1820	5338080	1772258	－3565822
1820～1821	6516780	1004400	－5512380
1821～1822	2190240	1282003	－908237
1822～1823	3690000	168912	－3521088
1823～1824	5300843	1885320	－3420523
2824～1825	2994736	1255217	－1739519
1825～1826	4697640	3125520	－1572120
1826～1827	4122144	2893680	－1228464
1827～1828	1325641	4388145	＋3062504
1828～1829	1901016	3386305	＋1485289
1829～1830	558648	4863868	＋4305220
1830～1831	860648	4748620	＋3887972
1831～1832	143752	2896562	＋2752810
1832～1833	1831443	3712134	＋1880691
1833～1834	506174	4846763	＋4340589

资料来源：摩斯，前引《编年史》，第 2～4 卷；拉脱莱特，《中美早期关系史》，第 27～28 页。

表 1-27　　　　　　　　　1814~1844 年间中国与印度之间的白银流向

单位：银两

年份	自中国输入印度	自印度输入中国	中国出超额
1814~1815	1345100	20160	1324940
1815~1816	1088029	19593	1068436
1816~1817	2085458	63965	2021493
1817~1818	2571961	22893	2549068
1818~1819	3924757	310086	3614671
1819~1820	1888952	903008	985944
1820~1821	1491025	131364	1359661
1821~1822	1195030	97016	1098014
1822~1823	1054699	8739	1045960
1823~1824	2053912	606190	1447722
1824~1825	1649885	34596	1615289
1825~1826	3086052	14040	3072012
1826~1827	2385480	13098	2372382
1830~1831	2774258	2449	2771809
1831~1832	1614152	—	1614152
1832~1833	1700440	9830	1690610
1833~1834	3769235	13428	3755807
1834~1835	3477866	3456	3474410
1835~1836	3773722	13365	3760357
1836~1837	3572915	16677	3556238
1837~1838	4999907	—	4999907
1838~1839	6155076	15599	6139477
1839~1840	1432929	616406	816523
1840~1841	2665853	35700	2630153
1841~1842	6830490	1153372	5677118
1842~1843	6233526	216	6233310
1843~1844	12230514	582336	11648178

资料来源：（1）1814~1827 各年度，据不列颠博物院手稿部藏手稿第 ADD. MSS. 43357 卷，阿伯丁文书（Aberdeen Paper）。（2）1830~1844 年度，据英国《国会蓝皮书》，1846 年，第 31 卷，第 94~95 页。

编者注：（1）1839~1843 年各年度自印度输入中国数字包括英印政府在华军事开支之中，共四百万卢比，合计一百一十五万二千两，又 1841~1843 年各年度自中国输入印度数字包括英军在华抢掠所得及中国赔款在内，共九百三十万三千零六十四卢比，合二百六十七万九千二百八十二两。（2）自中国输入印度的白银，绝大部分为细丝银，一小部分为银元，另含有少量黄金。（3）原单位为卢比，今按一卢比合零点三两换算。（4）表中缺 1827~1830 各年度数据。

表1-28　　　1834~1844年间中国与新加坡之间的白银与鸦片的对流

(单位：银两)

年　份	自新加坡进口鸦片价值	自中国输至新加坡白银值
1834~1835	224930	18873
1835~1836	181675	101465
1836~1837	289679	79762
1837~1838	184352	22929
1838~1839	243033	17274
1839~1840	502940	176022
1840~1841	924229	369722
1841~1842	1457616	330956
1842~1843	1204864	328373
1843~1844	1070276	519740

资料来源：英国下院1847年的《对华商务关系小组委员会报告书》，第1卷，第462~467页。(Reports from Select Committee on Commercial Relations With China)。

编者注：新加坡无白银运至中国，自中国至新加坡白银出口为净出超。

表 1-29　　　　　　　1817~1834 年间广州对欧美海上贸易中的鸦片与白银

(单位：银两)

年份	合法商品出口总值 I	合法商品进口总值 II	合法贸易出(+)入(-)超 III=I-II	走私进口鸦片值 IV	估计白银流出量值 IV-III
1817~1818	11910183	10449605	+1460578	3008520	+1547942
1818~1819	14415017	10002162	+4412855	3416400	-996455
1819~1820	14987020	6708128	+8278892	4172400	-4106492
1820~1821	13374090	7173709	+6200381	6048576	-151805
1821~1822	15567652	8639688	+6927964	6351840	-576124
1822~1823	15150148	6896615	+8253533	5752080	-2501453
1823~1824	13877022	7869570	+6007452	6224114	+216662
1824~1825	15422345	9182859	+6239486	5707800	-531686
1825~1826	16707521	9710322	+6997199	5477904	-1519295
1826~1827	13734706	10284627	+3450079	6957216	+3507137
1827~1828	13784148	8380235	+5403913	7506137	+2102224
1828~1829	13901480	8805107	+5096373	9899280	+4802907
1829~1830	13822689	8626282	+5196407	9124920	+3928513
1830~1831	13316534	8462825	+4853709	9895680	+5041971
1831~1832	14215836	8192732	+6023104	9468000	+3444896
1832~1833	15988204	9498107	+6490097	10240056	+3749959
1833~1834	10253991	10616770	-362779	9272304	+9635082

资料来源：摩斯，前引"编年史"，第 3~4 卷；摩斯，前引"国际关系史"，卷 1。
编者注：进出口总值指普通商货而言，不包括鸦片和金银在内。

表 1-30　　1798～1850 年间白银外流状况下的中国银钱比价　　以 1821 年为指数 100

年份	每两银合铜钱数	指数	年份	每两银合铜钱数	指数
1798	1090.0	86.1	1826	1271.3	100.4
1799	1033.4	81.6	1827	1340.8	105.9
1800	1070.4	84.5	1828	1339.3	105.7
1801	1040.7	82.2	1829	1379.9	109.0
1802	997.3	78.7	1830	1364.6	107.7
1803	966.9	76.3	1831	1388.4	109.6
1804	919.9	72.6	1832	1387.2	109.5
1805	935.6	73.9	1833	1362.8	107.6
1806	963.2	76.1	1834	1356.4	107.1
1807	969.9	76.6	1835	1420.0	112.1
1808	1040.4	82.1	1836	1487.3	117.4
1809	1065.4	84.1	1837	1559.2	123.1
1810	1132.8	89.4	1838	1637.8	129.3
1811	1085.3	85.7	1839	1678.9	132.6
1812	1093.5	86.3	1840	1643.8	129.8
1813	1090.2	86.1	1841	1546.6	122.1
1814	1101.9	87.0	1842	1572.2	124.1
1816	1177.3	93.0	1843	1656.2	130.8
1817	1216.6	96.1	1844	1724.1	136.1
1818	1245.4	98.3	1845	2024.7	159.9
1820	1226.4	96.8	1846	2208.4	174.4
1821	1266.5	100.0	1847	2167.4	171.1
1822	1252.0	98.9	1848	2299.3	181.5
1823	1249.2	98.6	1849	2355.0	185.9
1824	1269.0	100.2	1850	2230.3	176.1
1825	1253.4	99.0			

资料来源：北直隶宁津县大柳镇"统泰升记"商店出入银两流水账、买货总账。原账册北京图书馆藏，中国科学院经济研究所亦藏有一部分。

编者注：(1) 计算方法，按每日录用银钱兑换资料，以算术平均法结算为年平均比价。凡因借贷或其他关系致兑换率过高或过低，与当时一般情况显然不一致者，皆剔除不用。所用账册为按日记载一切银钱出入的"出入银两流水账"，此账有残缺时，以同一商店的"买货总账"资料加以补充。(2) 缺 1815、1819 年数字。

表 1-31　　1800~1850 年间北直隶宁津县乡镇的零售物价和银钱比价指数

以 1821 年平均为指数 100

年份	银钱比价指数	零售物价总指数	农产品零售物价指数	手工业产品零售物价指数	年份	银钱比价指数	零售物价总指数	农产品零售物价指数	手工业产品零售物价指数
1800	84.5	84.5	78.5	90.4	1821	100.0	100.0	100.0	100.0
1801	82.2	99.8	96.7	102.8	1822	98.9	103.0	101.9	104.0
1802	78.7	100.8	97.0	104.5	1823	98.6	103.1	102.5	103.8
1803	76.3	98.7	102.4	95.0	1824	100.2	101.5	98.3	104.8
1804	72.6	94.6	92.1	97.1	1825	99.0	105.1	101.3	108.9
1805	73.9	90.5	92.2	88.8	1826	100.4	101.7	99.6	103.7
1806	76.1	98.0	103.8	92.2	1827	105.9	98.0	95.6	100.3
1807	76.6	104.0	112.1	95.9	1828	105.7	97.9	100.2	95.5
1808	82.1	104.2	111.8	96.6	1829	109.0	91.6	89.6	93.6
1809	84.1	102.8	105.3	100.4	1830	107.7	85.1	80.3	89.9
1810	89.4	103.7	105.5*	101.9	1831	109.6	87.9	85.7	90.1
1811	85.7	104.5	105.6	103.3	1832	109.5	95.0	96.4	93.7
1812	86.3	104.5	106.0*	102.9	1833	107.6	104.5	110.1	98.9
1813	86.1	104.4	106.3	102.7	1834	107.1	112.6	127.6	97.6
1814	87.0	116.5	125.7	107.3	1835	112.1	110.0	117.2	102.8
1815	90.0*	115.5	117.7	113.3	1836	117.4	106.3	111.5	101.2
1816	93.0	103.8	101.9	105.6	1843	130.8	99.5	97.7	101.2
1817	96.1	96.8	91.4	102.2	1844	136.1	99.9	99.5	100.3
1818	98.3	103.0	99.6	106.4	1845	159.9	101.5	98.8	104.2
1819	97.6*	101.1	101.9	100.2	1850	176.1	116.4	112.2	120.7
1820	96.8	99.6	101.9	97.3					

资料来源：北直隶宁津县大柳镇"统泰升记"商店的出入银两流水账、买货总账、四乡账、四街账、柴胡店账。原账册北京图书馆藏，中国科学院经济研究所亦藏有一部分。

编者注：(1) 农产品包括大米、花生二项，手工业产品包括蒲席、酒、木炭、桐油、赤砂糖、白毛边纸、铡钉、南铁、甬铁、改锅十项。(2) 物价指数计算方法：以每月十五日或最接近十五日的一天为准，每月摘录一项数字，如该月价格变动较剧，则摘录两项，然后计算年平均；指数为各项产品价比的算术平均。(3) 宁津县计算钱文，两吊为一吊，两文实一文，本表数字系折实后计算者。(4) 缺 1837~1842 年度及 1846~1849 年度数字。(5) 带 * 号者为上下两年平均的补插数。

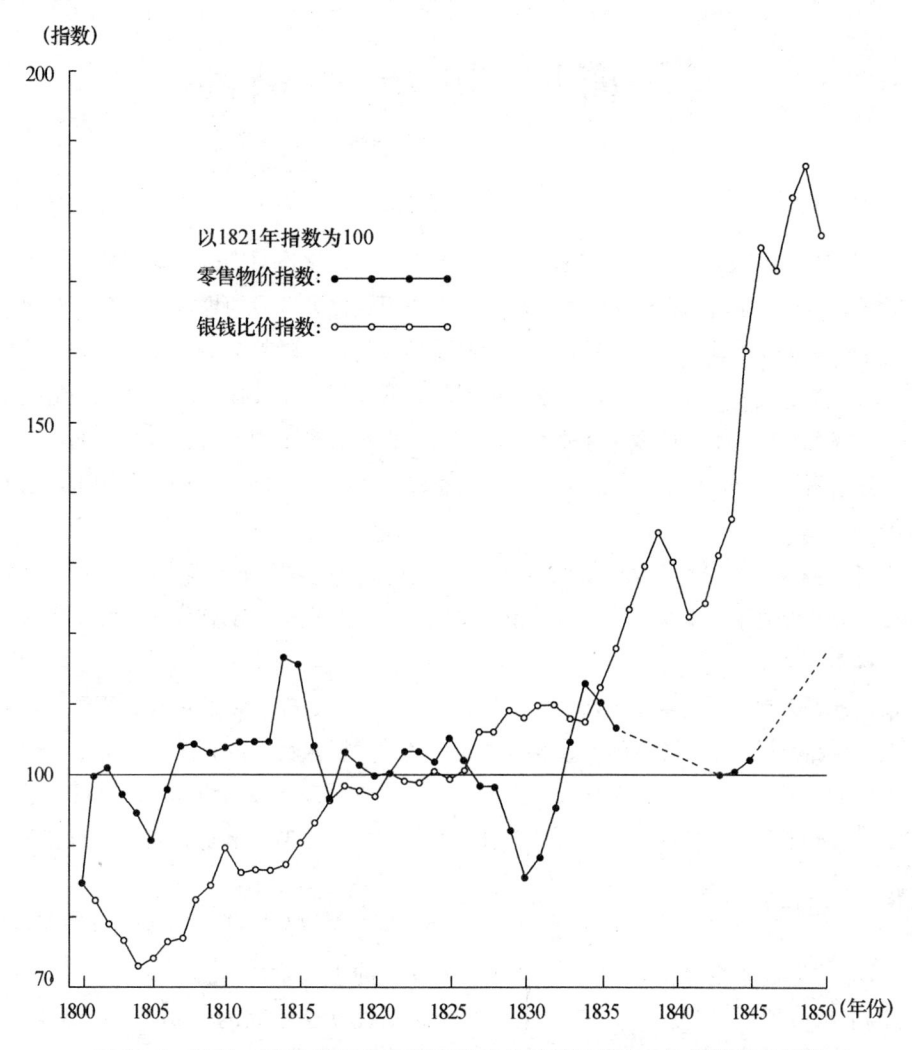

图 1-1 1800～1850 年间北直隶宁津县乡镇的零售物价和银钱比价指数

二　商埠、租界、租借地

从第一次鸦片战争起，英国、美国、法国等资本主义国家屡次对中国发动侵略战争，迫使清朝政府签订了多个不平等条约，在中国沿海、沿江以及边界地区，开设商埠，作为鸦片和廉价商品侵入的据点，也就是掠夺中国农、矿原料和手工业产品的聚集地。随着资本主义国家对中国侵略的扩大和加深、在铁路沿线和各省内地，也不断地出现了新开商埠，尤其在帝国主义争夺势力范围最剧烈的地方，开辟商埠的数量就更多。这种商埠，名义上大部分是中国政府自行开放的，而实际上多半是由各国驻华领事、公使要求，或海关总税务司建议开放的。在表2-1中，我们可以看到各埠开设的经过梗概。

在这些主要商埠里，资本主义国家更引用不平等条约（最早是《虎门条约》）中关于租地建屋的规定，划设租界，形成了资本主义国家的变相殖民地。从十九世纪五十年代起，资本主义国家在租界建立统治机构，排斥中国政权，损害了中国领土主权的完整。帝国主义对华的资本输出，除路、矿和政治借款外，大都集中在租界区域里，工厂、商店、银行、船坞以及市政工程等，都是利用中国的廉价劳动力和原料，来直接剥削中国的劳动人民的。中国人民一向是反对租界的，但直到一九二五～一九二七年大革命时期，才在中国共产党的领导之下，开始收回租界运动。可是一九二七年国民党反动派叛变了革命，投靠了帝国主义，所以有些租界虽然形式上是收回了，而实质上并没有改变租界的性质。在表2-2中，可看到各个租界的设立和扩展经过。

当资本主义进入帝国主义时代的过程中，资本主义发展的不平衡性和瓜分中国领土的掠夺企图，引起了各资本主义国家间划分"势力范围"的尖锐矛盾，于是许多资本主义国家更在中国强占了租借地。在租借地，资本主义国家不仅设立了正式的殖民机构，而且，更严重的，还设立了海军和陆军根据地，形成侵略中国的军事据点。随着帝国主义侵华势力的消长，租借地的占有者，也和租界一样，在各时期中有些变动。在表2-3中，可以看到它的设立和变动的经过情况（见图2-1）。

城市	国家	时间及事件	面积
广州	法国	1849年4月6日，法国领事敬体尼与护道麟桂划定门外地区为法租界，东至洋泾浜，西至广东潮州会馆沿河至洋泾浜东角	500~600（亩）
	英国	1861年10月30日，英国领事罗伯逊与粤督爱棠会订沙面租界条约，划定于西门外城郊沙面河涘地区	34（亩）
	法国	1861年12月28日，法国人巴夏礼与粤督劳崇光订沙面租界条款，划定在余联远议定沙面西部为法租界	100（亩余）
		1914年前，经改建界筑路等占领沙面	
		1946年中法条约订明交还	
厦门	英国	1847年5月，英领事记连向粤督耆英租三行街口南岸地，建筑围墙	
	法国	1859年12月12日，英领夏巴礼向粤督爱棠会探要求在河南区，至12月15日英法联军占领河南，沙面	
	法国	1859年12月12日，法国人巴罗礼与粤督叶名琛定义要求河南地方，建修栈房	211（亩）
	法国	1859年7月12日，法国人罗伯逊与粤督崇浩议定沙面西部为法租界	53（亩）
厦门	英国	1852年，英驻华领事金执尔与泉州知府王锡蕃列乌图岛头礁坪地	76（亩）
	英国	1861年，英驻华领事金执尔与兴泉永道濂骏章划定港地区（长130丈阔35丈）	
	美国	1899年曾议定，后归于英领事大道延普森王正廷换文交回	15150（亩）
		1930年9月17日，英驻华大使蓝普森王廷延换文收回	
福州	日本	1898年10月25日，日本领事上野向福建布政司某要求在租市南端虎头上下的草仔塔，经闽督许应骙复议未成	
	英国	1900年1月25日，日本领事上野继向兴泉永道延年等骙议覆未成	
	意大利	1845年，英领事李泰国与福建布政司要求到兴泉永道延年等山地范围，也经外务部骙覆未成	
	日本	1897年至1898年4月28日，日本领事林长治右岸苍落山泛船浦一带为日租界	
天津	英国	1860年10月，英驻华大使普鲁嘉与崇厚等厚议定于天津紫竹林再立中法条约之法租界地	400（亩余）
		1897年3月31日扩展地区	1800（亩）
		1902年10月23日，德领事郭向合再订合同并原定美租界地	140（亩）
		1943年1月30日，中英条约订明交还。于中日战争结束后收回	4000（亩）
	法国	1861年5月29日，法国驻华大使哥士耆与崇厚订立天津紫竹林租地条款	439（亩）
		1900年12月中旬扩展	1380（亩）
		1946年2月1日比利时申明放弃，于1929年2月21日交还	
	德国	1895年12月1日，德领事司貌德写津埠设立之聚，津海关道任立聋，将天津紫竹林海河西岸为德国租界合同，至1898年扩展	1034（亩）
		1905年6月28日扩展	3200（亩）
		1917年3月14日，因第一次世界大战中国对德宣战，于8月14日收回	
天津	日本	1896年10月19日，中日公立文凭第三款订定。至1898年11月4日续订条款	1667.60（亩）
		1898年8月29日，日本驻津领事郑永昌与海关道李兴锐议定天津日租界条款	
		1900年4月1日，日本领事要求于张自闻口土墙北界内华人土地房屋买卖	
		1903年4月24日，日本驻津总领事伊集院彦与清海关道唐绍仪补救地线划定	673.56（亩）
	沙俄	1900年12月22日俄做格尔思与鸿章议定天津俄国租界条款	5971（亩）
		1924年5月31日《中俄解决悬案大纲》第十条，苏俄允予抛弃	
	比利时	1902年2月1日	1427（亩）
		1927年1月比利时申明放弃，于1929年2月21日交还	
	意大利	1902年6月设立	722（亩）
	奥匈	1902年6月设立	1200（亩）
	英国	1917年8月14日，因第一次世界大战中国对德奥宣战后收回	142（亩）
镇江	英国	1861年4月30日英参赞巴夏礼与镇江道约立通商口岸地约，将城外银山（云台山）一区为英租界	
		1929年10月31日英收回	
汉口	英国	1861年3月21日英参赞巴夏礼与汉阳知府刘齐衔，知县黎道等议约划汉口镇下街杨林口上下地作为英租界	488（亩）50（亩号）
		1898年扩展	(290832方码)
		1927年1月间，由中国共产党领导，武汉政府外交部长陈友仁与公使欧玛利签订收回汉口英租界之协定	414.65（亩）
		1927年2月19日，汉关监督兼夏云与英京商绶订立英案解决大纲《中苏悬案解决大纲》，于3月15日正式收回	(247000方码)
	德国	1895年10月，德驻据在天津订立的某张纳道立清赚订立租地约，将城外银山（云台山）一区为德租界，于11月15日交回	600（亩）
		为德租界	(506000方码)
		1898年夏，再度扩展，江岸延长至623亩，每年四月间租地121.32两，为监理租界地区	
		1917年3月18日，对德绝交，宣布收回，28日公布德界接收管理章程，至8月14日宣战后，改为第一特别区	
	沙俄	1896年5月21日，因干涉日本割让辽东岛有功，要求设立汉口租界。1900年领事罗新与江汉关署胡道顾维均订汉口俄租界	414.65（亩）
		1922年苏联声明放弃沙俄在华特权。至1924年5月13日联驻华大使加拉罕与顾维钧订《中苏悬案解决大纲》，自动放弃汉口俄租界，改为第三特别区	(247000方码)
	法国	1896年6月为干涉日本割让辽东岛有功后，要求设立汉口法租界，1900年间再扩展面积	
九江	日本	1898年7月16日日本领事小曰切万万之助与江汉监督张之洞，十五条划定九江租界地为日租界	
		1907年2月日本领事水野幸与总署辛与清，在签材军官上签订扩展日租界协定，9日与汉关道鉴订英租界向北延江，得150丈	50000（坪）
烟台	英国	1861年，英参赞巴夏礼与江西潘与张集馨议政府外交部长陈友仁于龙开府东山岛后，于3月15日收回	75809（坪）
芜湖	英国、美国、德国、法国、日本等	1866年2月20日，英使欧玛利与总署衡门协议章，英驻定日清总理定义门相定门对府青地	150（亩）
重庆	英国	1877年4月10日清总理衙门与总督唯会同商定，在西门外河至顾家沟，北至飞山城，东至烟台外南岸定地	
杭州	日本	1896年4月24日，日领事小崎与清海关监察道宝菜订立《重庆日本英永章汉永定立洋条约书》	778（亩）
苏州	日本	1901年10月1日清外朝议协同设议设办公地，12月11日各国领事议定外滨水洋河各岸头为外界	
沙市	英国、美国、日本等	1904年3月16日岳州夏税司（Harris）勘测在门外沿湘江地区，并拟定长沙通商租界地段为日本专管租界	1809（亩）
长沙	英国、美国等 日本	1904年10月2日经领事吉田等要求在租界内保留地段为日本专管租界，经外务部议定于1902年5月1日开埠	

资料来源：（1）《筹办夷务始末》及《清季外交史料》。（2）中国科学院经济研究所藏档案。（3）海关报告。（4）各有关年鉴。

表2-3

列强在中国的租借地

地点	关系国	租借和扩展经过	年限	面积（方里）
澳门	葡萄牙	1553年起葡萄牙向海道副使汪柏行贿，租香山县濠境地，年交纳地租银一千两，后减至五百两，以三巴门水坑尾的围墙为界 1849年借口哑吗喇被杀，侵占莲花圣关闸以内之地，抗不交租，并封闭中国税关 1887年3月26日中葡会议草约第二条及1888年4月24日中葡条约第二条，"准葡国永驻管理"，第三条订明不得转让他国，中国在界内设立税关 1902年2月葡使白朗谷图占对面山及大小横琴二岛，经清外务部驳覆 1859年冬，英参赞巴夏礼向粤督劳崇光，以银五百两租九龙尖沙咀地方	99	17
北京使馆界	德意志、奥地利、比利时、西班牙、法兰西、美利坚、意大利、英吉利、日本和俄罗斯等	1945年8月18日法使Jeen Dardan与国民政府外交部的吴国桢，签订中法交收广州湾租借地专约，于1946年2月28日交还 1900年"八国联军"攻入北京后，1901年12月22日各使公议和约十一款，内第三款《增改北京各国使馆界址章程》及《使馆界址四至详细专条》等，要求使馆驻兵扩展租界从前门（正阳门）以东至崇文门以西地区。1901年5月间奕劻、李鸿章即与各使订定 1901年9月7日《辛丑和约》第七款及附件十四，使馆界线说帖，定各使馆境界为专使管理驻兵分保，中国人不准在界内居住		

资料来源：(1)《筹办夷务始末》及清季外交史料。(2) 中外条约及约章成案汇编。(3) 有关租借地书籍杂志。

税率水平高于百分之五,一九〇三年以后,虽低于百分之五,但仍高于进口税率水平,至一九二六年始有改变(见表3-5)。

不仅中国关税税则的修改制定受制于帝国主义,连关税行政也掌握在帝国主义手中,一九一一年以后中国海关征收的税款又存在外国银行里,其用途也受帝国主义所支配。这样中国大门的钥匙,就落到帝国主义的袋子里去了。

表3-1　　　　1843年中英协定关税前后几种主要进口货物的新旧税率水准　　　　（从价%）

货物	单位	1843年前旧税率	1843年新税率	新税率较旧税率减少百分数
棉花	担	24.19	5.56	77.02
棉纱	担	13.38	5.56	58.45
头等白洋布	匹	29.93	6.95	76.78
二等白洋布	匹	32.53	6.95	78.64
本色洋布	匹	20.74	5.56	73.19
斜纹布	匹	14.92	5.56	62.73

资料来源：罗伯聃：《中国对外贸易表》(R. Thom, *Foreign Trade of China*, 1844)，见1844年2月16日朴鼎查致阿伯丁 (Sir Henry Pottinger to Earl of Aberdeen) 第三十四号发文，英国外交部档案编号F.O. 228/32 及江宁条约前后新旧海关税则计算而得。

编者注：旧税率包括粤海关所征正税，及各种额外勒索在内，为进口货实际负担的税率，新旧税率都是按1843年市价折算的。

表3-2　　　　1858年中英重修进口税则前后几种主要进口货物的税率水准　　　　（从价%）

货物	单位	1843年税率	1858年税率	1858年税率较1843年税率减少百分数
棉花	担	6.54	5.72	12.54
斜纹布	匹	7.89	5.05	35.99
斜纹布（美）	匹	4.63	4.63	—
印花布	匹	14.25	4.98	65.05
袈裟布	匹	10.68	4.98	53.37
棉纱	担	6.94	4.86	29.97
羽缎	丈	9.46	6.31	33.30

资料来源：英国《国会蓝皮书》，关于额尔金勋爵前往中国和日本特别使命文件集 (Correspondence relative to the Earl of Elgin's special missions to China and Japan, 1857～1859)，第418～423页；1858年10月威妥玛致额尔金勋爵函 (Mr. Wade to the Earl of Elgin)。

编者注：本表1843年税率水平是按1843年税则和1858年市价折算的，所以本表斜纹布税率和表3-1斜纹布税率不同。

表 3-3　　　　　三次修改税则前后中国几种主要进口货物的税率水准　　　　（从价%）

物品	单位	按1902~1906年平均价格计算所得的税率 1858年旧征税率	按1902~1906年平均价格计算所得的税率 1902年新订税率	按1917~1921年平均价格计算所得的税率 1902年旧征税率	按1917~1921年平均价格计算所得的税率 1918年新订税率	按1922~1926年平均价格计算所得的税率 1918年旧征税率	按1922~1926年平均价格计算所得的税率 1922年新订税率
本色市布	匹	5.03	3.15	1.68	3.06	—	—
漂白市布	匹	2.62	3.53	2.06	3.21	2.92	4.58
洋标布	匹	3.98	3.48	2.05	2.52	2.32	3.78
印度棉纱	担	2.85	3.87	2.02	2.73	2.68	5.44
日本棉纱	担	2.81	3.81	1.96	2.64	2.19	4.45
棉花	担	2.17	3.71	2.34	3.12	2.38	2.38
马口铁	担	6.43	4.66	2.59	3.49	4.25	4.91
车白糖	担	—	—	2.56	3.31	3.23	3.33
煤油	每加仑	—	—	3.16	5.00	5.00	6.84

资料来源：平均价格采自海关第五次十年报告，上册，第179页。因无1918~1922年平均价格，故采1917~1921年的平均价格，并按各次修改税则计算而得。

编者注：本色市布的计量单位，每匹为七磅的重量，洋标布的计量单位，每匹为宽32英寸。

表 3-4　　　　　　1926~1936年间中国各类货物进口税率水准　　　　　　（从价%）

年份	总计	粮食	生活必需品	奢侈品	生产材料	杂类
1926	4.1	*	4.8	4.9	4.3	4.7
1927	3.9	*	4.7	4.9	4.2	4.8
1928	4.3	*	4.8	4.9	4.5	4.8
1929	10.9	*	13.7	16.0	9.6	12.9
1930	12.0	*	16.8	19.0	10.3	16.4
1931	16.3	0.2	27.7	26.0	12.1	18.6
1932	16.7	*	30.3	32.4	13.5	18.7
1933	23.1	0.1	53.9	34.3	18.0	25.4
1934	31.2	27.6	74.2	32.4	22.1	20.7
1935	32.1	26.3	76.4	39.5	23.2	15.9
1936	31.4	26.3	83.7	38.1	23.6	18.1

资料来源：郑友揆：《我国关税自主后进口税率水平之变迁》，第30页。

编者注：(1) *不及0.05%。(2) 生产材料系原材料中生产材料、工业用必需品、其他必需品、生产工具、交通工具五项，根据郑友著附表Ⅳ数字加权平均而得。

表 3-5　　　　　　　　　1873～1936年间中国进出口贸易的税率水准　　　　　　　（从价％）

年份	进口税率水准	出口税率水准
1873	4.9	8.8
1883	4.8	10.8
1893	3.4	7.3
1903	3.3	4.5
1911	3.2	3.3
1921	3.1	3.1
1926	3.8	3.0
1927	3.5	2.8
1928	3.9	2.7
1929	8.5	3.6
1930	10.4	4.0
1931	14.1	3.4
1932	14.5	3.5
1933	19.7	3.8
1934	25.3	4.6
1935	27.2	3.6
1936	27.0	3.5

资料来源：根据历年进口税、进口值计算而得。

编者注：进口税率水准中不包括鸦片进口税。表3-4是根据各年各货之进口价格及当时的税则计算所得，实际上海关因为财政部的命令和政府的其他干预，每年有大量免税或减税货物进口，故如将历年进口总值除进口税总数所得的税率水准如本表所列，当然较低。

（二）对外贸易的发展趋势

本节辑录统计数字，表现中国对外贸易的发展情况。中国海关统计，在十七世纪七十年代以前的数字，不够精确；从七十年代起，还不免有许多缺点，但大体可用。为了避免国际国内重大事件影响贸易数字的常态情况起见，我们避开了一八七三年的世界经济大恐慌、一八八四年的中法战争、一八九四年的中日甲午战争、一九〇四年的日俄战争、一九一一年的辛亥革命和一九三一年的九一八事变，每隔十年采取一个三年平均数；这中间一九一九～一九二一年是五四运动到中国共产党的成立时期，性质和上举各次事件不同，但也正是我们非常关心的年份。到了一九三三年以后，时期较近，我们就按年编列了。

从我们所编列的统计上，可以看出资本主义、帝国主义用军事力量强夺对华贸易的种种特权以后，就向中国大量推销过剩产品。若以一八七一～一八七三年的中国贸易进出口值为一百，一九三六年进口值就增加到百分之八百八十八点七，出口值增加到百分之六百四十一点八；而在这一时期中，一九二九～一九三一年进出口都达到了峰值，进口最高峰值达到百分之一千九百六十四点二，出口最高峰值则达到百分之一千三百三十点九。进口贸易的增加是非常快的，出口货值增加较慢，主要是因为资本主义国家运用种种可耻的掠夺手段，压低中国的土产价格。由于进口增加比出口快，因此中国对外贸易就形成了长期的逐步增加的入超（见表3-6）。

各个时期资本帝国主义国家，在中国对外贸易上所占的地位，是与各国在中国政治的和经济的势力成比例的。在甲午战争以前，英国充当各资本主义国家对华侵略的先锋，因此它在中国对外贸易上占着首位。甲午战争以后，日本、美国侵华势力日益扩张与加深，英国在中国贸易中的地位逐渐下落，第一次世界大战后，英国遂居日本、美国之下。一九三一年日本帝国主义强占中国东北后，蒋介石卖国集团投靠美帝国主义，于是美国在中国的对外贸易上跃居首位。中国与诸大国贸易中，对英国、日本、美国、德国等国是入超，只有对法国、帝俄及苏联是出超（见表3-7、表3-8、表3-9）。

资本主义对华侵略是逐渐扩及中国各地的。鸦片战争以前，各国对华贸易，仅限于华南广州一埠。战后清政府被迫开放五口，中国对外贸易的中心遂由广州北移上海。一八五八年第二次鸦片战争后，清政府又被迫增开口岸，北至天津、牛庄，长江内河也辟汉口等地为商埠。中日甲午战争和日俄战争之后，东北又开设了许多商埠。于是中国沿海及内地无处没有外商的足迹。

华中、华南是中国人口稠密的工商业区域，交通也比较方便，消费洋货数量很大，因此不仅洋货进口值很大，入超也最巨。中国对外贸易的两大港口——上海和广州，均位于这两个区域。东北区开放对外贸易，虽较其他各区为晚，但由于帝国主义加紧侵略的结果，在短短十余年中，对外贸易发展极为迅速，出口货值仅次于华中而处于第二位；进口货值次于华中、华南而处于第三位。因此大连在一九一九～一九二一年以后，一跃而为仅次于上海的中国第二大商埠。华北腹地虽广，但除山东、河北而外，工商业非常落后，交通也不如其他各区的便利，因此对外贸易货值在四区中为最少；但一九二九～一九三一年以后，华北出口货值已略高于华南，因此天津形成仅次于上海、大连的中国第三大海港（见表3-10、表3-11、表3-12、表3-13）。

表 3-6　　　　　　　　　1871～1936 年间中国进出口贸易净值　　　　　（单位：百万元）

以 1871～1873 年为指数 100

年　份	出口	指数	进口	指数	出超（＋）或入超（－）
1871～1873	110	100.0	106	100.0	＋4
1881～1883	108	98.2	126	118.9	－18
1891～1893	167	151.8	219	206.6	－52
1901～1903	311	282.7	473	446.2	－162
1909～1911	570	518.2	702	662.3	－132
1919～1921	921	837.3	1203	1134.9	－282
1929～1931	1464	1330.9	2082	1964.2	－618
1933	612	556.4	1346	1269.8	－734
1934	535	486.4	1030	971.7	－495
1935	576	523.6	919	867.0	－343
1936	706	641.8	942	888.7	－236

资料来源：历年海关报告。

编者注：由于抗日战争爆发后，国民政府实施法币膨胀政策，货币价值大大低落，只有贸易数量和相对数尚能表现真实情况，故除在本章以下各表中有时采用外，贸易价值和指数如无比较意义时均不采用。

表 3-7　　　　　　　　　1871～1947 年间中国进口贸易价值中各国所占的比重

以各期各国总计为 100

年　份	香港	日本及台湾	美国	英国	德国	法国	俄国及苏联	其他
1871～1873	32.5	3.7	0.5	34.7	—	—	0.2	28.4
1881～1883	36.2	4.9	3.7	23.8	—	—	0.2	31.2
1891～1893	51.2	4.7	4.5	20.4	—	—	0.6	18.6
1901～1903	41.6	12.5	8.5	15.9	—	—	0.8	20.7
1909～1911	33.9	15.5	7.1	16.5	4.2	0.6	3.5	18.7
1919～1921	22.4	29.2	17.6	14.0	0.7	0.7	1.4	14.0
1929～1931	16.1	23.4	19.2	8.6	5.4	1.4	1.5	24.4
1933	3.6	9.9	21.9	11.3	7.9	1.8	1.6	42.0
1934	2.9	12.5	26.2	12.0	9.0	2.2	0.8	34.4
1935	2.2	15.6	18.9	10.6	11.2	1.4	0.8	39.3
1936	1.9	16.6	19.6	11.7	15.9	1.9	0.1	32.3
1947	1.8	1.7	50.1	6.9	*	1.2	0.3	38.0

资料来源：历年海关报告。

编者注：(1) 1947 年德国占中国进口比重不及 0.05％。(2) 1895 年以后台湾被割让给日本，故此后其出入口贸易包括在日本以内。1947 年台湾被归还中国，故本年日本对华贸易统计中已不再包括台湾的数字了。(3) 1905 年以前德国、法国对华贸易统计包括在欧洲项下，并非是年以前中国无对德、法等国的贸易。(4) 香港为一转口贸易港，它对中国内地的出口，大部非本地所产，它从中国内地输入的货物，也大部不在本地消费，由于它对中国内地贸易货值很大，故仍列出，以便了解它在中国对外贸易上的地位。(5) 表 3-7、表 3-8、表 3-9 所列英国数据，是指英国本土而言，不包括它的自治领地和殖民地；1832 年以后日本对华贸易货值，不包括它对中国东北数省的货值，如若计入，各国在中国对外贸易中的地位，当有差异。

表 3-8　　　　　　　1871~1947 年间中国出口贸易价值中各国所占的比重

以各期各国总计为 100

年份	香港	日本及台湾	美国	英国	德国	法国	俄国及苏联	其他
1871~1873	14.7	1.7	14.1	52.9	—	—	3.3	13.3
1881~1883	25.4	2.4	12.4	33.3	—	—	7.3	19.2
1891~1893	39.3	7.2	9.8	11.3	—	—	8.6	23.8
1901~1903	40.8	12.5	10.2	4.8	—	—	5.5	26.2
1909~1911	28.2	15.9	9.0	5.1	3.1	10.7	12.5	15.5
1919~1921	23.8	28.6	14.4	7.6	0.5	4.4	3.3	17.4
1929~1931	17.0	26.2	13.8	7.1	2.4	4.7	5.9	22.9
1933	19.8	16.2	18.5	8.0	3.4	5.3	1.0	27.8
1934	18.9	15.8	17.6	9.3	3.6	3.9	1.1	29.8
1935	16.5	14.8	23.7	8.6	5.0	5.1	0.7	25.6
1936	15.1	15.2	26.4	9.2	5.5	4.3	0.6	23.7
1947	34.2	1.9	23.3	6.6	0.1	1.8	1.5	30.6

资料来源：历年海关报告。

编者注：同表 3-7。有关台湾问题请见表 3-7 编者注（2）

表 3-9　　　　　　　1871~1936 年间中国对各国贸易的出（+）入（-）超

（单位：百万元）

年份	香港	日本及台湾	美国	英国	德国	法国	俄国及苏联	其他
1871~1873	-20	-2	+15	+20	—	—	+4	-17
1881~1883	-19	-4	+9	+5	—	—	+8	-19
1891~1893	-48	+2	+7	-27	—	—	+13	-2
1901~1903	-76	-22	-10	-63	—	—	+13	-20
1909~1911	-83	-21	0	-90	-12	+56	+46	-47
1919~1921	-64	-92	-89	-110	-5	+32	+14	-17
1929~1931	-91	-108	-205	-76	-79	+40	+53	-178
1933	+73	-36	-184	-105	-87	+8	-16	-400
1934	+71	-44	-178	-75	-74	-1	-3	-199
1935	+75	-59	-39	-49	-74	+16	-4	-215
1936	+89	-50	0	-45	-111	+12	+3	-136

资料来源：历年海关报告。

编者注：同表 3-7。有关台湾问题请见表 3-7 编者注（2）

表 3 - 10　　1871~1947 年间中国各地区在进口贸易价值上所占的比重

以全国总值为 100

年份	华中	华南	华北	东北
1871~1873	71.8	25.7	2.2	0.3
1881~1883	68.7	28.5	2.6	0.2
1891~1893	56.5	40.2	3.0	0.3
1901~1903	59.3	29.8	9.2	1.6
1909~1911	50.1	29.2	10.9	9.8
1919~1921	52.1	18.6	13.1	16.2
1929~1931	57.4	15.5	12.4	14.7
1933	60.3	24.6	15.1	—
1934	65.5	18.9	15.6	—
1935	63.5	20.3	16.2	—
1936	67.5	17.6	14.9	—
1947	74.8	17.5	7.7	*

资料来源：历年海关报告。

编者注：(1) 华中包括重庆、万县、宜昌、沙市、长沙、岳州、汉口、九江、芜湖、南京、镇江、上海、苏州、杭州、宁波、温州等埠；华南包括汕头、福州、厦门、潮州、广州、九龙、拱北、江门、三水、梧州、南宁、琼州、北海、龙州、蒙自、思茅、腾越各埠；华北包括秦皇岛、天津、龙口、烟台、威海卫、胶州各埠；东北包括瑷珲、哈尔滨、珲春、延吉、安东、大连、山海关等埠。东北各关除牛庄外，1907 年以后始辟各商埠，故是年以前仅有牛庄对外贸易数字。1932 年后因东北为日本所夺，故其对外贸易不包括于中国对外贸易统计内。抗日战争结束后新辟台南、台北、曲江、昆明等关，并入华南；新疆关并入华北。(2) 1947 年东北地区所占比重不及 0.05%。

表 3-11　　　　　1871～1947 年间中国各地区在出口贸易价值上所占的比重

全国总值＝100

年份	华中	华南	华北	东北
1871～1873	58.9	38.5	2.4	0.1
1881～1883	52.9	41.7	5.4	*
1891～1893	46.8	47.1	4.9	1.2
1901～1903	51.2	40.9	3.5	4.4
1909～1911	49.9	28.1	5.2	16.7
1919～1921	40.5	22.9	10.7	25.9
1929～1931	37.1	14.6	15.0	33.3
1933	53.1	22.1	24.9	—
1934	53.1	21.6	25.3	—
1935	52.9	19.4	27.7	—
1936	53.9	19.1	27.0	—
1947	60.4	29.2	10.4	—

资料来源：历年海关报告。

编者注：同表 3-10。1881～1883 东北所占不及 0.05％。

表 3-12　　　　　1871～1936 年间中国各地区对外贸易的出（＋）入（－）超

（单位：百万元）

年份	华中	华南	华北	东北
1871～1873	－14	＋14	＋1	－　*
1881～1883	－31	＋9	＋3	－　*
1891～1893	－47	－11	＋2	＋1
1901～1903	－130	－19	－35	＋6
1909～1911	－77	－51	－48	＋24
1919～1921	－282	－23	－66	＋40
1929～1931	－670	－113	－42	＋182
1933	－495	－199	－53	—
1934	－396	－81	－26	—
1935	－282	－75	＋10	—
1936	－257	－31	＋50	—

资料来源：历年海关报告。

编者注：同表 3-10。

表 3-13 1871～1947年间五大港及其他港口在中国对外贸易总值中所占的比重

全国各关总计为100

年份	广州	上海	汉口	天津	大连	其他
1871～1873	12.7	64.1	2.7	1.8	—	18.7
1881～1883	11.8	57.1	4.2	3.1	—	23.8
1891～1893	11.6	49.9	2.3	3.1	—	33.1
1901～1903	10.4	53.1	1.8	3.6	—	31.1
1909～1911	9.7	44.2	4.4	4.5	4.9	32.3
1919～1921	7.2	41.4	3.9	7.4	13.1	27.0
1929～1931	5.0	44.8	2.4	8.4	15.0	24.4
1933	6.1	53.4	2.1	10.6	—	27.8
1934	5.1	55.4	2.7	11.3	—	25.5
1935	4.9	53.1	3.1	11.7	—	27.2
1936	4.4	55.5	2.8	11.6	—	25.7
1947	5.1	69.4	*	5.6	—	19.9

资料来源：历年海关报告。

编者注：1947年有关汉口港的统计不及0.05%。

（三）中国对外贸易的商品结构

资本主义与帝国主义国家对于殖民地半殖民地的经济掠夺的一个主要方式，是把殖民地半殖民地国家当做国内剩余产品的市场和榨取原料的基地。由于它们害怕经济落后地区工业化，便力图维持殖民地半殖民地国家生产的落后性。毛主席说："帝国主义列强侵入中国的目的，决不是要把封建的中国变成资本主义的中国。帝国主义列强的目的和这相反，它们是要把中国变成它们的半殖民地和殖民地。"[①] 近百年来中国对外贸易便是一个典型的例子。在中国进口贸易中，消费资料的进口远大于生产资料的进口；而直接消费数据的进口又较消费品原料的进口为巨；生产资料的进口所占比例已经很少，但近代化生产所必需的"机器及大工具"的进口，所占比例更少。"建筑用品"一项，在生产资料进口中所占的比例最大，但它并不完全用于生产，很多是用于帝国主义分子和统治阶级修建统治人民的机关和私人住宅等非生产方面的。车辆船艇等交通工具，实际上是为帝国主义扩张侵略势力服务的。一九三〇年以后，外国汽车的进口大增，然而几乎全部用于军事目的和统治阶级个人享受，与生产的关系极其微弱。其中燃料一项，主要为汽油，一九三〇年以后，增加也很多，不用说这也是与生产无关的（见表3-14）。

由于外国资本主义与帝国主义的压迫，使中国不能工业化，因此手工制成品和农产原料在出口贸易中占着首要的地位，近代化产品如机制品和机器开采的矿产原料，在出口贸易中占不到四分之一。中国出口的机制品主要是棉纺织品。这项商品的出口，在抗日战争以前主要掌握在在华外商工厂主的手中，抗日战争以后，则主要受官僚资本的支配。因此，这数量很少的机制品出口，还是中国经济半殖民地性的一个表现（见表3-15）。

按照各个商品在中国进出口贸易中的地位，各选择了十二项主要商品（见表3-16、表3-17、表3-18）。这些商品在进口贸易总值中，在早期最高占进口总值百分之七十八点一，在晚期最低也有百分之二十七；这些商品在出口贸易总值中，在早期最高占百分之九十七点五，在晚期最低也有百分之四十点三。这说明其他商品在中国对外贸易中所占的比重越来越大，也就是说资本主义与帝国主义通过对外贸易更加广泛的影响中国的生产和消费。在主要进口商品中，钢及铁，机器及工具为生产数据，其他全为消费数据。这充分表现出半殖民地中国在生产和消费上对外的依赖性。在主要出口商品中，除棉纱为机制品，丝部分为机制品外，其他全为农产原料或手工制品。在资本主义与帝国主义经济侵略下，旧中国形成了被推销成品和榨取原料的半殖民地。

---

① 《毛泽东选集》，第二卷，第598页。

表 3-14 1873~1947 年间中国各年进口货物分类统计

年份	总计	生产资料 合计 值(千元)	(%)	机器及大工具 值(千元)	(%)	原料 值(千元)	(%)	建筑用品；设备(包括车辆船艇；小工具；器材；半制品；材料；燃料等) 值(千元)	(%)	消费资料 合计 值(千元)	(%)	消费品原料 值(千元)	(%)	直接消费资料 值(千元)	(%)
1873	103487	8383	8.1	—	—	—	—	8383	8.1	95104	91.9	8756	8.5	86348	83.4
1893	235823	19733	8.4	1450	0.6	—	—	18283	7.8	216090	91.6	30723	13.0	185367	78.6
1903	509059	76582	15.0	3676	0.7	—	—	72906	14.3	432477	85.0	113365	22.3	319112	62.7
1910	721299	126948	17.6	10991	1.5	455	0.1	115502	16.0	594351	82.4	122526	17.0	471825	65.4
1920	1187585	337856	28.5	37638	3.2	1916	0.2	298302	25.1	849729	71.5	201166	16.9	648563	54.6
1930	2040599	549672	26.9	75481	3.7	39209	1.9	434982	21.3	1490927	73.1	353059	17.3	1137868	55.8
1936	941545	418671	44.4	57702	6.1	25445	2.7	335524	35.6	522874	55.5	122376	13.0	400498	42.5
1947	10681326574	5633006496	52.8	873094848	8.2	254208616	2.4	4505703032	42.2	5048320078	47.2	2671802538	25.0	2376517540	22.2

资料来源：历年海关报告。

编者注："机器及大工具"栏与表 3-16 "机器及工具"栏分类略有不同，后者把未列名办公室用机器，开矿机及其配件，打字机及其配件，锉刀，其他手工工具列入"机器及工具"内，而前者把前二项列入"直接消费资料"，后二项列入"建筑用品……"。再者，表 3-16 "机器及工具"栏不包括未列名各电力器具，但本表则计入，因此数字略有差异。

表 3-15　1873~1947 年间中国各年出口货物分类统计

年份	总计	原料 农产品（农林渔牧在内） 值（千元）	(%)	原料 矿产品 手工开采 值（千元）	(%)	原料 矿产品 机器开采 值（千元）	(%)	半制成品 手工 值（千元）	(%)	半制成品 机制 值（千元）	(%)	制成品 手工 值（千元）	(%)	制成品 机制 值（千元）	(%)
1873	108449	2866	2.6	—	—	11	*	40613	37.4	—	—	63173	68.3	1786	1.7
1893	181713	28423	15.6	—	—	—	—	51644	28.4	177	0.1	96945	53.4	4524	2.5
1903	333961	89496	26.8	796	0.2	767	0.2	57298	17.2	49250	14.7	109788	32.9	26566	8.0
1910	593337	231957	39.1	1300	0.2	3116	0.5	77760	13.1	70599	11.9	168092	28.3	40513	6.8
1920	843860	307047	36.4	7426	0.9	23415	2.8	69564	8.2	103466	12.3	262882	31.2	70060	8.3
1930	1394167	628285	45.1	17331	1.2	47860	3.4	48732	3.5	170653	12.2	378122	27.1	103184	7.4
1936	705742	311037	44.1	18152	2.6	11247	1.6	47029	6.7	39570	5.6	228308	32.4	50399	7.1
1947	6376504297	1945570519	30.6	283524654	4.4	1976619	*	124791999	2.0	669398684	10.5	2103222526	33.0	1244019332	19.5

资料来源：历年海关报告。

编者注：1873 年和 1947 年 "机器开采" 不及 0.05%。

三 对外贸易 53

表 3-16　1871～1947 年间中国各年十二项主要进口货物统计

年份	鸦片(公担)	棉布(元)	棉纱(公担)	棉花(公担)	染料、颜料、油漆、凡立水(元)	煤油(公升)	糖(公担)	米(公担)	小麦(公担)	面粉(公担)	钢及铁(公担)	机器及工具(元)
1871～1873	37408	32013727	37791	151491	939550	—	125578	415933	—	—	142806	—
1881～1883	42777	28493537	118020	106373	727688	176513916	43683	137940	—	—	273717	—
1891～1893	43558	44911705	704877	54567	2958720	—	477975	3650399	—	463465	887337	1259176
1901～1903	32003	92944650	1503766	113482	6454671	386178353	2064549	3415885	—	709753	958829	2271386
1909～1911	22596	116532345	1320197	72571	15789279	685173372	2843572	3731575	1388	309455	2264257	12565352
1919～1921	126	221207626	807249	524116	34751628	712286559	3606169	2739849	17497	4437695	3525261	53734313
1929～1931	478	208586295	89611	2141764	51101990	752055135	7829876	8357131	6289716	1957113	5817537	72138410
1933	—	58157031	16929	1206067	40022569	708864875	2877012	12954001	10714634	595748	5343236	43114617
1934	—	26781690	13336	1163223	38872690	450549199	2747305	7710610	4649419	510496	6170933	59306338
1935	—	20604803	11215	548662	37611774	386799455	2958236	12964481	5209087	310068	6277437	65853248
1936	—	12089836	6006	406904	41193099	395301007	1837028	3103485	1168093	981154	6464744	59980614
1947	—	18777533000	168	1212357	491691123000	379822154	125099	1148370	752	—	2134452	881652118000

资料来源：历年海关报告。

编者注：(1) 1901～1903 年的小麦进口，系 1902 年、1903 年的平均数；面粉系 1903 年一年进口数。(2) 棉布、染料、颜料、油漆、凡立水与机器及工具三项，因数量无法统计，故以价值表示。

表 3-17　1871～1947年间中国各年十二项主要出口货物统计

（单位：公担）

年份	茶	丝	豆	豆饼	花生	棉花	棉纱	桐油	猪鬃	蛋	锡	钨砂
1871～1873	1022159	37529	57506	—	—	—	—	—	—	—	—	—
1881～1883	1238145	39345	84760	—	—	8486	—	—	—	—	—	—
1891～1893	1055064	59946	760522	—	—	17473	—	—	—	—	—	—
1901～1903	877899	69292	1348622	2062384	—	290417	—	—	21056	*	—	—
1909～1911	911629	80424	7338488	5614669	430199	367898	—	—	31588	*	—	—
1919～1921	287555	84785	7682308	12500072	832452	556152	32795	—	31165	*	56939	—
1929～1931	472741	96282	24319590	12407082	1811394	414836	260638	317257	41033	*	88501	81708
1933	419578	46615	549030	37576	1325367	515925	327288	625306	41276	624129	56694	55393
1934	470492	32977	1097707	23852	1374658	437645	270326	754081	42063	631939	96112	47065
1935	381404	46144	745276	4454	1612335	209409	145950	652836	46263	681621	64424	73833
1936	372843	37942	1133893	213635	748586	314919	89885	738865	52648	792277	91797	70499
1947	164433	5221	868050	21739	103528	368426	34842	867383	44352	101750	112604	61086
						4		805373			41150	

资料来源：历年海关报告。

编者注：* 1901～1931年间"蛋"的统计为价值，而无数量统计。

表 3-18　1871~1947 年间中国各年十二项主要进口货物所占进口总值的比重

（进口货总值为 100）

年份	鸦片	棉布	棉纱	棉花	染料、颜料、油漆、凡立水	煤油	糖	米	小麦	面粉	钢及铁	机器及工具	其他
1871~1873	37.7	30.2	2.8	3.8	0.9	—	0.9	0.9	—	—	0.9	—	21.9
1881~1883	37.0	22.8	5.8	2.1	0.8	—	0.5	0.3	—	—	1.1	—	29.6
1891~1893	20.5	20.5	14.6	0.9	1.4	3.7	2.7	5.9	—	0.5	1.8	0.5	27.0
1901~1903	12.3	19.7	18.6	0.8	1.3	4.9	5.5	4.2	—	1.3	1.7	0.4	29.3
1909~1911	10.3	16.7	12.8	0.6	2.3	5.8	5.3	4.8	*	1.1	3.0	1.9	35.4
1919~1921	*	18.4	9.6	2.6	2.9	6.9	6.3	2.4	*	0.3	5.0	4.5	41.1
1929~1931	0.1	10.0	0.7	10.0	2.4	4.4	6.8	6.1	3.0	3.0	4.4	3.5	45.6
1933	—	4.3	0.3	7.3	3.0	6.5	3.1	11.2	6.5	2.1	6.1	3.2	46.4
1934	—	2.6	0.3	8.7	3.8	3.9	3.2	6.4	3.1	0.7	8.3	5.7	53.3
1935	—	2.3	0.2	4.5	4.1	4.1	3.0	9.8	3.8	0.7	8.1	7.2	52.2
1936	—	1.3	0.2	3.8	4.4	4.2	2.2	2.9	1.3	0.5	9.8	6.4	63.0
1947	—	0.2	*	18.5	4.6	2.2	0.3	1.8	*	1.4	5.2	8.3	57.5

资料来源：历年海关报告。

编者注：(1) 各项总合为 100。(2) 1909~1911 年小麦占进口总值，1919~1921 年鸦片和小麦占进口总值，1947 年棉纱和小麦占进口总值均不及 0.05%。

表3-19　1871~1947年间中国各年十二项主要出口货物所占出口总值的比重

（出口货总值为100）

年份	茶	丝	豆	豆饼	花生	棉花	棉纱	桐油	猪鬃	蛋	锡	钨砂	其他
1871~1873	52.7	34.5	0.1	—	—	0.2	—	—	—	—	—	—	12.5
1881~1883	46.2	26.2	0.2	—	—	0.4	—	—	—	—	—	—	27.0
1891~1893	26.9	24.6	1.2	—	—	4.8	—	—	—	—	—	—	42.5
1901~1903	11.3	26.7	2.3	2.6	—	5.1	—	—	—	1.0	—	—	50.0
1909~1911	9.8	18.2	7.4	5.1	0.9	5.8	—	—	1.0	1.1	1.6	—	49.0
1919~1921	2.5	16.0	5.9	7.6	1.1	3.1	0.4	1.1	0.9	4.0	1.4	—	56.0
1929~1931	3.6	12.1	14.8	5.5	2.2	2.9	2.5	2.7	1.1	5.0	0.8	0.3	46.5
1933	5.6	7.8	0.8	*	2.8	4.9	6.5	4.9	2.0	5.9	3.3	0.5	55.0
1934	6.7	4.5	1.3	*	2.2	2.8	5.8	4.9	2.8	5.6	2.6	1.1	59.7
1935	5.2	6.3	0.9	*	3.5	3.8	3.3	7.3	2.8	5.6	3.5	1.2	56.6
1936	4.4	5.2	1.1	0.3	1.6	4.0	1.7	10.3	3.5	5.9	3.8	1.3	56.9
1947	3.6	2.8	3.7	0.1	0.6	*	6.6	15.2	8.8	2.3	0.6	2.8	52.9

资料来源：历年海关报告。

编者注：（1）出口各项总和为100。（2）1933~1935年豆饼一项占出口总值不及0.05%。1947年，棉花占出口总值不及0.05%。

（四）几种进出口商品

殖民地半殖民地经济的一个重要特点是提供原料和输入成品。

钨、锑、锡是中国重要的特种金属矿产，在世界生产中也占着重要位置，但旧中国上述金属原料的生产百分之八九十以上是供输出的（表3-20）。东北煤和大豆的生产百分之五十左右是供输出的（表3-22，及表3-24）。东北铁的生产百分之九十是供输出的（见表3-23）。从中国（东北除外）铁的生产及对外贸易看来，这种殖民地和半殖民地性表现得更为明显：中国铁矿石的产量几乎十倍于生铁的产量（抗日战争前生铁的年产量约十五万公吨），百倍于钢的产量（抗日战争前中国钢的年产量约两三万公吨）。铁碳石的生产主要是供输出的，生铁和钢，几无输出；但钢铁的进口量却很大。这意味着中国重工业非常落后和工业发展的不平衡：把原料输出到外国去熔炼制造，然后输入其成品。钢铁的进口量约相当于铁碳石的出口量或出口量的一半，但钢铁进口价值却为铁矿石出口价值的二十倍左右。由此可以看出帝国主义通过对外贸易对中国人民的剥削达到怎样残酷的程度了（见表3-21）。

棉花及其制品在中国进出口贸易中地位的演变，是说明近代中国经济变化过程和半殖民地性加深的一个主要标志（见表3-25）。一九二〇年以前，棉花是出超的，并且棉花的出超与棉花制成品——棉纱和棉布的入超一样，逐年增加，这意味着中国手工纺纱和织布在资本主义、帝国主义的机器纺纱和织布的压迫下，纷纷破产，不得不输出棉花而输入其成品。一九二〇年以后，棉花成了主要进口原料之一，棉纱由入超变成了出超，棉布的入超值也逐渐减少，这是帝国主义在华所设棉纺织厂增多的结果。帝国主义从前在其本国纺纱织布向中国输出，后来就利用中国廉价劳动力在中国设厂制造，并从中国输往其他殖民地。抗日战争后，由于官僚资本主义垄断棉纺织品的输出以换取进攻中国人民的外汇，棉纱、棉布的输出，曾一度呈现虚假的繁荣。

丝、茶是中国具有悠久历史的主要出口货物，但由于帝国主义在殖民地或本国生产的结果，中国丝、茶出口在世界市场上的地位遂一落千丈。一八九三年中国茶的输出量尚占世界总输出量一半以上，但到一九三〇年则仅为十分之一；抗日战争以后，印度及锡兰茶的输出量比华茶输出量多到一二十倍（见表3-26）。一八八〇年日本生丝出口量仅为华丝出口量五分之一，至一九三五年已达华丝出口量六倍以上（见表3-27）。

旧中国对帝国主义的依附关系，给中国人民带来了很大的灾难，这在对外贸易方面表现得更为突出。例如中国出产的生丝，大部依赖世界市场的消纳，但中国的丝是分散的个体农民的产品，他们不明了情况，因此变成了帝国主义操纵打击的牺牲品。一九二七～一九二九年，中国生丝出口增加了百分之十八点七四，而美国华丝市价却跌落百分之十二点九八，至一九三〇年美国华丝市价跌落几近一半，而华丝出口量乃开始下降百分之五点三六（见表3-28）。在帝国主义的控制下，中国农民不得不在压低了的价格下忍痛出售他们花费了大量劳动的产品，但压价过低的结果形成生产的缩减。

表 3-20　　　　　　　　1933～1936 年间中国钨、锑、锡的生产和输出　　　　　　（单位：公吨）

年份	钨 生产量	钨 输出量	钨 输出占生产百分比	锑 生产量	锑 输出量	锑 输出占生产百分比	锡 生产量	锡 输出量	锡 输出占生产百分比
1933	5789	5539	95.68	11290	11170	98.94	8492	9611	113.18
1934	6406	4707	73.48	13833	13450	97.23	8132	6442	79.22
1935	14541	7383	50.77	15185	14186	93.42	11009	9180	83.39
1936	9763	7050	72.21	14333	13168	91.87	12954	11260	86.92

资料来源：钨、锑、锡生产量数字，系根据第五次及第七次《中国矿业纪要》；输出量数字，系根据 1935 年、1936 年海关中外贸易统计年刊。

编者注：钨的出口，系钨矿砂；锑产量及出口，系纯锑；锡的出口，系锡锭块。

表 3-21　　　　　　　　1933～1936 年间中国铁矿石的出口及钢铁进口

年份	铁矿石 产量（公吨）	铁矿石 出口量（公吨）	铁矿石 出口值（元）	铁矿石 出口量占产量百分比	铁及钢进口 量（公吨）	铁及钢进口 值（元）
1933	1154641	593175	2397231	51.37	534324	81617088
1934	1178190	857566	3161635	72.79	617093	86072202
1935	1650441	1316045	4809849	79.74	627744	74347369
1936	1839830	1302704	5008661	70.81	646474	92455772

资料来源：产量，根据第五次及第七次《中国矿业纪要》，出口及进口数字，根据 1935 年及 1936 年，海关中外贸易统计年刊。

编者注：1933 年、1934 年，铁矿石产量中除新法开采者外，并加上该书估计土法开采量四十万九千五百八十二吨（合四十一万六千一百五十五公吨），因后数年数字也包括土法开采数量在内。又因中国贸易统计于 1932 年下半年后不包括中国东北地区对外贸易数字，故铁矿石产量中，也将东北产量剔除。

表 3-22　　　　　　　　　　　1926～1931 年中国东北煤的生产及输出

年份	产量（公吨）	出口量（公吨）	出口占生产百分比
1926	7854850	3817495	48.60
1927	9909795	4467222	45.08
1928	9517578	4478063	47.05
1929	10024106	4782833	47.71
1930	10179220	4459928	43.81
1931	9124064	4998021	54.78

资料来源：1936 年《日满年鉴》（英文版）。

表 3-23　　　　　　　　　　　1926～1931 年中国东北生铁的生产及输出

年份	鞍山产量（公吨）	本溪湖产量（公吨）	出口
1926	165054	51000	178493
1927	203445	50000	244290
1928	224461	63030	249397
1929	210443	76300	299509
1930	288433	85060	222911
1931	269494	65620	289693

资料来源：同表 3-22。

表 3-24　　　　　　　　　　　1923～1931 年间中国东北大豆的生产与输出

年份	生产（公吨）	输出（公吨）	输出占生产百分比
1923	3262000	1369450	41.98
1925	4174000	1464297	35.08
1926	4776000	1431058	29.96
1927	4817000	1845799	38.32
1928	4834000	2432528	50.32
1929	4849000	2759595	56.91
1930	5298000	1955618	36.91
1931	5227000	2835062	54.24

资料来源：同表 3-22。

表 3-25　1873～1947 年间中国对外贸易中的棉花、棉纱与棉布的进出口统计

年份	棉花 出口量（公担）	棉花 进口量（公担）	棉花 出超(+)或入超(-)	棉纱 出口量（公担）	棉纱 进口量（公担）	棉纱 出超(+)或入超(-)	棉布 出口值（元）	棉布 进口值（元）	棉布 出超(+)或入超(-)
1873	15331	122293	-106962		41025	-41025	58969	24716612	-24657643
1883	13350	127795	-114445		137896	-137896	153137	25256230	-25103093
1893	348453	32307	+316146		593797	-593797	1005384	39720043	-38714659
1903	459351	35982	+423369		1656186	-1656186	1497869	92783041	-91285172
1910	754357	124535	+629822		1380416	-1380416	3006823	99497061	-96490238
1920	227540	1017575	-790035	42126	801575	-759449	7711686	251624133	-243912447
1930	499281	2090453	-1591172	199501	98236	+101265	15255912	202165979	-186907067
1936	368426	406904	-38478	89885	6006	+83879	8969758	12089836	-3120078
1947	4	1212357	-1212353	34842	168	+34674			

资料来源：历年海关报告。

表 3-26　　　　　　　　1873～1947年间世界主要产茶国茶叶输出统计　　　　　（单位：千磅）

年份	总计	中国	印度	锡兰	荷属东印度	其他
1873	233488	215701	—	—	—	17787
1883	302123	264976	—	—	—	37147
1893	495315	242777	115617	82296	6034	48591
1903	675958	223670	209552	149227	21333	72176
1910	750273	208106	256439	182070	33813	69845
1920	657922	40787	287525	184873	102008	42729
1930	921070	92540	362094	243107	180473	42856
1936		82198	312706	218068	153393	
1947		23320	406305	287259	7016	

资料来源：《中行月刊》，第11卷4期，第12页；及吴觉农主编《茶叶全书》下册，第119页。

编者注：印度会计年度自每年四月一日至次年的三月三十一日止。

表 3-27　　　　　　　　1880～1946年间中国与日本生丝出口量的比较　　　　　（单位：公担）

年度	中国	日本
1880	49321	8840
1890	48240	12762
1905	63551	46190
1920	63088	105649
1925	101616	265169
1930	91582	336000
1935	46143	290580
1946	8872	约50000

资料来源：《银行周报三十周纪念刊》，《民国经济史》，第319～320页。

表 3-28　　　　　　　　1927～1936年间中国生丝出口指数与美国华丝市价指数

年份	生丝出口（公担）	指数	华丝市价（美元/每磅）	指数
1927	96768	100.00	5.24	100.00
1928	108975	112.61	5.03	95.99
1929	114898	118.74	4.56	87.02
1930	91583	94.64	2.80	53.44
1931	82364	85.11	2.61	49.81
1932	47306	48.89	1.57	29.96
1933	46615	48.17	1.53	29.20
1934	32977	34.08	1.21	23.09
1935	46144	47.69	1.56	29.77
1936	37942	39.21	1.71	32.63

资料来源：美国华丝市价是根据《十年来之中国经济》，上册，十年来之蚕丝事业。

（五）中国的国际收支

　　国际收支表是一国对外经济关系中对外货币收支的借贷对照表。它表现出一国对外货币收支的性质和它在国际经济关系中所处的地位，同时与一国对外贸易有着密切的关系，因为一国对外贸易与其他国际收支项目是交互影响的。过去在华帝国主义分子和一些资产阶级学者曾对中国国际收支作过一些调查估计，我们选择了几个较可靠的略加分类与综合，成为表 3-29、3-30 及表 3-31，表 3-32 则完全是按其原来形式取下的。这些估计虽有很多缺点，但仍不失为帮助我们了解中国对外经济关系的一个依据。

　　中国近代国际收支的一个特点是贸易收支在整个国际收支中占有绝大的比重。在国际收入中（见表 3-30），出口货值占百分之四十一～百分之七十。在国际支出中（见表 3-31），进口货值占百分之六十四～百分之九十二。由于在华外船费用的收入和运费及保险费的支出都与进出口贸易有关，可与贸易同等看待，这样贸易所占比例更高。这说明对外贸易在中国每年对外货币收支中占有非常重要的地位。

　　在第二节中已经指出旧中国是一个贸易入超的国家，而且入超值逐年增大。这在通常情况下，就需要输出金银作为抵补。一九三一年以后，金银出口总计最高达三百九十一点四万元，占国际收入百分之十三～百分之二十六，造成了一九三一年以后中国的巨大经济恐慌。作为抵补入超的第二项巨大国际收入是华侨汇款，这个项目最高时占到国际收入总额百分之十八。

　　作为帝国主义国家对华资本输出的侵略项目"外人在华投资"，在国际收入中最高达两亿元，最低约三千万至四千万元；但这并不是说帝国主义国家对华资本输出的作用不大。因为我们看帝国主义对华资本输出，应从历年的累积数字看。据雷穆的研究，一九〇〇年外国人在华投资总计约七点五亿美元，一九一四年约十六点五亿美元，一九三一年约三十亿～三十五亿美元[①]。即是说欧洲大战开始时，外国人在华投资较义和团运动时增加一倍，到日本侵入中国东北时，又增加一倍。不仅增加速度很快，而且数字也很庞大。通过对华投资，帝国主义"在中国握有从中国好多百万工人和农民身上吸取血汗的工厂、矿山、铁路、轮船、银行、洋行"。[②] 每年对帝国主义国家直接提供的贡物——外国人在华企业盈余，最高亦几达两亿元，最低亦有两千四百万元。足见帝国主义剥削中国人民的利润率是很高的。

　　表现帝国主义国家对华政治、军事和文化侵略的项目，在中国国际收支的收入和支出方面各有四项。在收入方面即"在华外国使领馆费用"、"在华外国海陆军费用"、"外国在华教会教育文化慈善费用"和"外人在华游历费用"；在支出方面即"军火私运进口额"、"外债赔款本利"、"中国在外使馆费用"、"华人在外留学及游历费用"。收入方面四项之和，占收入总额百分之十左右，低于"华侨汇款"，但略高于"外人在华投资"。支出方面的四项之和，在支出中所占的比例较小，但比"外人在华企业盈余"略大，构成仅次于货物进口的一个主要项目。

　　一九〇三～一九三一年，中国进出口货值和外国人在华投资都有增加，一九三三～一九

[①] 雷穆：《外人在华投资》，第 58 页。
[②] 《列宁斯大林论中国》，人民出版社，第 256 页。

三六年，由于东北沦陷及其他原因，进出口货值跌落甚巨，尤以出口为甚；外人在华投资也有低落；但其他项目无显著增减，国际收支因此变成逆势，金银出口大增，为前一时期四五倍以上。

一九三三～一九三六年间外国人在华投资虽然低落一些，但并不显著；外国人在华企业盈余虽有显著减少，但这种减少并不是盈余减少，而是汇出数减少，也就是把盈余的一部分转化为投资。表现帝国主义对华侵略的其他项目，在一九三一年以前是逐年增加的，之后并未因东北沦陷而显著减少，这意味着一九三一年以后外国帝国主义对华侵略是更加加强了。

在一九一二年后，表3-31中没有军火私运进口值的估计，但据其他估计，这些年军火私运进口增加很多。华侨汇款主要的是海外华侨劳动所得汇回中国的款项。一九二九年以后，因白银价格下落，曾一度增加。

抗日战争及其以后时期是美帝国主义侵华加剧并逐渐在中国占到统治地位的时期，这在中国国际收支表中，也得到显明的表现。如国际收入方面，除两项华侨汇款外（约占收入总额百分之十），其他都是美帝国主义侵略中国的费用（战时中国所举二十三次外债中，有少数是英国对华贷款）。在国际支出方面，除贸易入超、对华侨救济贷款、善后救济费中国负担部分等三项外（仅占支出总额百分之六～百分之七），其他都是与收入方面美帝国主义侵华费用有关。

表 3-29　1903～1936 年间中国的国际收入

(单位：百万元)

项目 \ 年份	1903	1912	1928	1929	1930	1931	1933	1934	1935	1936
总计	661.70	961.60	2230.60	2360.90	2416.50	2646.30	1609.20	1516.90	1569.60	1776.80
出口总计	374.20	583.50	1651.40	1637.80	1476.50	1687.10	673.00	615.50	662.20	811.60
占收入总额百分比（%）	56.55	60.68	70.00	69.37	61.10	63.75	41.82	40.58	42.19	45.68
出口货值	368.00	577.30	1487.00	1523.50	1342.30	1382.60	611.80	535.20	575.80	705.70
出口货价低报	6.20	6.20	74.40	114.30	134.20	276.50	61.20	80.30	86.40	105.90
陆路贸易出超						28.00	25.00			
在华外船费用	18.70	31.20				43.60				
占收入总额百分比（%）	2.83	3.24				1.65	1.55			
金银出口总计	51.50	43.10		3.00	47.40	211.90	203.60	391.40	357.40	335.20
占收入总额百分比（%）	7.78	4.48		0.13	1.96	8.01	12.65	25.80	22.77	18.87
生金出口	51.50	43.10		3.00	47.40	211.90	189.40	111.50	68.00	46.60
生银出口							14.20	279.90	289.40	289.60
外人在华投资	42.10	155.80	96.00	170.00	202.00	43.60	30.00	80.00	140.00	60.00
占收入总额百分比（%）	6.36	16.20	4.30	7.20	8.36	1.65	1.86	5.27	8.92	3.38
四项总计	61.50	85.70	224.70	216.00	218.00	218.10	190.00	180.00*	150.00*	160.00*
占收入总额百分比（%）	9.29	8.91	10.07	9.15	9.02	8.24	11.81	11.87	9.56	9.00
在华外国使领馆费用	7.80	10.90	30.00	32.00	38.00	39.30	30.00			
在华外国陆海军费用	35.10	45.20	139.70	124.00	100.00	66.40	100.00	180.00*	150.00*	160.00*
外国在华教会"教育"、"慈善"费用	9.30	14.00	25.00	30.00	40.00	78.50	50.00			
外国人在华"游历"费用	9.30	15.60	30.00	30.00	40.00	34.90	10.00			
华侨汇款	113.70	62.30	250.60	280.70	316.30	359.90	200.00	250.00	260.00	320.00
占收入总额百分比（%）	17.18	6.48	11.23	11.89	13.09	13.60	12.43	16.48	16.56	18.01
二项总计			97.90	53.40	156.30	82.10	287.60			90.00
占收入总额百分比（%）			4.39	2.26	6.47	3.10	17.87			5.06
其他			4.00			56.70	5.00			90.00
无法证明来源数			93.90	53.40	156.30	25.40	282.60			

资料来源：(1) 1903 年据摩斯，《中国在国贸易中的商业债负和债权的研究》（英文），第 5 页。(2) 1912 年据瓦格尔《中国的财政和金融》（英文），第 473 页。(3) 1928～1930 年据雷穆《外人在华投资》（英文），第 221～222 页。(4) 1931 年据土屋计左右《中华民国的国际借贷》《东亚杂志》，5 卷，9 号（日文），1933 年，第 14～16 页；1934 年，第 12～14 页；1935 年，第 23～26 页；1936 年，第 20～22 页。(5) 1933～1936 年，据各年中国银行报告。

编者注：* 包括在华外船费用。

表 3-30 1903~1936 年间中国的国际支出

(单位：百万元)

项目\年份	1903	1912	1928	1929	1930	1931	1933	1934	1935	1936
进口总计	483.70	737.10	1794.00	1898.70	1964.60	2270.90	1480.20	1184.20	1129.20	1141.50
占支出总额百分比(%)	73.10	76.65	80.43	80.42	81.30	85.81	91.98	78.07	71.94	64.24
进口货值	483.70	737.10	1794.00	1898.70	1964.60	2224.20	1345.60	1029.70	919.20	941.50
运费及保险费	10.50	15.60	15.00	15.00	20.00	46.70	134.60	154.50	210.00	200.00
占支出总额百分比(%)	1.59	1.62	0.67	0.64	0.83	0.82				
金银进口总额	57.60	84.80	168.70	158.70	100.50	70.30				
占支出总额百分比(%)	8.70	8.82	7.56	6.72	4.16	2.66				
生金进口				57.60	84.80	168.70	24.00			
生银进口				158.70	100.50	70.30				
外人在华企业盈余	24.90	31.20	179.00	198.50	198.00	87.20			55.00	70.00
占支出总额百分比(%)	3.76	3.24	8.02	8.41	8.19	3.30	1.49		3.50	3.94
四项总计	83.50	92.00	73.40	89.50	124.40	196.10	99.00	118.60	113.40	139.80
占支出总额百分比(%)	12.62	9.57	3.29	3.79	5.15	7.41	6.15	7.82	7.22	7.87
军火私运进口额	7.80	5.50								
外债赔款本利	68.90	79.50	63.00	79.10	111.40	178.70	93.00	112.60	107.40	127.80
中国在外使馆费用	2.10	2.30	4.40	4.40	5.00	6.00	6.00	6.00	12.00	
华人在外留学及"游历"费用	4.70	4.70	6.00	6.00	8.00	17.40				
二项总计	1.50	0.90	0.50	0.50	9.00		6.00	214.10	272.00	425.50
占支出总额百分比(%)	0.23	0.09	0.02	0.02	0.37		0.37	14.11	17.33	23.95
其他							6.00	20.00		
无法证明来源数	1.50	0.90	0.50	0.50	9.00			194.10	272.00	425.50
总计	661.70	961.60	2230.60	2360.90	2416.50	2646.30	1609.20	1516.90	1569.60	1776.80

资料来源：同表 3-29。

表 3-31　　　　　　　　　1937～1947 年间中国国际收支　　　　　　　（单位：美元）

项　目	
国际收入合计：	4947172402
美军在华费用战时所缴金额	250000000
战时租借物资	1565000000
战后民用租借物资	48000000
战时美国驻华使领馆费用	35000000
战后中美文化交换设施费用	20000000
战后美国补付在华军费积欠额	770000000
善后救济物资已运至中国者	315000000
战时所举二十三次外债	1304684409
美国进出口银行实际商业放款	132798993
太平洋战争前华侨汇款	450000000
战后华侨汇款	56689000
国际支出合计：	4947172402
贸易入超	495152
战后民用租借物资运华费用	10900000
战后美军剩余物资	855000000
剩余物资运华费用	30000000
善后救济物资运华费用	112500000
善后救济费中国负担部分	21386138
偿还美国进出口银行之放款	91224678
战后对南洋华侨之救济贷款	10000000
借贷差额（即战争损失中之一部分）	3825166434

资料来源：《银行周报三十周纪念刊》，《民国经济史》，第 278～279 页。原书收支两方数字略有不符。

编者注：战后华侨汇款数截至 1947 年 2 月；1946 年限为美国华侨汇款数额。

四　工　业

（一）中国新式工业的发展趋势和基本情况

中国的新式工业是从十九世纪下半期开始的。十九世纪六十年代，清政府有一批被称为洋务派的官僚创办了新式工业，八十年代以后，官办工业逐渐扩充到一些有利可图的民用工业，同时一部分商人、地主、官吏也开始投资于新式工业，这是中国民族资本主义的发生时期。到了二十世纪初年，商办的新式工业，有了一些增加，在这个时期，中国民族资本主义便开始了初步的发展。本节表4-1至表4-4，集中说明中国民族资本主义发生及其初步发展时期中国工业的一般情况。

表4-1、表4-2是一个极其初步的统计，有待于以后的修正和补充。这两表的范围包括全部新式采矿业（煤及金属矿）和资本在万元以上的制造工业。表4-1是按经营性质分类的，表4-2是按工业部门分类的。从这两表中可以看出商办工业逐渐占优势，而在整个工业的发展中，轻工业的发展占了很显著的地位。

表4-3、表4-4是在重工业和轻工业中抽出两个主要部门——煤矿、纱厂为例，说明这一个时期中国工业创办人创办企业以前或当时的身份及其资本关系。在列有官职的创办人中，有的是在职或退职官吏，也有一部分人只是有一个官衔，他们实际上是捐官买爵的大商人或地主。

表4-5至表4-8是从工业生产指数和工业生产中机械生产与手工生产的比重，说明中国工业生产力的水平。从表4-5、表4-6中可以看出：在南京国民政府统治的二十余年中，中国工业生产，除了极少数和军事有关的工业部门生产有了一些增长以外，其余则没有增长或增长很少，有些则显著地下降。表4-8则以重工业的煤铁为例，说明机械开采与土法开采两者之变动。

表4-9是从中国工业的部门结构说明消费数据生产的轻工业部门占优势的地位，它可以和表4-2结合起来考察。表中一九四二年的数字，反映重工业的比重有了一些增长，这是由于在抗日战争期间，中国的军事工业的大量膨胀所造成，因此它又可以和表4-5，表4-6联系起来加以考察。

表4-10、表4-11，说明中国工业在地域上的集中程度。从表4-10中我们可以看出：上海一市的工业资本、工人数和生产净值，在十二个城市中所占的比重，都在百分之六十左右。十二个城市在全国所占的比重，我们还不可能有精确的统计；但根据另外一个统计，在上海、青岛、广州三市中工人在三十人以上同时又使用动力的工厂，其资本、工人数、和生

产价值，在全国所占的比重，依次为百分之七十五、百分之七十、百分之七十二[①]。同样，在表4-11中，更可看出中国工业的最主要部门——棉纺工业，几乎全部集中在六个沿海或沿长江的大城市中。

"中国是一个政治经济发展不平衡的半殖民地的大国"。（毛主席语）"在这个大国中，一方面有的地区新式工业有很大的发展，而那里主要的中心城市是受帝国主义强大经济政治和军事力量所支配的；另一方面，大部分地区则只有很少的或者几乎没有新式工业。"（陈伯达语）把表4-10、表4-11与本章第二节各表合并加以考察，就很突出地反映了这个情况。

中国工业不但集中在几个沿海殖民地化的都市中，而且本身还有较大的集中程度。表4-12至表4-14证明了这一点，在某些工业部门中，在有五百名员工以上的工厂做工的人占本部门全部工人的百分之七十七点五（如一九三三年的钢铁工业），在某些城市中（如上海），这个比例也差不多达到百分之六十。中国的工业虽然非常薄弱，中国工人阶级人数虽然不多，但是由于中国工人的集中，这就给工人阶级成为强大的政治战斗力量提供了一个有利的条件。

---

① 参阅《中国工业调查报告》，中册与下册。

表 4-1　　1872～1911年间中国民族资本主义发生及其初步发展时期

A　　　　　历年设立的厂矿及其资本——按经营方式分类

年份	合计 厂矿数	合计 资本（元）	商办 厂矿数	商办 资本（元）	官办或官商合办 厂矿数	官办或官商合办 资本（元）	中外合办 厂矿数	中外合办 资本（元）
1872	1	36000	1	36000	—	—	—	—
1876	3	661864	—	—	3	661864	—	—
1877	1	139860	1	139860	—	—	—	—
1878	1	2055944	—	—	1	2055944	—	—
1880	1	27972	—	—	1	27972	—	—
1881	3	789230	2	159860	—	—	1	629370
1882	3	971860	1	32000	2	939860	—	—
1883	2	136000	2	136000	—	—	—	—
1884	3	385660	3	385660	—	—	—	—
1885	2	449580	1	30000	1	419580	—	—
1886	2	66000	2	66000	—	—	—	—
1887	4	941119	2	129930	2	811189	—	—
1888	5	140000	5	140000	—	—	—	—
1889	7	7458657	5	185930	2	7272727	—	—
1890	7	1204894	5	449650	2	755244	—	—
1891	7	1071048	5	329790	2	741258	—	—
1892	6	1549560	5	206900	1	1342660	—	—
1893	8	363750	8	363750	—	—	—	—
1894	8	3187840	6	2013040	2	1174800	—	—

B

年份	厂矿数	资本（千元）	年份	厂矿数	资本（千元）
1895	17	3307	1905	60	8138
1896	20	4343	1906	68	22901
1897	23	5776	1907	58	14058
1898	20	4384	1908	52	16122
1899	11	1910	1909	36	6638
1900	13	3304	1910	32	7398
1901	6	145	1911	16	2087
1902	20	4059	1912	17	2104
1903	12	622	1913	25	3049
1904	26	6121	不详	17	3822

资料来源：主要根据农工商部统计表，第一次、第二次；《支那经济报告书》的《清国事情》，《江南事情》，《汉口》，《支那之工业》，海关十年报告；历年海关报告；二十世纪香港、上海和中国其他商埠志；《东方杂志》；各次矿业纪要；《中外合办煤铁矿业史话》；中国科学院经济研究所所藏档案等。

编者注：资本单位原为银两者，均已折算为元。

表 4-2 1872～1911年间中国民族资本主义发生及其初步发展时期历年设立的厂矿及其资本——按工业部门分类

年份	合计 厂矿数	合计 资本（元）	矿冶工业 矿数	矿冶工业 资本（元）	机器工业 厂数	机器工业 资本（元）	纺织工业 厂数	纺织工业 资本（元）	食品工业 厂数	食品工业 资本（元）	其他工业 厂数	其他工业 资本（元）
1872	1	36000	—	—	—	—	1	36000	—	—	—	—
1876	3	661864	2	382284	—	—	1	279580	—	—	—	—
1877	1	139860	1	139860	—	—	—	—	—	—	—	—
1878	1	2055944	1	2055944	—	—	—	—	—	—	—	—
1880	1	27972	—	—	—	—	—	27972	—	—	—	—
1881	3	789230	—	—	—	—	2	159860	—	—	1	629370
1882	3	971860	2	939860	—	—	1	32000	—	—	—	—
1883	2	136000	—	—	1	100000	1	36000	—	—	—	—
1884	3	385660	—	—	—	—	3	385660	—	—	—	—
1885	2	449580	1	419580	—	—	1	30000	—	—	—	—
1886	2	66000	—	—	—	—	2	66000	—	—	—	—
1887	4	941119	2	811189	—	—	2	129930	—	—	—	—
1888	5	140000	—	—	—	—	5	140000	—	—	—	—
1889	7	7458657	2	7272727	—	—	4	116000	—	—	1	69930
1890	7	1204894	1	55944	—	—	5	1079021	—	—	1	69929
1891	7	1071048	1	41958	—	—	5	819301	—	—	1	209789
1892	6	1549560	—	—	—	—	5	1451660	1	97900	—	—
1893	8	363750	—	—	—	—	6	311790	—	—	2	51960
1894	8	3187840	—	—	—	—	8	3187840	—	—	—	—
1895	17	4219428	3	531468	—	—	13	2687960	1	1000000	—	—
1896	13	3538994	3	2216084	—	—	9	1280950	—	—	1	41960
1897	16	5919241	5	1318811	—	—	4	2127705	3	454545	4	2018180
1898	15	3983411	1	699301	—	—	11	1609790	2	909091	1	769229
1899	11	7940186	3	6403446	—	—	7	1406740	1	130000	—	—
1900	10	3097976	1	83916	—	—	8	2314760	1	699300	—	—
1901	5	379676	1	223776	—	—	2	58000	1	41958	1	55942
1902	15	5275903	4	358563	—	—	5	647441	2	570595	4	3699304
1903	9	599280	4	250350	—	—	1	55000	3	263916	1	30014
1904	23	5222970	1	100000	—	—	4	667888	3	379462	15	4075620
1905	54	14813391	3	1025511	—	—	14	2364182	20	3364403	17	8059295
1906	64	21278449	7	4069929	—	—	18	3836279	16	2740829	23	10631412
1907	50	14573047	5	1874317	1	489510	12	3871621	12	2178372	20	6159227
1908	52	22527338	4	4061958	—	—	8	3501818	14	2303022	26	12660540
1909	29	9947254	9	4726244	—	—	7	1210748	3	325642	10	3684620
1910	25	4944740	2	185000	—	—	3	1728924	9	1728924	11	2955816
1911	14	2290500	2	1040000	—	—	1	75000	7	413933	4	796557
年月不详	25	7462190	—	—	1	167832	14	4772165	1	20000	9	2502193
总计	521	159654812	72	41315992	3	757342	193	40788689	100	17621892	153	59170897

资料来源：同表 4-1。

表 4-3　　1876～1910 年间中国民族资本主义发生和初步发展时期的煤矿工业

(单位：元)

开工年份	矿 名	资本(元)	创办人	经营方式	开工年份	矿 名	资本(元)	创办人	经营方式
1876	台湾基隆煤矿[1]	195804	沈葆桢(福州船政局船政大臣)	官办	1902	辽宁烟台煤矿[7]	81119	王姓等八姓(地主)	商办
	湖北广济兴国煤矿[2]	186480	盛宣怀(津海关道)，李明墀(前任汉黄德道)	官督商办		辽宁尾明山煤矿[8]	27972	李席(商人、纪道夫(俄商)	商办
1877	安徽池州煤矿	139860	扬德(买办)	官督商办		河南六河沟煤矿	83916	马吉森(商人、候选道加三品顶戴)	商办
1878	河北开平矿务局	2055944	唐廷枢(怡和买办)	官督商办	1904	安徽烈山煤矿	100000	周玉山	商办
1880	山东中兴煤矿[3]	27972	戴华藻(候补知县)	官督商办	1905	吉林奶子山德兴煤矿公司	100000	高启明	商办
	广西富川贺县煤矿	226210	叶正邦(贵州朴用道)	官督商办		辽宁锦西煤矿	699301	王岐山(商人)	
1882	河北临城煤矿	139860	钮秉臣(湖北试用通判)	官督商办		黑龙江甘河煤矿	226210	全纯德	官办
	江苏利国驿煤矿	800000	胡恩燮(候选知府)	官督商办	1906	江西徐塘煤矿	167832	朱载亭(道员)	商办
1891	湖北王三石煤矿	?	张之洞(湖广总督)	官督商办		河北北洋滦州官矿有限公司	2797203	周学熙(长芦盐运使)	官督商办
	湖北江夏马鞍山煤矿	?	张之洞	官督商办		河南凭心煤矿	237762	靳法蕙、郑其昌	商办
1896	热河南票煤矿	1398601	关内外铁路总局	官办	1907	江西余干官矿局	200000	徐庆棨(朴用知府)	官办
	湖南清豁煤矿	118182	段益三	官办		广西西湾煤矿	595156	胡铭槃、郑其昌	官办
	河北通兴煤矿(门头沟)[4]	699301		官办	1908	山东中兴煤矿公司	1118881	张连芬(道员)	商办
1897	河北磁州煤矿	69930	陈忠倜(知府衔)，叶瀹光(候朴知县)	官商合办		山东华丰煤矿	20000	李晋、杨以德(巡警道)	商办
1898	江西萍乡煤矿[5]	699301	张赞宸(道员)	官办		四川江合煤矿	2363636	刘笃敬(道员)、冯济川、刘懋赏(举人)	商办
	福建义记公司	60000	陈通骏(盐商)	商办	1909	山东博东煤矿[10]	91199	徐永和	商办
	河北井陉煤矿	699301	张凤起(诸生)	商办		山东华丰煤矿	41958	米汝厚(即米献臣)	商办
1901	辽宁抚顺煤矿[6]	223776	西矿：王承尧(候府府经历)，东矿：翁寿(候选知县)	商办		山西保晋公司	215245	文国恩(举人)	商办
1902	四川凤来煤矿	60000	萧凤来	官商合办		山西寿阳保晋公司	49161	刘笃敬、冯济川、刘懋赏	商办
	河南三峰煤矿公司	53580	赵勤礼	商办	1910	安徽泾铜矿务公司[11]	100000	方玉山	商办
	吉林缸窑煤矿公司	41958	陈树勋	官商合办		山西建昌煤矿公司	?	赵勤礼	商办
						安徽大通公司	240000	段书云(商人)、倪姓(地主)	商办

资料来源：各书《中国矿业纪要》、《中国煤矿》、《中国十大矿》、《中国煤矿业史略》、《中国官办矿业史话》、《外资矿业史资料》、《支那矿业史话》、《申报馆最近之五十年》、《东志》杂志，《第一次农工商统计》，海关报告，中国科学院经济研究所所藏档案及张之洞、李鸿章、刘坤一等人的奏稿等书。

编者注：(1) 后由商人张学熙承办，因亏折，复返归官，因产煤不合轮船及制造局用，停办，后为商办。(2) 因子荆门开采。(3) 1895年停，后大规模用机器开采。(4) 旋与美商施穆合办。(5) 后转与德商汉纳根合办。(6) 旋转与华籍俄人华俄道胜银行股份，1905 年为日本军队占领。(7) 清朝赐票（采矿许可证）开采，后经商人收买人收买八票中五票。(8) 中俄商办。(9) 刘笃敬后兼办太原电灯公司。(10) 借有日本款项。(11) 借日本款人方万元创办。

表4-4　1890～1910年中国民族资本主义初步发展时期的纱纺工业

开工年份	厂名	资本（元）	纱锭（枚）	创办人	资本关系
1890	上海机器织布局	699300	35000	郑观应（太古买办）	后资本不足，由李鸿章加入官股和私股
1891	上海华新纺织织新局	699300(1)	7008	唐松岩（上海道台）	官商合办
1892	武昌湖北织布局	1342700(2)	30440	张之洞（两湖总督）	官股内有汇丰银行借款十六万两
1894	上海华盛纺织织总局	1118900	64556	盛宣怀（津海关道）、聂缉规（江海关道）	大部分为官股
	上海裕源纱厂	1188800(3)	25000	朱鸿度（道台）	
1895	上海裕晋纱厂	279700(4)	15000	不详，道胜银行的买办？	内有道胜银行借款
	上海大纯纱厂	279700(4)	20392	盛某（上海富绅）	
1896	宁波通久源纱厂	450000(5)	11048(6)	严信厚（李鸿章幕僚）	
1897	无锡业勤纱厂	335700(7)	10192	杨宗濂（长芦盐运使，曾总办台北商务）	
	杭州通益公纱厂	533300(8)	15000(9)	庞元济（四品京堂）	后由与李鸿章有关系之高凤德接办
	苏州苏纶纱厂	839200(10)	18200	陆润庠（国子监祭酒）	苏州商务局筹款
1898	武昌纺纱官局	1200000(7)	50064	张之洞	最初官商合办，后全归官办
	上海裕通纱厂	209800(7)	18200	朱幼鸿（浙江候补道，朱鸿度之子）	
1899	南通大公纱厂	699300(7)	20300	张謇（翰林院编修）	领用官机，并征集商人资本
	萧山通惠公纱厂	559400(8)	10192	楼景晖（候选同知）	
1905	常熟裕泰纱厂	699300(8)	10192	朱幼鸿	
1906	太仓济泰纱厂	699300(8)	12700	蒋汝坊（郎中）	
	宁波和丰纱厂	839200(9)	21600	顾元琛（中书科中书）	
1907	崇明大生纱厂	1210900	26000	张謇	有厚单标（道员）、王丹揆（按察使）刘聚卿（参议）股份
	无锡振新纱厂	210000(11)	10192	荣宗敬（钱庄主）、张石君（买办）	
	上海振华纱厂	419600(12)	11648	吴祥林（买办）	中英合资，与怡和有关
	上海九成纱厂	461500(12)	9424	华人某与日本棉花会社合办	
1908	上海同昌纱厂	600000	11592	朱志尧（买办，同昌油厂主）	与同昌油厂有关
	江阴利用纱厂	419600	15040	施子美（严惠人）	
1909	安阳广益纱厂	699300(7)	22344	孙家鼐（尚书）、马希援（商人）	
1910	上海公益纱厂	1340000(8)	25676	祝大椿（怡和买办）	中英合资，与怡和有关

资料来源：(1)《支那经济报告书》第31期；《清国事情》第一辑，第554页；《中国棉业之发展》，第78页。(2)《清国事情》第一辑，第554页。(3)裕源、裕通两厂共有资本一百万两，裕通为十五万两，故裕源为八十五万两，合如上数。参阅《清国事情》第一辑，第554页。(4)根据纱锭数估计。(5)《海关十年报告》(1892～1901)，第2卷，第65页，《海关报告》(1894)，第290页。(6)《海关报告》(1895)，第270页。(7)农工商部统计表，第一次。(8)《支那经济报告书》第31期，第4页，《海关十年报告》(1892～1901)，第27, 65页。(10)《江南事情》，第284页。(11)荣德生：《乐农自订行年纪事》。(12)《中华民国实业名鉴》，第482, 501页。(13)其余各项：均根据严中平的《中国纱厂沿革表》(1890～1937)，其中唯宁波通久源纱厂成立年份，严表格定年份，严中平，第一次，农工商部统计表，《海关十年报告》均定为1897年，现根据《海关年报告》，校定为1896年。

表 4-5 1933～1946 年间国民党统治区十二种工业的生产量实数

年份 产品	1933	1938	1939	1940	1941	1942	1943	1944	1945	1946
煤（千吨）	9983	4700	5500	5700	6000	6314	6617	5502	5238	18158
铁（吨）	34547	52900	62730	45000	63637	96000	70000	40134	48495	31000
钢（吨）	30000	900	1200	1500	2011	3000	6800	13361	18234	15700
电力（百万度）	531	74	91	112	127	137	146	154	197	3625
水泥（吨）	451703	21498	48794	50479	25429	39843	35088	40644	42230	292497
碱（吨）	66000	520	940	1486	2079	2263	3251	6101	3342	61177
硫酸（吨）	5220	170	124	428	543	689	624	768	257	7205
盐酸（吨）	1286	99	72	151	130	300	368	416	337	3002
酒精（千加仑）	337	304	812	4590	5408	7885	7714	7346	16222	12379
汽油（千加仑）	600	—	4	73	209	1896	3219	4048	4305	5058
棉纱（千包）	1617	25	27	30	112	114	117	115	69	1543
面粉（千袋）	65857	1513	1926	3239	4510	4880	4130	2881	2056	77191

资料来源：（1）1933 年，煤、铁、钢数字据《第五次改矿业纪要》；电力数字据《电气事业》；水泥数字据合源田《中国水泥工业之鸟瞰》，载《中国经济研究》下册，第 656 页；棉纱数字据《中国纱厂一览表》（1933 年）；其余的，见巫宝三《中国国民所得》下册。（2）1938～1946 年数字据《统计月报》第 123、124 号，1947 年。

编者注：不包括帝国主义在华工业，但包括官僚资本的工业在内。

表 4-6 1933~1946 年间国民党统治区十二种工业的产量指数

以 1933 年为指数 100

年份 产品	1933	1938	1939	1940	1941	1942	1943	1944	1945	1946
煤（千吨）	100	47	55	57	60	63	66	55	52	182
铁（吨）	100	153	182	130	184	278	203	116	140	90
钢（吨）	100	3	4	5	7	10	23	45	61	52
电力（百万度）	100	14	17	21	24	26	27	29	37	683
水泥（吨）	100	5	11	11	6	9	8	9	9	65
碱（吨）	100	1	1	2	3	3	5	9	5	93
硫酸（吨）	100	3	2	8	10	13	12	15	5	138
盐酸（吨）	100	8	6	12	10	32	29	32	26	233
酒精（千加仑）	100	90	241	1362	1605	2340	2289	2180	4814	3673
汽油（千加仑）	100	—	1	12	35	316	537	675	718	842
棉纱（千包）	100	1	2	2	7	7	7	7	4	95
面粉（千袋）	100	2	3	5	7	7	6	4	3	117

资料来源：同表 4-4。

表 4-7　1912~1937 年间中国煤铁的机械生产与土法生产的变动实数

(单位：吨)

年份	煤 合计	煤 机械开采	煤 土法开采	铁矿 合计	铁矿 机械开采	铁矿 土法开采	生铁 合计	生铁 机械冶炼	生铁 土法冶炼
1912	9067862	5165862	3902000	723430	221280	502150	177989	7989	170000
1913	12879770	7677570	5202200	961861	459711	502150	267513	97513	170000
1914	14182330	7973930	6208400	1007290	505140	502150	300000	130000	170000
1915	13496666	8492966	5003700	1097694	595544	502150	336649	165969	170680
1916	15982616	9482914	6499702	1131606	629456	502150	369815	199135	170680
1917	16982260	10478560	6503700	1141995	639845	502150	358315	187635	170680
1918	18432285	11109265	7323020	1501169	999019	502150	328798	158118	170680
1919	20146818	12804636	7342182	1851996	1349846	502150	407743	237063	170680
1920	21318825	14130543	7188282	1838435	1336285	502150	429548	258868	170680
1921	20507390	13350400	7156990	1511692	1009542	502150	399413	228733	170680
1922	21139918	14059646	7080272	1361066	858916	502150	401844	231164	170680
1923	24552029	16973488	7578541	1745376	1243226	502150	341487	170807	170680
1924	25780875	18524732	7256143	1767882	1265732	502150	360804	190124	170680
1925	24255042	17537630	6717412	1521171	1019021	502150	363836	193156	170680
1926	23040119	15616713	7423406	1561911	1033011	528900	407222	228352	178870
1927	24172009	17693507	6478502	1710135	1181235	528900	436815	257945	178870
1928	25091760	17980450	7111310	2003800	1474900	528900	476989	298119	178870
1929	25437480	18854458	6583022	2630176	2046996	583180	436043	300675	135368
1930	26036564	19892177	6144387	2252486	1773536	478950	498306	376080	122226
1931	27244673	21092720	6151953	2336379	1840279	496100	470879	344749	126130
1932	26376315	20212864	6163451	2248792	1839212	409580	548391	413391	135000
1933	28378783	22074954	6303829	2313046	1903466	409580	609272	470565	138707
1934	32724842	25801182	6923660	2544611	2135031	409580	655727	520727	135000
1935	36091747	30093484	5998263	3331817	2904457	427360	787061	647974	139087
1936	39902985	33793930	6109055	3359830	2922180	437650	809996	669696	140300
1937	37230946	31386933	5844013	3819691	3409991	409700	958683	831143	127540

资料来源：(1) 有关煤的数字据第五次《中国矿业纪要》，表 47（1912~1934），表 56（1912~1930）；第七次《中国矿业纪要》，表 45（1912~1934）至表 68（1935~1937）；《东北国营煤矿年鉴》，第 24 页，附表（1931~1937）。(2) 有关铁矿及生铁的数字据《中国铁矿志》（1912~1917）及第一次《中国矿业纪要》（1912~1917）；第二次至第七次《中国矿业纪要》（1918~1937）。

表 4-8　　　　　　　　1912～1937 年间中国煤铁的机械生产与
　　　　　　　　　　　土法生产的变动百分数

以机械、土法合计为 100

年份	煤 机械开采	煤 土法开采	铁 机械开采	铁 土法开采	生铁 机械冶炼	生铁 土法冶炼
1912	57.0	43.0	30.6	69.4	4.5	95.5
1913	59.6	40.4	47.8	52.2	36.5	63.5
1914	56.2	43.8	50.1	49.9	43.3	56.7
1915	62.9	37.1	54.3	45.7	49.3	50.7
1916	59.3	40.7	55.6	44.4	53.8	46.2
1917	61.7	38.3	56.0	44.0	52.4	47.6
1918	60.3	39.7	66.5	33.5	48.1	51.9
1919	63.6	36.4	72.9	27.1	58.1	41.9
1920	66.3	33.7	72.7	27.3	60.3	39.7
1921	65.1	34.9	66.8	33.2	57.3	42.7
1922	66.5	33.5	63.1	36.9	57.5	42.5
1923	69.1	30.9	71.2	28.8	50.0	50.0
1924	71.9	28.1	71.6	28.4	52.7	47.3
1925	72.3	27.7	67.0	33.0	53.1	46.9
1926	67.8	32.2	66.1	33.9	56.1	43.9
1927	73.2	26.8	69.1	30.9	59.1	40.9
1928	71.7	28.3	73.6	26.4	62.5	37.5
1929	74.1	25.9	77.8	22.2	69.0	31.0
1930	76.4	23.6	78.7	21.3	75.5	24.5
1931	77.4	22.6	78.8	21.2	73.2	26.8
1932	76.6	23.4	81.8	18.2	75.4	24.6
1933	77.8	22.2	82.3	17.7	77.2	22.8
1934	78.8	21.2	83.9	16.1	79.4	20.6
1935	83.4	16.6	87.2	12.8	82.3	17.7
1936	84.7	15.3	87.0	13.0	82.7	17.3
1937	84.3	15.7	89.3	10.7	86.7	13.3

资料来源：同表 4-7。

表 4-9 1933、1942、1946 年中国工业的部门结构

年份 项目 产业别	1933 工人数 (人)	1933 工人数 (%)	1933 生产净值 (千元)	1933 生产净值 (%)	1942 工人数 (人)	1942 马力 (匹)	1946 工人数 (人)	1946 马力 (匹)
生产资料的生产	232024	36.0	389262	27.3	117681	117796.00	185108	655857.8
煤炭工业	109575	17.0	49914	3.5	?	?	?	?
电力工业	18716	2.9	112292	7.9	4618	51213.00	?	?
钢铁工业	903	0.2	2539	0.2	17404	9659.00	25489	131563.6
金属加工工业	41845	6.5	112258	7.9	47029	26703.00	75381	118708.0
化学工业	40166	6.2	75811	5.3	36140	24835.00	66716	160846.6
建筑材料工业	20819	3.2	36448	2.5	12490	5386.00	17522	244739.6
消费资料的生产	412205	64.0	1036515	72.7	123981	26119.75	497291	998687.0
纺织工业	328119	51.0	590237	41.4	93265	15452.50	357991	675391.8
食品工业	43361	6.7	350080	24.6	11447	9705.00	90992	149322.0
其他工业	40725	6.3	96198	6.7	19269	962.25	48308	173973.2
总计	644229	100.0	1425777	100.0	241662	143915.75	682399	1654544.8

资料来源：(1) 1933 年：煤炭工业数字据《第五次矿业纪要》，巫宝三：《中国国民所得》1933 年，上册，第 53 页；钢铁工业数字据《中国工业调查报告》，中册，第 8 表，表 14；其他各项；巫宝三：《中国国民所得》，1933 年修正（其中金属加工工业及建筑材料两项略有补充）只包括雇工在三十人以上的工厂；《社会科学杂志》第 9 卷第 2 期。(2) 1942 年据国民政府经济部统计处，《后方工业概况统计》(1943 年)，第 11 页。(3) 1946 年据国民政府经济部全国经济调查委员会《全国主要都市工业调查初步报告提要》(1948 年)，第 28、30 页。

编者注：各年均不包括外资厂，也不包括国民政府统治区以外的地区。

表 4-10　1890~1936 年间上海等城市华商纱厂纱锭在全国纺织行业中的比重

年份	全国锭数（枚）	上海 锭数（枚）	上海 占全国百分比	青岛 锭数（枚）	青岛 占全国百分比	武汉 锭数（枚）	武汉 占全国百分比	天津 锭数（枚）	天津 占全国百分比	无锡 锭数（枚）	无锡 占全国百分比	南通 锭数（枚）	南通 占全国百分比
1890	35000	35000	100.0	—	—	—	—	—	—	—	—	—	—
1891	42008	42008	100.0	—	—	—	—	—	—	—	—	—	—
1892	74464	44024	59.1	—	—	—	—	—	—	—	—	—	—
1893	39464	9024	22.9	—	—	—	—	—	—	—	—	—	—
1894	129020	98580	76.4	—	—	30440	40.9	—	—	—	—	—	—
1895	174564	133972	76.7	—	—	30440	77.1	—	—	—	—	—	—
1896	185612	133972	72.2	—	—	30440	23.6	—	—	—	—	—	—
1897	234304	139272	59.4	—	—	40592	23.3	—	—	—	—	—	—
1898	306180	161084	52.6	—	—	40592	21.9	—	—	—	—	—	—
1899	336722	161084	47.8	—	—	40592	17.3	—	—	10192	7.6	20350	6.0
1900	336722	161084	47.8	—	—	90656	29.6	—	—	10192	3.3	20350	6.0
1901	336722	161084	47.8	—	—	90656	26.9	—	—	10192	3.0	20350	6.0
1902	312810	137172	43.9	—	—	90656	26.9	—	—	10192	3.0	20350	6.5
1903	316678	137172	43.3	—	—	90656	29.0	—	—	10192	3.3	20350	6.4
1904	341028	137172	40.2	—	—	90656	28.6	—	—	12704	4.0	40700	11.9
1905	355588	137172	38.6	—	—	90656	26.6	—	—	12704	3.7	40700	11.4
1906	380780	116780	30.7	—	—	90656	25.5	—	—	12704	3.5	40700	10.7
1907	417316	127316	30.5	—	—	90656	23.8	—	—	14024	3.7	40700	9.8
1908	439236	134196	30.6	—	—	90656	21.7	—	—	14024	3.4	40700	9.3
1909	469588	140020	29.8	—	—	90656	20.6	—	—	14024	3.2	40700	8.7
1910	497448	165696	33.3	—	—	90656	19.3	—	—	16172	3.4	40700	8.2
1911	497448	165696	33.3	—	—	90656	18.2	—	—	16172	3.3	40700	8.2
1912	499348	167596	33.6	—	—	90656	18.2	—	—	16172	3.3	40700	8.2
1913	484780	141920	29.3	—	—	90656	18.7	—	—	16172	3.2	40700	8.4
1914	544780	160900	29.5	—	—	90000	16.5	—	—	34092	7.0	40000	7.3
1919	658748	216236	32.8	—	—	90000	13.7	55120	8.4	45000	8.3	61180	9.3
1920	842894	303292	36.0	14964	1.8	131310	15.6	55112	6.0	59192	9.0	61180	7.3
1921	1248282	508746	40.8	15000	1.2	123440	9.9	140200	11.2	59192	7.0	65380	5.2
1922	1506634	629142	41.8	32000	2.1	153440	10.2	193000	12.8	73192	5.9	65380	4.3
1924	1750498	675918	38.6	32000	1.8	199816	11.4	205000	11.7	128800	8.5	75380	4.3
1925	1866232	687358	36.8	32000	1.7	263896	14.1	177802	9.5	133800	7.6	90380	4.8
1927	2018588	684204	33.9	32000	1.6	258160	12.8	215512	10.7	138800	7.4	91464	4.5
1928	2059088	747588	36.3	32000	1.6	173936	8.4	219512	10.7	150800	7.5	91464	4.4
1929	2146152	810978	37.8	33196	1.5	266414	12.4	221512	10.3	106968	5.2	92104	4.3
1930	2345074	874446	37.3	33196	1.4	185376	7.9	223512	9.5	134800	6.3	92104	3.9
1931	2453304	1005328	41.0	43564	1.8	227144	9.3	203356	8.3	169672	7.2	92104	3.8
1932	2625413	1029976	39.2	43564	1.7	227144	8.7	211652	8.1	191768	7.8	104252	4.0
1933	2742754	1102032	40.2	44332	1.6	196364	7.2	233364	8.1	200672	7.6	112028	4.1
1934	2807391	979672	34.9	47276	1.7	206664	7.4	120172	4.3	230904	8.4	112325	4.0
1935	2850745	908446	31.9	48044	1.7	84552	3.0	135715	4.8	185888	8.2	112028	3.9
1936	2746392	1105408	40.2	48044	1.7	244472	8.9	104472	3.8	237664	8.7	112028	4.1

资料来源：(1) 1890~1913 年数字据严中平《中国棉业之发展》，第 86、116、117 页，并加修正。(2) 1914 年数字据奥德尔（R. M. Odell）《纱厂与工业的前途》，载《中国的更生》，1915 年，第 62~63 页，大陆报版。(3) 1919 年以后的数值见历年中国纱厂一览表。

编者注：全国纱锭数包括本表所列六城市在内。1931 年以后的数字不包括东北三省数字。

四 工业 79

表 4-11　1933、1947 年上海等十二个城市的工业

城市	厂数 1933年 实数(个)	厂数 1933年 百分比	厂数 1947年 实数(个)	厂数 1947年 百分比	工人数 1933年 实数(人)	工人数 1933年 百分比	工人数 1947年 实数(人)	工人数 1947年 百分比	资本 1933年 实数(千元)	资本 1933年 百分比	生产净值 1933年 实数(千元)	生产净值 1933年 百分比
上海	3485	36	7738	60	245948	53	367433	61	190870	60	727726	66
天津	1224	13	1211	9	34769	8	57658	10	24201	8	74501	7
青岛	140	1	185	1	9457	2	28778	5	17650	6	27098	2
北京	1171	12	272	2	17928	4	7833	1	13029	4	14181	1
南京	687	7	888	7	9853	2	9118	2	7486	2	23438	2
汉口	497	5	469	4	24992	5	21048	3	8816	3	26309	2
广州	1104	11	473	4	32131	7	25085	4	32131	10	101569	9
重庆	415	4	661	5	12938	3	34367	6	7345	2	10496	1
西安	100	1	69	1	1505	*	5913	1	161	*	413	*
福州	366	4	176	1	3853	1	3067	1	2612	1	7773	1
汕头	175	2	121	1	4555	1	5233	1	2198	1	4084	*
无锡	315	3	646	5	63764	14	38764	6	14070	4	77264	7
合计	9679	100	12899	100	461693	100	604297	100	320569	100	1094852	100

资料来源：(1) 1933 年据《中国工业调查报告》(下册)。(2) 1947 年据《全国主要都市工业调查初步报告提要》，其中无锡系以中华人民共和国成立后无锡市工商局登记数字代替。

编查注：统计数字均不包括外国资本的工厂。西安 1933 年工人数所占百分比与生产净值所占百分比，资本所占百分比生产净值均不及 0.05%。汕头 1933 年的生产净值所占百分比不及 0.05%。

表 4-12　　　　　　　　　1933、1942 年中国各地工厂工人集中情况表

地区别	1933年 500人以上的工厂的工人数（人）合计	1933年 500人以上的工厂的工人数（人）中资厂	1933年 500人以上的工厂的工人数（人）外资厂	1942年 各业工人总数（人）	1942年 500人以上的工厂的工人数占各该市县工人总数的百分比	1942年 500人以上的工厂的工人数（人）	1942年 全市县工人总数（人）	1942年 500人以上的工厂的工人数占各该市县工人总数的百分比
北京	650	650[1]	—	17928[9]	3.6	3800[15]	19891[15]	19.1
天津	20339	17239[2]	3100[8]	37869[10]	53.7	30808[15]	69226[15]	44.5
青岛	22788	4388[3]	18400[8]	42717[11]	53.3	25883[15]	47709[15]	54.3
上海	190014	110387[4]	79627[8]	318621[12]	59.6	—	—	—
武汉	28333	24959[5]	3374[8]	50577[13]	56.0			
无锡	31778	31778[6]		63764[14]	49.8			
其他各市县	31016	31016[7]	—	—	—	35613[15]	89554[15]	39.8
共计	324918	220417	104501	—	—	96104	226380	42.5
(不包括其他各市县)	293902	189401	104501	531476	55.3	—	—	—

资料来源：（1）国民政府实业部中央工厂检查处：《中国工厂检查年报》，1934年。（2）国民政府天津市社会局：《天津市工业统计》（第二次），纱厂除外。（3）国民政府实业部中央工厂检查处：《中国工厂检查年报》，1934年；纱厂、铁路机车厂除外。（4）国民政府天津市社会局：《天津市工业统计》（第二次）；国民政府上海市社会局，《上海市工厂名录》，1934年，纱厂、铁路机车厂除外。（5）国民政府实业部国际贸易局，《武汉之工商业》，纱厂、铁路机车厂除外。（6）国民政府实业部中央工厂检查处：《中国工厂检查年报》（1934年）。（7）国民政府实业部中央工厂检查处：《中国工厂检查年报》（1934年）；东亚同文会研究编纂部：《中华民国实业名鉴》（日文），纱厂、铁路机车厂除外。（8）汪馥荪：《战前中国工业生产中外厂生产的比重问题》，《中央银行月报》，新2卷3期，纱厂除外。（中外纱厂工人人数，华商纱厂联合会，《中国纱厂一览表》（1933年）；铁路机车厂工人人数，《中国工业调查报告》，中册）。（9）经济统计研究所：《中国工业调查报告》下册。（10）中资厂数字参见经济统计研究所编《中国工业调查报告》下册；外资厂数字参见汪馥荪《战前中国工业生产中外厂生产的比重问题》、华商纱厂联合会编《中国纱厂一览表》（1933年）、经济统计研究所编《中国工业调查报告》中册。（11）国民政府实业部中央工厂检查处：《中国工厂检查年报》（1934年）。（12）《上海市工厂名录》。（13）中资厂数字参见经济统计研究所编《中国工业调查报告》下册；外资厂数字参见国民政府实业部中央工厂检查处：《中国工厂检查年报》（1934年）。（14）中资厂数字参见经济统计研究所编《中国工业调查报告》下册。（15）《北支工场名簿》（日文），1944年。

表 4 - 13　　　　　　　　　　　1933、1942 年中国工人所集中产业统计

产业别	1933年 500人以上的工厂的工人数（人） 合计	中资厂	外资厂	各业工人总数（人）	500人以上的工厂的工人数占各该业工人总数的百分比	1942年 500人以上的工厂的工人数（人）	各业工人总数（人）	500人以上的工厂的工人数占各该业工人总数的百分比
电力工业	4670	691	3979	34254	13.6	—	3956	—
钢铁工业	700	700	—	903	77.5	—	—	—
金属加工工业	17476	10821	6655	55205	31.7	24899	44481	56.0
化学工业	13063	12563	500	49891	26.2	2742	15457	17.7
建筑材料工业	7866	7866	—	23832	33.0	5031	30006	16.8
纺织工业	242889	167664	75225	434966	55.8	49360	89725	55.0
食品工业	30404	12262	18142	70920	42.9	10443	26365	39.6
其他工业	7850	7850	—	47585	16.5	3629	16390	22.1
总计	324918	220417	104501	717556	45.3	96104	226380	42.5

资料来源：1933年各业工人总数，同表 4-9 所引的资料；五百人以上工厂工人数同表 4-12 所引的资料。1942年同表 4-12 所引的资料。

编者注：本表各业工人总数，只包括雇工在三十人以上的工厂。本表与表 4-12，1933年是国民政府统治区的情况，没有包括东北地区，1942年华北沦陷区的情况只包括"七七事变"以后黄河以北的日本军队占领区。

表 4-14　　　　　　　　　　1933 年中国煤矿工人集中情况

省份	工人总数（人）	500人以上的各矿的工人数（人） 合计	华资各矿	中外合办各矿	500人以上的各矿的工人数占工人总数的百分比
河北	66970	60270	12445	47825	90.0
山东	26911	25972	18160	7812	96.5
山西	19198	4623	4623	—	24.1
河南	18832	14182	3900	10282	75.3
江西	3719	3119	3119	—	83.9
安徽	5780	5080	5080	—	87.9
江苏	1480	1280	1280	—	86.5
浙江	3600	3200	3200	—	88.9
湖北	4000	2670	2670	—	66.8
湖南	8554	564	554	—	6.5
其他各省	16550	—	—	—	—
共计	175594	120950	55031	65919	68.9

资料来源：第五次《中国矿业纪要》，第106～109页。其中临城煤矿工人人数，依《中国工厂检查年报》，第199页所载数字校正。

编者注：不包括东北地区。

（二）中国工业中的外国资本

表 4-1 至表 4-14 主要是从中国新式工业的发展方面，说明中国资本主义的发生和发展的若干变化。这些变化"只是帝国主义侵入中国以后所发生的变化的一个方面。还有和这个变化同时存在而阻碍这个变化的另一方面，这就是帝国主义勾结中国封建势力压迫中国资本主义的发展"（毛泽东语），以下各表，我们想集中说明这一方面的若干变化。也就是说明：帝国主义以及与其互相勾结的官僚资本主义对中国工业的掠夺、垄断和压迫。

帝国主义在中国取得设厂权，是由一八九五年签订的中日《马关条约》正式规定的。但是，外国在中国设厂的事实，在一八九五年以前就早已出现。虽然当时大部分是为商品输出（如船舶修造厂）与原料榨取（如砖茶、缫丝厂）乃至文化侵略（如印刷厂）服务，但是也有一部分已经带有资本输出的性质。表 4-15 就是一八九五年以前一个比较完整的外资工厂统计。从表 4-15 中可以看出，一八九五年以前，外国在华设厂，已经是相当大量的事实。

帝国主义在华工业，形成一种垄断势力，压迫中国民族工业的发展，一八九五年以后表现得十分显著。关于它对中国工业的掠夺和垄断及其对中国工业的压迫程度，我们想从下列几个方面加以说明。

首先是生产上的垄断和控制，从表 4-16 至表 4-21 中，我们可以看出：在许多重要工业产品上，外国在华工厂的产量都超过了华厂的产量。同时，外资工厂的生产又是带有垄断性的大规模生产，如美商上海电力公司的发电量相当全国各华厂发电量的总和[1]，英商颐中烟草公司的产量，超过所有华厂的产量[2]。从统计表中，我们还可以看出：年产百万吨以上的大型煤矿，几乎全部由帝国主义国家所控制（见表 4-18）。必须考虑到这些事实，才能充分理解外国资本对民族工业的压迫程度。

其次，我们可以从投资方面考察这一种情况（见表 4-22 至表 4-27）。在这里，我们看到：在中国轻工业和重工业的两个主要部门——纱厂和煤矿的投资中，帝国主义或者通过直接投资，或者通过参加投资，垄断了几乎整个中国的工业。帝国主义直接投资增长的迅速，从表 4-25 中可以很清楚地看出：一八九七～一九三六年的四十年中，外国纱厂的纱锭数，上升了十五倍，而线锭则在一九一九～一九三六年不足二十年中，上升了一百七十一倍。帝国主义的强大资本，是压迫中国民族工业的主要力量；还可以从帝国主义对中国民族工业所进行的兼并情形加以考察，表 4-27、表 4-28 就是以纱厂为例，说明这一个情况。从两表还可以看出，兼并的趋势，在后期更为激烈，而这种兼并和民族工业对帝国主义资本的依赖，又是分不开的。

表 4-29、表 4-30 两表，说明了帝国主义对中国工业资源的掠夺，把两表联系起来，我们就可以看出：一方面，是工业资源的大量出口；另一方面则是重工业的极度衰弱。比如：一方面铁砂大量出口；另一方面钢铁则不得不依赖外国的供给，帝国主义不仅大规模地掠夺中国的工业资源，而且给中国工业部门间造成发展不平衡的局面。

---

[1] 参阅上海市公用局统计年报。
[2] 参阅统税物品产销统计。

表 4-31 至表 4-35,集中说明东北和华北在沦为殖民地的时期,日本帝国主义在工业方面所进行的残酷掠夺。表 4-32、表 4-33 两表反映了日本帝国主义对殖民地资源的独占和工业掠夺的法西斯化;表 4-33、表 4-34、表 4-35 三表,则反映了作为宗主国附庸的工业,虽然有了一些发展,但是那些和宗主国"相克"的工业,却被禁止扩充。

表 4-36 选择了三个主要帝国主义国家在华企业历年的账面盈利,说明帝国主义的强大资本怎样在中国榨取高额利润。以"上电"为例,它在一八九三年以来的四十余年中,账面盈利增加了一千多倍,其账面盈利的总和,相当于原始投资的一千三百倍以上[①]。中国人民遭受怎样残酷的剥夺,从这些简单的数字中得到了很显著的证明。

[①] "上电"原为上海电光公司,创办时资本仅五万两。

表 4-15　中日甲午战争前（1840~1894 年）外国资本在中国经营的近代工业简表

厂名或商行	国别	年份	港口或城市	备注
英商砖茶厂*	德国	1872	烟台	制造蛋粉，系试办性质。不久即停业
福州俄商砖茶厂*	俄罗斯	1872	汉口	制造砖茶。不久即停闭
汉口烙金厂*	英国	1872	福州	是年俄商开始在福州建立砖茶厂。至 1875 年俄商在福州一带已有五六个厂，1876 年有九个厂，规模皆较小
上海轧花厂（Shanghai Cotton Cleaning & Working Co.）*	日本，英国，美国	187?	汉口	烙炼金银，与上海江苏药水厂类似。约 19 世纪 70 年代数年即停业
旗昌机器烙茶	美国	1888	上海	资本七万五千两。轧花机三十二部。1902 年停业
新上海制冰厂（New Shanghai Ice Co.）*	美国	1888	台北	美商旗昌洋行所创办
宝昌丝厂（Shanghai Silk Filature）	德国	1890	上海	资本三万三千两。收买上海机器制冰厂扩充而成
纶昌丝厂	法国	1891	上海	法商继承旗昌丝厂。缫机近一千架
汉口机器制冰厂	英国	1891	上海	资本二十万两。缫机一百八十八架，工人二百五十人
老晋隆洋行（Mustard & Co.）	英国（？）	1891	汉口	制冰
上海洋灰公司（Shanghai Concrete Co.）*	英国（？）	1891	天津	小规模制造纸烟
乾康丝	美国	1891	上海	以人口的洋灰加工制造建筑材料
泌药水厂（The Aquarigus Co.）	英国	1892	上海	缫机二百八十架。不久即转售与华商
上海榨油厂*	英国	1892	上海	英商正广和洋行所创办。制造汽水、啤酒等饮料。规模较大
商务烟草公司（Mercantile Tobacco Co.）*	美国	1892	上海	美查兄弟公司所创办。棉籽榨油兼制酒精
信昌丝厂（Sin Chong Silk Filature Co.）	法国	1893	上海	机器制造纸烟
厦门机器公司（Amoy Engineering Co., Ltd.）*	英国	1893	上海	资本五十三万两。缫机五百三十架，工人约一千人
上海火油池（Arnhold Karberg, & Co.）	德国	1893	厦门	修理船舶。资本三万元
瑞纶丝厂	德国	1893	上海	德商端记洋行所设，附设工厂制造铅铁煤油箱。工人约六百人
天津印字馆（The Tientsin Press）	英国	1894	上海	资本四十八万两。缫机四百八十架，工人一千余人
厦门火油池*	英国（？）	1894	天津	出版京津晤士报
汕头火油池*	美国（？）	1894	厦门	附设小规模的工厂制造铅铁煤油箱
		1894	汕头	附设小规模的工厂制造铅铁煤油箱

资料来源：孙毓棠：《中日甲午战争前外国资本在中国经营的近代工业》。

编者注：凡标星号（*）者，都是甲午战争前外国资本在中国未找到中国行名，或原来没有中国行名的厂号，因此不得不暂时用音译或意译。其他未标星号者，都用原有的中国行名。

表 4-16　1912～1937 年间中国煤矿生产中采用机械及土法开采的帝国主义垄断势力

年份	全国总产量（吨）	合计（吨）	合计 占全国总产量百分比	帝国主义控制下 直接攫夺（吨）	直接攫夺 占全国总产量百分比	参加投资（吨）	参加投资 占全国总产量百分比
1912	9067862	4749294	52.4	2202651	24.3	2546643	28.1
1913	12879770	7136545	55.4	2865081	22.2	4271464	33.2
1914	14182330	7147924	50.4	2819431	19.9	4328493	30.5
1915	13496666	7617227	56.4	2990050	22.2	4627177	34.3
1916	15982616	7606906	47.6	3184828	19.9	4422078	27.7
1917	16982260	8322555	49.0	3382832	19.9	4939723	29.1
1918	18432285	8595409	46.6	3786334	20.5	4809075	26.1
1919	20146818	9691751	48.1	4056764	20.1	5634987	28.0
1920	21318825	10855472	50.9	4416409	20.7	6440063	30.2
1921	20507390	10135465	49.4	4122773	20.1	6012692	29.3
1922	21139918	11046985	52.3	5227199	24.7	5819786	27.5
1923	24552029	13441749	54.7	5687753	23.2	7753996	31.6
1924	25780875	14123786	54.8	6296733	24.4	7827053	30.4

年份	全国总产量（吨）	合计（吨）	合计 占全国总产量百分比	帝国主义控制下 直接攫夺（吨）	直接攫夺 占全国总产量百分比	参加投资（吨）	参加投资 占全国总产量百分比
1925	24255042	13138588	54.2	6076629	25.1	7061959	29.1
1926	23040119	12242069	53.1	6406575	27.8	5835494	25.3
1927	24172009	13534714	56.0	7605255	31.5	5929459	24.5
1928	25091760	14083406	56.1	7048550	28.1	7034856	28.0
1929	25437480	14682352	57.7	7432582	29.2	7249770	28.5
1930	26036564	15060998	57.8	7378111	28.3	7682887	29.5
1931	27244673	14584894	53.5	6711000	24.6	7873894	28.9
1932	26376315	15544624	58.9	8403482	31.9	7141142	27.1
1933	28378783	18395965	64.9	10888072	38.4	7507893	26.5
1934	32724842	20538835	62.8	12535843	38.3	8002992	24.5
1935	36091747	20200286	56.0	12809607	35.5	7390679	20.5
1936	39902985	22218437	55.7	14083880	35.3	8134557	20.4
1937	37230946	22760545	61.1	14746265	39.6	8014280	21.5

资料来源：(1)《中国矿业纪要》，第三次，第 14 页，表一；第三次，第 212 页，表二；第五次，第 34 页，表二六；第三次，第 54、64 页，表四七、五六；第七次，第 55 页，表四二至六八。(2) 佟哲晖：《战时华北矿业》，附表五，《社会科学》杂志，10 卷 1 期，第 44 页，(修正矿业纪要数字)。(3) 参加投资下中英合办门头沟煤矿产量，1912～1917 年估计每年为三万吨，1918～1922 年估计每年为四万吨，存中国科学院经济研究所。

编者注：(1) 帝国主义直接攫夺下，指全部为外国投资，1932 年至 1937 年，除包括山东南定外，全为日本帝国主义军事占领下的东北地区煤矿产量。(2) 帝国主义参加投资，指帝国主义通过中外合办的形式及借款形式而实际控制的煤矿。(3) 土法开采，包括在内。

表 4-17　　1912～1937 年间中国煤矿生产中采用机械开采的帝国主义垄断势力

年份	全国机械开采总产量（吨）	帝国主义控制下 合计（吨）	百分比	直接攫夺下（吨）	百分比	参加投资（吨）	百分比
1912	5165862	4749294	91.9	2202651	42.6	2546643	49.3
1913	7677570	7136545	93.0	2865081	37.3	4271464	55.6
1914	7973930	7147924	89.6	2819431	35.4	4328493	54.3
1915	8492966	7617227	89.7	2990050	35.2	4627177	54.5
1916	9482914	7606906	80.2	3184828	33.6	4422078	46.6
1917	10478560	8322555	79.4	3382832	32.3	4939723	47.1
1918	11109265	8587242	77.3	3783167	34.1	4804075	43.2
1919	12804636	9682399	75.6	4052412	31.6	5629987	44.0
1920	14130543	10860786	76.8	4415723	31.2	6435063	45.5
1921	13350400	10129393	75.9	4121701	30.9	6007692	45.0
1922	14059646	10999787	78.2	5185001	36.9	5814786	41.4
1923	16973488	13389938	78.9	5640942	33.2	7748996	45.7
1924	18524732	14074434	76.0	6252381	33.8	7822053	42.2
1925	17537630	13079786	74.6	6022827	34.3	7056959	40.2
1926	15616713	12235269	78.3	6406575	41.0	5828694	37.3
1927	17693507	13509714	76.4	7605255	43.0	5904459	33.4
1928	17980450	14021906	78.0	7048550	39.2	6973356	38.8
1929	18854458	14624352	77.6	7432582	39.4	7191770	38.1
1930	19892177	15040998	75.6	7378111	37.1	7662887	38.5
1931	21092720	14581894	69.1	6711000	31.8	7870894	37.3
1932	20212864	15544624	76.9	8403482	41.6	7141142	35.3
1933	22074954	18395965	83.3	10888072	49.3	7507893	34.0
1934	25801182	20538835	79.6	12535843	48.6	8002992	31.0
1935	30093484	20200286	67.1	12809607	42.6	7390679	24.6
1936	33793930	22218437	65.7	14083880	41.7	8134557	24.1
1937	31386933	22760545	72.5	14746265	47.0	8014280	25.5

资料来源：（1）同表 4-14；减去土法开采产量。（帝国主义控制下各矿；直接攫夺栏减去炸子窑，参加投资栏减去石门寨、田师付等矿）。（2）同表 4-16。（3）《全国历年煤矿各矿所有权沿革表》，存中国科学院经济研究所。

表 4－18　1913～1942年间中国煤矿生产中按国别划分的帝国主义垄断势力

国别	项别	1913年 (吨)	百分比	1919年 (吨)	百分比	1926年 (吨)	百分比	1936年 (吨)	百分比	1942年 (吨)	百分比
日本	合计	3190125	24.7	5014515	24.9	8042317	34.9	14785737	37.1	58250133	88.3
	直接攫夺下	1638502	12.7	3562022	17.7	6289902	27.3	14083880	35.3	58250133	88.3
	参加投资	1551623	12.0	1452493	7.2	1752415	7.6	701857	1.8	—	—
英国	合计	2488770	19.3	4307505	21.4	3860403	16.7	6550463	16.4	405703	0.6
	直接攫夺下	421803	3.3	494742	2.5	116673	0.5	—	—	—	—
	参加投资	2066967	16.0	3812763	18.9	3743730	16.2	6550463	16.4	405703	0.6
德国	合计	934480	7.3	—	—	339349	1.5	882237	2.2	958276	1.5
	直接攫夺下	636000	4.9	—	—	—	—	—	—	—	—
	参加投资	298480	2.3	—	—	839349	1.5	882237	2.2	958276	1.5
俄罗斯	合计	168776	1.3	—	—	—	—	—	—	—	—
	直接攫夺下	168776	1.3	—	—	—	—	—	—	—	—
	参加投资	—	—	—	—	—	—	—	—	—	—
比利时	合计	354394	2.8	369731	1.8	—	—	—	—	—	—
	直接攫夺下	—	—	—	—	—	—	—	—	—	—
	参加投资	354394	2.8	369731	1.8	—	—	—	—	—	—
意大利	合计	—	—	—	—	—	—	—	—	—	—
	直接攫夺下	—	—	—	—	—	—	—	—	—	—
	参加投资	—	—	—	—	—	—	—	—	—	—
共计	合计	7136545	55.4	9691751	48.1	12242069	53.1	22218437	55.7	59614112	90.4
	直接攫夺下	2865081	22.2	4056764	20.1	6406575	27.8	14083880	35.3	59208409	89.8
	参加投资	4271464	33.2	5634987	28.0	5835494	25.3	8134557	20.4	405703	0.6
全国总产量		12879770	100.0	20146818	100.0	23040119	100.0	39902985	100.0	65952106	100.0

资料来源：同表4－16。

表 4-19　　1913~1936年间中国煤矿生产中按生产规模划分的帝国主义垄断势力

年份	组别(万吨)	全国总产量(吨)	合计			直接攫夺下			参加投资	
			(吨)	占全国总产量百分比		(吨)	占全国总产量百分比		(吨)	占全国总产量百分比
1913	100以上	4216169	4216169	100.0		2179202	51.7		2036967	48.3
	10~100	3192898	2825076	88.5		590579	18.5		2234497	70.0
	1~10	237856	95300	40.1		95300	40.1		—	—
	1以下	5232847	—	—		—	—		—	—
	共计	12879770	7136545	55.4		2865081	22.2		4271464	33.2
1916	100以上	4889013	4889013	100.0		2044403	41.8		2844610	58.2
	10~100	3954343	2576248	65.1		1048780	26.5		1527468	38.6
	1~10	600765	141645	23.6		91645	15.3		50000	8.3
	1以下	6538495	—	—		—	—		—	—
	共计	15982616	7606906	47.6		3184828	19.9		4422078	27.7
1919	100以上	6691555	6691555	100.0		2928792	43.8		3762763	56.2
	10~100	5889609	2815798	47.8		1123620	19.1		1692178	28.7
	1~10	742584	172168	23.2		—	—		172168	23.2
	1以下	6823070	12230	0.2		4352	0.1		7878	0.1
	共计	20146818	9691751	48.1		4056764	20.1		5634987	28.0
1927	100以上	11095210	11095210	100.0		7412210	66.8		3683000	33.2
	10~100	4279345	2134123	49.9		141000	3.3		1993,123	46.6
	1~10	1613080	296729	18.4		52045	3.2		244684	15.2
	1以下	7184374	8652	0.1		—	—		8652	0.1
	共计	24172009	13534714	56.0		7605255	31.5		5929459	24.5
1936	100以上	16610113	14874541	89.6		9230167	55.6		5644374	34.0
	10~100	12368309	6374006	51.5		4144223	33.5		2229783	18.0
	1~10	1817471	717183	39.4		456783	25.1		260400	14.3
	1以下	9107092	252707	2.8		252707	2.8		—	—
	共计	39902985	22218437	55.7		14083880	35.3		8134557	20.4

资料来源：同表4-16。

编者注：同表4-16。组别系按年产量分的。

表 4-20　1900~1937 年间中国生铁生产中帝国主义的垄断势力

年份	全国总产量（吨）	帝国主义势力控制下 合计（吨）	占全国总产量百分比	参加投资（吨）	占全国总产量百分比	贷款（吨）	占全国总产量百分比	年份	全国总产量（吨）	帝国主义势力控制下 合计（吨）	占全国总产量百分比	参加投资（吨）	占全国总产量百分比	贷款（吨）	占全国总产量百分比
1900	25890	25890	100.0	—	—	25890	100.0	1919	237063	237063	100.0	70967	29.9	166096	70.1
1901	28805	28805	100.0	—	—	28805	100.0	1920	258868	258868	100.0	124939	48.3	133929	51.7
1902	15800	15800	100.0	—	—	15800	100.0	1921	228733	228733	100.0	89125	39.0	139608	61.0
1903	38875	38875	100.0	—	—	38875	100.0	1922	231164	231164	100.0	67492	29.2	163672	70.8
1904	38771	38771	100.0	—	—	38771	100.0	1923	170807	170807	100.0	97789	57.3	73018	42.7
1905	32314	32314	100.0	—	—	32314	100.0	1924	190124	190124	100.0	147972	77.8	42152	22.2
1906	50622	50622	100.0	—	—	50622	100.0	1925	193156	193156	100.0	139674	72.3	53482	27.7
1907	62148	62148	100.0	—	—	62148	100.0	1926	228352	216054	94.6	216054	94.6	—	—
1908	66410	66410	100.0	—	—	66410	100.0	1927	257945	253945	98.4	253945	98.4	—	—
1909	74405	74405	100.0	—	—	74405	100.0	1928	298119	287491	96.4	287491	96.4	—	—
1910	119396	119396	100.0	—	—	119396	100.0	1929	300675	286743	95.4	286743	95.4	—	—
1911	83337	83337	100.0	—	—	83337	100.0	1930	376080	373493	99.3	373493	99.3	—	—
1912	7989	7989	100.0	—	—	7989	100.0	1931	344749	335114	97.2	335114	97.2	—	—
1913	97513	97513	100.0	—	—	97513	100.0	1932	413391	394108	95.3	394108	95.3	—	—
1914	130000	130000	100.0	—	—	130000	100.0	1933	470565	436018	92.7	436018	92.7	—	—
1915	165969	165969	100.0	29438	17.7	136531	82.3	1934	520727	500087	96.0	500087	96.0	—	—
1916	199135	199136	100.0	49211	24.7	149924	75.3	1935	647974	626324	96.7	626324	96.7	—	—
1917	187635	187635	100.0	37971	20.2	149664	79.8	1936	669696	648096	96.8	648096	96.8	—	—
1918	158118	158118	100.0	44966	28.4	113152	71.6	1937	831143	811643	97.6	811643	97.6	—	—

资料来源：(1) 贷款栏（汉冶萍公司），1900~1922 年《中国铁矿志》；1923~1925 年，《第二次中国矿业纪要》，《中国矿业纪要》第二次，第 125 页；第三次纪要，第 297 页；第四次纪要，第 122 页；第五次纪要，第 181 页；第七次纪要，第 100 页。(3) 参加投资栏（一九三一年后为日本帝国主义军事占领，包括本溪湖、鞍山），1915~1936 年，东北经济小丛书，《钢铁》，第 77~79，82 页。(4) 总产量栏。

编者注：(1) 帝国主义势力控制下，参加投资者：鞍山、本溪湖两厂；贷款者：汉冶萍、保晋二铁厂、扬子(1921~1926)三厂；(2) 土法制生铁不包括在内。(3) 1926~1937 年全国总产量中，不属于帝国主义控制下产量，均为商办，包括扬子、保晋二铁厂、汉冶萍、焦作(1915~1931)、扬子(1921~1926)三矿。(2) 土法制生铁不包括在内。由总产量减去帝国主义控制下的合计额即得。

表 4－21　　　　　　　1912～1937 年间日本帝国主义对中国铁矿生产的垄断

年份	全国总产量（吨）	日本帝国主义控制下							
		合计		军事占领		参加投资		贷款	
		（吨）	占全国总产量百分比	（吨）	占全国总产量百分比	（吨）	占全国总产量百分比	（吨）	占全国总产量百分比
1912	221280	221280	100.0	—	—	—	—	221280	100.0
1913	459711	459711	100.0	—	—	—	—	459711	100.0
1914	505140	505140	100.0	—	—	—	—	505140	100.0
1915	595544	595544	100.0	—	—	51000	8.6	544544	91.4
1916	629456	629456	100.0	—	—	71753	11.4	557703	88.6
1917	639845	639845	100.0	—	—	98146	15.3	541699	84.7
1918	999019	999019	100.0	—	—	192942	19.3	806077	80.7
1919	1349846	1349846	100.0	—	—	442653	32.8	907193	67.2
1920	1336285	1336285	100.0	—	—	359928	26.9	976357	73.1
1921	1009542	1009542	100.0	—	—	294922	29.2	714620	70.8
1922	858916	858916	100.0	—	—	165863	19.3	693053	80.7
1923	1243226	1243226	100.0	—	—	231349	18.6	1011877	81.4
1924	1265732	1265732	100.0	—	—	220105	17.4	1045627	82.6
1925	1019021	1019021	100.0	—	—	203334	20.0	815687	80.0
1926	1033011	1023011	99.0	—	—	565985	54.8	457026	44.2
1927	1181235	1172235	99.3	—	—	630604	53.4	541631	45.9
1928	1474900	1464327	99.3	—	—	665000	44.4	809327	54.9
1929	2046996	2040759	99.7	—	—	985671	48.2	1055088	51.5
1930	1773536	1767851	99.7	—	—	832229	46.9	935622	52.8
1931	1840279	1828053	99.4	—	—	963529	52.4	864524	47.0
1932	1839212	1826212	99.3	1041613	56.6	—	—	784599	42.7
1933	1903466	1885966	99.1	1176643	61.8	—	—	709323	37.3
1934	2135031	2117031	99.2	1185031	55.5	—	—	932000	43.7
1935	2904457	2886457	99.4	1485100	51.1	150000	5.2	1251357	43.1
1936	2922180	2900180	99.2	1520000	52.0	150000	5.1	1230180	42.1
1937	3409991	3399991	99.7	2508302	73.5	150000	4.4	741689	21.8

资料来源：1912～1917 年数据来自《中国铁矿志》；1818～1937 年数据来自第一次至第七次《中国矿业纪要》。

编者注：（1）军事占领，指 1931 年后，日本帝国主义侵占的本溪、鞍山两矿；（2）参加投资，包括鞍山、本溪、金岭镇；（3）贷款（包括预购方式），包括汉冶萍、裕繁、宝兴、益华、振治、昌华、福民、利民、湖北官矿局各矿。（4）本表不包括土法采矿产量。

表 4-22　1922～1936年间中国部分工业品生产中帝国主义的垄断势力实数

年份	棉纱（包）中国	棉纱（包）外国	棉布（匹）中国	棉布（匹）外国	火柴（箱）中国	火柴（箱）外国	卷烟（箱）中国	卷烟（箱）外国	水泥（吨）中国	水泥（吨）外国	电力（百万度）中国	电力（百万度）外国
1922	926613	78893							266032	40013		
1923	1031549	454050							298021	50606		
1924	1163416	628268	2490575	510000					254034	102185		
1925									275931	88074		
1926	1233948	893435	4259666	4739704					388355	107510		
1927	1350188	825178	6009038	7758750					385647	112377		
1928	1461363	836262	6625544	8153994					430963	177081		
1929	1480919	919815	6854091	9325753					517419	237105		
1930	1427919	855979	8242740	11990970					465173	224995		
1931	1665044	667640	9548075	10573825			519156	356110	503173	184529	434	761
1932	1616809	656025	9039987	14425450	663298	82554	517990	685195	451703		531	891
1933	1595915	692442	(370617)	(628706)	649660	98358	558255	497979	498023		591	950
1934	1436692	587797	(358714)	(676861)	621289	79846	465023	641891	421596		663	906
1935	1446287	502929	(439676)	(779478)							773	951
1936												

资料来源：（1）棉纱、棉布数据自华商纱厂联合会历年出版之《中国纱厂一览表》，转见《中国棉纺织统计史料》，第6～7页，表11。（2）火柴数据自民国财政部税务署各项税收及统税物品销量统计，1931年数据自上海商业储蓄银行调查部编《烟与烟叶》，第181页；1933～1935年数据自民国财政部税务署相关税收及统税及统税物品销量统计。（3）卷烟，1911～1931数据自合众田《中国经济研究》下册，第656页；1933～1935，数据自民国财政部税务署相关项的税收及统税物品销量统计。（4）水泥（5）电力，1932～1936年数据为建设委员会统计，转见电气事业。

编者注：（1）各年只包括国民党统治区。（2）火柴，1933～1935年系销量数字。（3）卷烟，1933～1935年系销量数字。（4）水泥，1933～1935年系销量数字。（5）棉布，1934～1936年计量单位为千方码。

表 4-23　　　　　　　　1922~1936年间中国部分工业品生产中
帝国主义的垄断势力所占百分比

年份	棉纱 中国	棉纱 外国	棉布 中国	棉布 外国	火柴 中国	火柴 外国	卷烟 中国	卷烟 外国	水泥 中国	水泥 外国	电力 中国	电力 外国
1922	92	8							87	13		
1923									85	15		
1924	69	31							71	29		
1925	65	35	83	17					76	24		
1926									78	22		
1927	58	42	47	53					77	23		
1928	62	38	44	56					71	29		
1929	64	36	45	55					69	31		
1930	62	38	42	58					67	33		
1931	63	37	41	59			59	41	73	27		
1932	71	29	47	53							36	64
1933	71	29	39	61	89	11	43	57	100	—	37	63
1934	70	30	37	63	87	13	53	47	100	—	38	62
1935	71	29	35	65	89	11	42	58	100	—	42	58
1936	71	29	36	64							45	55

资料来源：根据表4-22计算。

编者注：中国、外国之和为指数100。

表 4-24　1906～1936 年间帝国主义在中国煤矿中的投资

		1906 年		1913 年		1919 年		1926 年		1936 年（一）[3]		1936 年（二）[4]	
		投资额（元）	占全国投资总额的百分比	投资额（元）	占全国投资总额的百分比	投资额（元）	占全国投资总额的百分比	投资额（元）	占全国投资总额的百分比	投资额（元）	占全国投资总额的百分比	投资额（元）	占全国投资总额的百分比
日本	合计	2420853	8.7	37187070	34.7	45002609	35.5	200358290	56.7	52467448	21.6	240677348	55.8
	外资	2420853	8.7	35000670	32.7	40740863	32.1	183238710	51.9	35145674	14.4	223355574	51.8
	中外合资	—	—	2186400	2.0	4261746	3.4	17119580	4.8	17321774	7.2	17321774	4.0
英国	合计	10864930	38.9	33905616	31.6	23805616	18.8	49981989	14.1	98095028	40.4	98095028	22.7
	外资	—	—	12465616	11.6	12465616	9.8	12465616	3.5	24304628	10.0	24304628	5.6
	中外合资	10864930	38.9	21440000	20.0	11340000	9.0	37516373	10.6	73790400	30.4	73790400	17.1
其他	合计	10396442	37.2	14281233	13.3	7943985	6.3	4500000	1.3	4500000	1.8	4500000	1.0
	外资	8697870	31.1	11357487	10.6	6020239	4.8	—	—	—	—	—	—
	中外合资	1698572	6.1	2923746	2.7	1923746	1.5	4500000	1.3	4500000	1.8	4500000	1.0
共计	合计	23682225	84.8	85373919	79.6	76753210	60.6	254940279	72.1	155062476	63.8	343272376	79.6
	外资	11118723	39.8	58822773	54.9	59227718	46.7	195704326	55.4	59450302	24.4	247660202	57.4
	中外合资	12563502	45.0	26550146	24.7	17525492	13.9	59135953	16.7	95612174	39.3	95612174	22.1
全国总投资额		27963379	100.0	107103426	100.0	126559653	100.0	353147036	100.0	242721932	100.0	430931832	100.0

资料来源：根据第一次至第七次《中国矿业纪要》，各省矿产志，各项煤矿调查报告，各省年鉴，及有关专著、杂志，并使用中国科学院经济研究所所藏档案（另有详细表格存该研究所）。

(1) 帝国主义控制各矿，1906 年，包括开平，本溪湖、博东，复兴、滦州、蔡罕、蚂蚁、森杉园、泾县，余干（内六河沟退出），另增中兴借款，及增鲁业、泰记、坊子南北煤矿合资公司，善子公司，（内临城列入，井陉列入，大同（内六河沟退出），另增城城及正丰、大同（一），包括 1926 年各矿（内六河沟退出），另增鲁业、泰记、坊子南北煤矿合资公司，善子公司（内临城列入，井陉列入，大同（二），1936 年（一）由 1936 年（二）加东北察乐、爱商，泰信，缸苍，复兴，北票，东原、金庆、奶子山、老头沟、抚顺、南昌、裕东、裕吉、1936 年（一），包括一百一十三单位；1936 年（一），包括一百一十八单位，1936 年（二），（加人东北二十三单位，仍分别列入）计一亿八千八百二十万九千九百元。

编者注：(1) 各矿历年资本，均尽量依本表所列关键年代调查数字，亦依上下年数字，无法找到者，系指额定资本，如有实际投资材料，但不引用实际投资产额。中外合资一项，内约包括一半华资。因中外合资者，实际资本运用及管理权，全受外国人控制，故未将华资抽出。如大新大兴煤矿，名又中日合资，实际华资乃日人贷款。外资一项完全为外人投资者，并包括对华资各种贷款。(2) 计计单位，在 1926 年前省银元，1936 年省法币，银两均依每年零点七一五两折合一元计算。(3) 1936 年第一部分的统计数字不包括东北沦陷区。(4) 1936 年第二部分统计数包括东北沦陷区。

表 4-25　　1897～1947 年间中外资本纱厂纱锭、线锭、布机统计

年份	纱锭数（枚）华厂	纱锭数（枚）外厂	线锭数（枚）华厂	线锭数（枚）外厂	布机数（台）华厂	布机数（台）外厂	年份	纱锭数（枚）华厂	纱锭数（枚）外厂	线锭数（枚）华厂	线锭数（枚）外厂	布机数（台）华厂	布机数（台）外厂
1897	234304	160548	—	—	—	—	1918	647570	486858	—	—	3502	2736
1898	306180	160548	—	—	—	—	1919	658748	577010	16436	—	2650	3839
1899	336722	160548	—	—	2016	—	1920	842894	607946	14000	2100	4310	4139
1900	336722	160548	—	—	2016	—	1921	1248282	631466	58272	—	5825	4139
1901	336722	160548	—	—	2016	—	1922	1506634	879694	38072	—	6767	5786
1902	312810	184460	—	—	2016	—	1924	1750498	1183244	33048	—	9481	6792
1903	316678	184460	—	—	2016	—	1925	1866232	1473496	41272	58744	11121	9553
1904	341028	184460	—	—	2016	—	1927	2018588	1497294	65470	77632	12109	11973
1905	355588	184460	—	—	2016	—	1928	2059088	1550592	68352	117544	13117	12701
1906	380780	204852	—	—	2016	—	1929	2146152	1615480	68920	185484	15205	13367
1907	417316	215388	—	—	2016	—	1930	2345074	1757004	70420	233504	15718	16034
1908	439236	221668	—	—	2016	—	1931	2453304	1886402	113338	232236	17629	18674
1909	469588	215844	—	—	2016	—	1932	2625413	1973944	135860	272700	19081	20483
1910	497448	215844	—	—	2316	—	1933	2742754	1988392	143042	297412	20926	21908
1911	497448	238884	—	—	2316	—	1934	2807391	2131440	144045	299812	22567	24497
1912	499348	238884	—	—	2316	—	1935	2850745	2171652	157734	346716	24861	27148
1913	484192	338960	—	—	2016	1986	1936	2746392	2356404	173316	358954	25503	32936
1914	544780	464976	—	—	2300	2310	1947	4376287	45260	351053	—	53779	24

资料来源：(1) 1894～1913 年见中平《中国纱厂沿革表》，并参考《中国棉业之发展》第五章。其中宁波通久源纱厂成立于 1896 年，严著促定为 1897 年，兹加以订正。凡中外合资者，其设备按中外各半计算；惟 1910 年华字公益纱厂初开时外资甚少，其设备全计人华厂项下，1913 年卖归英国时，始计入外厂项下。(2) 1914 年见奥懋尔《中国工业的前途》，载《中国的更生》，1915 年，第 62～66 页，大陆报版。(3) 1918～1936 年，根据华商纱厂联合会材料编成，其中 1919 年，1922～1929 年，均经订正。(4) 1947 年以全国纺织联合会 1947 年 12 月调查，1948 年 6 月出版之《中国纱厂一览表》，转见《中国棉纺统计史料》，第 65～70 页，表 70～77 之"已开"数字。其中有纱锭一百六十四万六千三百九十三枚，线锭二十三万二千一百三十枚，布机三万二千二百二十二台，为官僚资本之中纺公司所有。

编者注：表中数字，系实际开工之数目。

表 4-26　　1897～1947 年间中外资纱厂纱锭、线锭、布机所占比重统计

年份	纱锭 华资厂	纱锭 外资厂	线锭 华资厂	线锭 外资厂	布机 华资厂	布机 外资厂
1897	59.3	40.7	—	—	100.0	—
1898	65.6	34.4	—	—	100.0	—
1899	67.7	32.3	—	—	100.0	—
1900	67.7	32.3	—	—	100.0	—
1901	67.7	32.3	—	—	100.0	—
1902	62.9	37.1	—	—	100.0	—
1903	63.2	36.8	—	—	100.0	—
1904	64.9	35.1	—	—	100.0	—
1905	65.8	34.2	—	—	100.0	—
1906	65.0	35.0	—	—	100.0	—
1907	66.0	34.0	—	—	100.0	—
1908	66.5	33.5	—	—	100.0	—
1909	68.5	31.5	—	—	100.0	—
1910	69.7	30.3	—	—	100.0	—
1911	67.6	32.4	—	—	100.0	—
1912	67.6	32.4	—	—	100.0	—
1913	58.8	41.2	—	—	50.4	49.6
1914	54.0	46.0	—	—	49.9	50.1
1918	57.1	42.9	—	—	56.1	43.9
1919	53.3	46.7	88.7	11.3	40.8	59.2
1920	58.1	41.9	100.0	—	51.0	49.0
1921	66.4	33.6	100.0	—	58.5	41.5
1922	63.1	36.9	100.0	—	53.9	46.1
1924	59.7	40.3	100.0	—	58.3	41.7
1925	55.9	44.1	41.3	58.7	53.8	46.2
1927	57.4	42.6	45.8	54.2	50.3	49.7
1928	57.0	43.0	36.8	63.2	50.8	49.2
1929	57.1	42.9	27.1	72.9	53.2	46.8
1930	57.2	42.8	23.2	76.8	49.5	50.5
1931	56.5	43.5	32.8	67.2	48.6	51.4
1932	57.1	42.9	33.3	66.7	48.2	51.8
1933	58.0	42.0	32.5	67.5	48.9	51.1
1934	56.8	43.2	32.5	67.5	47.9	52.1
1935	56.8	43.2	31.3	78.7	47.8	52.2
1936	53.8	46.2	32.6	67.4	43.6	56.4
1947	99.0	1.0	100.0		100.0	*

资料来源：根据表 4-25 实数计算。

编者注：(1) 华资厂与外资厂比例数字和为 100。(2) 1947 年外资厂布机所占比重不及 0.05%。

表 4-27　1890~1932 年间帝国主义在中国棉纺业里的投资

投资机构	时期	被投资的中国纱厂	投资方式	投资额	投资的结果
英国汇丰银行	1890	武昌湖北织布局	借款	160000 两[1]	1911 年前曾一度租与汇丰某买办所组织之应昌公司承办
日本大仓组	1912	南通大生三组	?	200000 两[3]	
日本中日实业	1917	上海申新纱厂	借款	400000 元[2]	
日本中日实业	1917	天津华新纱厂	借款	500000 日元[2]	1936 年由申渊收买
日本中日实业	1919	济南鲁丰纱厂	借款	600000 日元[3]	
英国沙逊洋行、安利洋行	1920 以后	汉口第一纱厂	借款	3000000 元[1]	1929 年被沙逊行接管
日本慎昌洋行	1920 以后	郑州豫丰纱厂	借款	2000000 元[1]	因无力偿债务被接管
日本大仓组	1921	天津裕元纱厂	借款	2900000 日元[3]	1936 年卖与钟渊
日本东洋拓殖	1921	天津裕大纱厂	借款	3947778 元[3]	1925 年被东拓收买经营
日本东亚兴业	1921	上海宝成一、二厂	合办	5000000 日元[3]	1925 年被拍卖
英国庚兴洋行	1921	上海崇信	借款	500000 两[1]	
日本东亚兴业	1922	上海申新纱厂	借款	3500000 日元[3]	
日本东亚兴业	1922	上海华丰纱厂	借款	1000000 日元[3]	1926 年为日华收买
日本东亚兴业	1922	上海大中华纱厂	借款	1500000 两[3]	
英国汇丰银行	1922	崇明大生纱厂	借款	1800000 两[3]	大生二厂 1935 年被拍卖
美国慎昌洋行	1922	天津宝成第三纱厂	借款	3000000 元[1]	因无力偿还机价被接管
英国庚兴洋行	1927	上海统益一、二厂	委托经营无限制垫款	不详[1]	
英国汇丰银行	1929	上海申新七厂	借款	2000000 元[1]	1935 年被拍卖，未成功
日本华纺织会社	1932	唐山华新纱厂	合办	3000000 元[1]	1936 年由日本厂商接办

资料来源：（1）严中平：《中国棉业之发展》，第 79、162~163、198 页；《中国纱厂沿革表》。（2）《中日实业株式会社三十年史》。（3）中国科学院经济研究所所藏档案，其中大生纱厂 1912 年借款系该年结余额，大中华纱厂借款一说并未成立。（4）乐农自订行年纪事。

代投资额。（2）《中日实业株式会社三十年史》。（3）中国科学院经济研究所所藏档案，其中汉口第一纱厂，天津宝成三厂，郑州豫丰纱厂，以资本额生：《乐农自订行年纪事》。

表 4-28　1897～1936 年间帝国主义兼并中国纱厂情况

年份	被兼并之纱厂	被兼并时纱锭数（枚）	兼并者	兼并方式
1897	上海裕晋	15000	协隆纱厂	由协隆收买，后者因积欠道胜银行三十八万两，于1901年被追拍卖
1902	上海兴泰	23912	日本三井物产会社	成立之次年，即为以三井物产会社上海支店长山本条太郎为中心之日商买去
1906	上海大纯	20392	日本三井物产会社	亦为山本收买，与兴泰合并，改称上海纺织第二厂
1908	上海九成	9424	日本棉花会社	原为中日合资，开业不久即被归并，改名日信
1918	上海裕源	26936	日本内外棉纺织会社	当时资产总值一百零四万两，以八十二万两出卖
1921	上海公益	25676	英国怡和洋行	先是厂长利用怡和洋行推广销路，让一部分股份与怡和，成为中英合资，1921年后全归怡和
1923	郑州豫丰	50000	美国慎昌洋行	因债务关系，归慎昌经营，名义上为"租办"
	天津宝成	25000	美国慎昌洋行	成立之次年，因机价未能清偿，归慎昌经理，1931年始收回
1925	天津裕大	30000	日本东洋拓殖会社	接收营业，清偿债务，订期十二年
	上海宝成一厂	41172	日本东亚兴业会社	抵押借款，到期末还，被拍卖
	上海宝成二厂	69952	日本东亚兴业会社	
1926	上海华丰	25600	日本日华洋行	1924年归日华接管，1926年收买
1927	上海统益一、二厂	44544	英国庚兴洋行	委托管理
1929	汉口第一	88160	英国安利洋行	由第一债权人沙逊洋行租予安利洋行接办
1931	上海三新	69000	英国汇丰银行	收买其地基厂房，作价四百五十万两，后以五百四十万两转售予大来公司
1932	上海崇信	34000	英国庚兴洋行	原为中英合资，英股占三分之一，后为庚兴全部兼并
1936	唐山华新	26800	日本东洋纺织会社	由东纺投资三百万元，名为合办，1936年为日方接收
	上海振华	13548	日本内外棉纺织会社	收买纱锭
	上海同昌	11500	日本内外棉纺织会社	收买纱锭
	天津宝成第三	27028	日本东洋拓殖会社及日本大阪伊藤忠商事会社	因厂主无力清偿债务，由债权人拍卖，被东拓及伊藤组之天津纺织公司买去
	天津裕元	71360	日本大仓洋行	因积欠大仓洋行三百七十万元，被拍卖与日本钟纺，改称公大六厂
	天津华新	30272	日本钟渊纺织会社	原资本二百四十二万三千九百元，以一百二十万元出卖，改称公大七厂
纱锭合计		774576		

资料来源：根据严中平《中国纱厂沿革表》（1890～1937年）及历次《中国纱厂一览表》编制。

表 4-29　1912~1937 年间中国主要金属矿产量及净出口量

（单位：吨）

年份	钨砂 产量	钨砂 净出口	纯锑 产量	纯锑 净出口	锡锭块 产量	锡锭块 净出口	汞 产量	汞 净出口	铁砂 产量	铁砂 净出口
1912	3262		15992		9695	6351	7	—	221280	204579
1913			15790		9305	5194	4	—	459711	273794
1914			27346		8142	3250	41	38	505140	288577
1915			21870		8928	5481	188	30	595544	303984
1916			19933	24629	8549	4519	179	158	629456	252954
1917		1686	33444	30702	12750	9242	262	244	639845	281106
1918	9872	9479	16945	15672	9731	7104	300	290	999019	362935
1919	5767	2379	9172	7931	9744	1879	141	45	1349846	603063
1920	6856	4223	15618	13495	12368	8266	83	17	1336285	662632
1921	7452	2381	13102	14902	7174	1618	98	54	1009542	508948
1922	7819	3472	14593	14082	10081	6084	18	2	858916	671012
1923	5517	4046	16347	14636	8979	4504	25	—	1243226	736112
1924	6019	3043	12977	12199	8030	3640	3	—	1265732	851731
1925	7474	5962	18383	19809	9936	5600	408	—	1019021	*822161
1926	8195	7098	20065	20170	10347	3319	100	—	1033011	*525260
1927	8500	5034	20211	17287	9684	2613	74	—	1181235	*501730
1928	8080	7360	20315	18516	7767	3221	68	—	1474900	*924695
1929	9864	8867	21233	22590	7652	3557	25	—	2046996	*979434
1930	6844	8724	17963	17492	7334	3322	41	—	1773536	*849033
1931	6686	6914	14428	9498	8778	2424	23	—	1840279	*594138
1932	2245	2076	14030	11360	7370	1862	3	—	1839212	*559831
1933	5789	5539	14156	12200	8492	9402	26	—	1903466	*592984
1934	6406	4707	16326	14579	8126	6338	101	—	2135031	856061
1935	14541	7383	15899	16445	9625	9130	45	—	2904457	1314325
1936	9763	7050	15600	14930	12810	11195	85	—	2922180	1301038
1937	13991	16518	14951	12520	13004	13077	61	39	3409991	586530

资料来源：(1) 钨砂产量：1918~1925 年数字据《十年来中国经济》，中册，第 K4 页；1916 年、1926~1928 年数字据《中国矿业纪要》，第三次，第 308 页；1929~1931 年数字据《中国矿业纪要》，第四次，第 143 页；1932~1934 年数字据《十年来中国之矿冶工程》，第 11 页；1918~1922 数字据《中国矿业纪要》，第五次，第 208 页；1935~1937 年数字据《中国矿业纪要》，第七次，第 120 页；钨砂净出口：1917 年数字据《十年来之中国经济》，中册，第 K7 页；纯锑净出口数字据历年海关报告。(2) 纯锑产量数字据《十年来海关报告》，第 148 页；1923~1937 年数字据《十年来之中国经济》，中册，第 K7 页；纯锑净出口数字据历年海关报告。(3) 锡锭块产量：1912~1925 年数字据《中国实业志》，1926~1936 年数字据《中国实业纪要》，第一次至第七次；锡锭块净出口数字据历年海关报告。(4) 汞产量数字据《十年来之中国经济》，第 K13 页；汞净出口数字据历年海关报告。(5) 铁砂产量：同表 4-21。铁砂净出口数字不详，无法减去，只为出口数字。

编者注：(1) 纯锑净出口量系全部的锑量，以纯锑量为百分之九十九，生锑为百分之七十，锑砂为百分之三十三计算合计。(2) 净出口，系出口减去进口之数字。(3) 铁砂 1925 年~1933 年进口数字不详，无法减去进口之数字。

表 4-30

1896~1937 年间中国钢铁产量及进口量的比较

(单位：吨)

年份	产量 合计	产量 生铁	产量 钢	人口(1)	人口量相当产量的倍数	年份	合计	生铁	钢	人口	人口量相当产量的倍数
1896	—	—	—	123006	—	1917	400966	358315	42651	123268	0.3
1897	—	—	—	66317	—	1918	385794	328798	56996	149117	0.4
1898	—	—	—	108812	—	1919	442594	407743	34851	325158	0.7
1899	—	—	—	87004	—	1920	497808	429548	68260	368622	0.7
1900	25890	25890	—	64360	—	1921	476213	399413	76800	272782	0.6
1901	28805	28805	—	77908	2.5	1922	431844	401844	30000	364875	0.8
1902	15800	15800	—	82185	2.7	1923	371487	341487	30000	309817	0.8
1903	38875	38875	—	119769	5.2	1924	390804	360804	30000	493624	1.3
1904	38771	38771	—	127824	3.1	1925	393836	363836	30000	405266	1.0
1905	32314	32314	—	174830	3.3	1926	437222	407222	30000	433582	1.0
1906	50622	50622	—	181120	5.4	1927	466815	436315	30000	389061	0.8
1907	70686	62148	8538	154537	3.6	1928	506989	476089	30000	624898	1.2
1908	89036	66410	22626	142665	2.2	1929	456043	436043	20000	634192	1.4
1909	113405	74405	39000	256173	1.6	1930	513306	498306	15000	527428	1.0
1910	169509	119396	50113	259064	2.3	1931	485879	470879	15000	557628	1.1
1911	121977	83337	38640	219092	1.5	1932	568391	548391	20000	431000	0.8
1912	180510	177989	2521	151276	1.8	1933	639272	609272	30000	528567	0.8
1913	310150	267513	42637	244739	0.8	1934	705727	655727	50000	622408	0.9
1914	355850	300000	55850	230551	0.8	1935	1043626	787061	256565(2)	632670	0.6
1915	385016	336649	48367	125658	0.6	1936	1224311	809996	414315	649219	0.5
1916	414858	369815	45043	145847	0.3	1937	1515030	958683	556347	644077	0.4

资料来源：(1) 第二次至第五次及第七次《中国矿业纪要》；《东北经济统计》。钢铁。(2) 生铁：见表 4-9。(3) 进口量：历年海关报告。

编者注：(1) 海关册进口量，铁及钢系合并记载。(2) 1935 年以后钢产量突增系日本占领下的东北新设钢厂开工。

表 4-31　　　　　　　　　1938～1945 年间日本帝国主义对中国煤铁资源的掠夺

（单位：吨）

年份	铁矿石	生铁	煤
1938		868485	27451968
1939	4502222	1064221	36578974
1940	5317159	1118833	44453465
1941	7559917	1452983	56275591
1942	9894561	1706673	59208409
1943	10654235	1818517	50075141
1944	7949346	1370000	48280463
1945	426245	176138	23918000

资料来源：(1) 铁矿：《东北经济统计》，③—53 表二；《海南岛资源之开发》，第 129～130 页（单位折成公吨）；《中国经济年鉴·矿业》，第 19 页；第七次《中国矿业纪要》，第 100 页；《东北经济小丛书》，《钢铁》，第 30 页；《社会科学杂志》10 卷，1 期，第 37 页，表十九。(2) 生铁：《东北经济小丛书·钢铁》，第 82 页；《东北经济统计》，③—58 附表，数字与《东北经济小丛书·钢铁》不同者，依本书校正；《北支那开发株式会社并关系会社事业概况》（本社编印）：昭和十八年第 139 页，昭和十九年第 127 页。(3) 煤：1938～1942 年，见各次《中国矿业纪要》；1943～1944 年，《东北国营煤矿年鉴》；《社会科学》杂志 10 卷 1 期，第 47 页，《战时华北矿业》，附表；及《中国经济年鉴》，矿业，第 18 页（丙）华中区；1945 年，《中国经济年鉴》，第 18 页。

编者注：1944 年生铁产量只计有日本华北制铁会社半年的产量，其中大型炉三厂共三万八千零六十七吨，小型炉各地共六万一千五百六十二吨，兹将全年大小型炉共估计为十九万五千吨。

表 4-32　1936~1938 年间日本帝国主义对沦陷区中国纱厂的掠夺

纱厂名	纱锭数（枚）	掠夺者	掠夺方式	纱厂名	纱锭数（枚）	掠夺者	掠夺方式
榆次晋华	41744	东洋纺织会社	军事管理	上海申新第七厂	59848	钟渊纺织会社	委任经营
卫辉华新	22400	东洋纺织会社	军事管理	苏州苏纶	51368	内外棉纺织会社	委任经营
济南成大	28016	东洋纺织会社	军事管理	大仓利泰	26608	内外棉纺织会社	委任经营
新绛大益成	18480	上海纺织会社	军事管理	上海申新第六厂	73000	上海纺织会社	委任经营
新绛雒稀	8400	上海纺织会社	军事管理	无锡振新	32024	上海纺织会社	委任经营
太原益晋		上海纺织会社	军事管理	上海申新第五厂	49588	上海纺织会社	委任经营
祁县益晋	25824	钟渊纺织会社	军事管理	上海鼎鑫	28592	东洋纺织会社	委任经营
安阳广益	6000	钟渊纺织会社	军事管理	上海仁德	17088	东洋纺织会社	委任经营
太原晋生	30144	钟渊纺织会社	军事管理	上海永安第四厂	5569[7]	东洋纺织会社	委任经营
石家庄大兴	33504[1]	钟渊纺织会社	军事管理	上海永安第一厂	89460[8]	东洋纺织会社	委任经营
济南仁丰	50000[2]	钟渊纺织会社	军事管理	杭州三友	20360	东洋纺织会社	委任经营
彰德豫安	30000[3]	丰田纺织会社	军事管理	芜湖中一	18400	丰田纺织会社	委任经营
济南成通	6592	丰田纺织会社	军事管理	上海纬通	33024	丰田纺织会社	委任经营
武胜巨兴	54544	大日本纺织会社	委任经营	嘉定嘉丰	14000[9]	丰田纺织会社	委任经营
上海恒丰	13928	大日本纺织会社	委任经营	上海达丰	25500	丰田纺织会社	委任经营
上海振华	71488[4]	大日本纺织会社	委任经营	上海永安第一厂	48160[10]	丰田纺织会社	委任经营
无锡庆丰	17392	大日本纺织会社	委任经营	无锡广勤	23040	（不详）	委任经营
江阴利用	40600[5]	同兴纺织会社	委任经营	上海上海	15260	（不详）	委任经营
无锡丽新	29952	同兴纺织会社	委任经营	无锡业勤	21600	（不详）	委任经营
上海大丰		钟渊纺织会社	委任经营	上海申新第一厂	72476	（不详）	委任经营
上海大华	92520	钟渊纺织会社	委任经营	上海申新第八厂	50400	（不详）	委任经营
南通大生第一厂	21020	钟渊纺织会社	委任经营	其他			
崇明大通	20104[6]	钟渊纺织会社	委任经营				
崇明富安							

资料来源：《沦陷区经济概览——工业编》，页 A. 5504、5508。纱锭数，《纱厂一览表》，为 1936 年统计数。

编者注：(1) 济南仁丰纱厂有六千七百二十枚为 1937 年抗战前拟添数。(2) 彰德豫安纱厂有五万枚为 1937 年抗战前拟添数。(3) 济南成通纱厂有一万枚为 1937 年抗战前拟添数。(4) 无锡庆丰纱厂有六千一百二十枚为 1937 年抗战前拟添数。(5) 无锡丽新纱厂有四千二百枚为 1937 年抗战前拟添数。(6) 崇明富安纱厂有五百枚为 1937 年抗战前拟添数。(7) 上海永安第二纱厂有二万二千枚为 1937 年抗战前拟添数。(8) 上海永安第四纱厂有二万枚为 1937 年抗战前拟添数。(9) 嘉定嘉丰纱厂有二千枚为 1937 年抗战前拟添数。(10) 上海永安第一纱厂有一万枚为 1937 年抗战前拟添数。

表 4-33　　1933~1944 年间日本占领下中国东北主要工业的产量及其指数

以 1933 年为指数 100

	1933 年 数量	指数	1937 年 数量	指数	1941 年 数量	指数	1943 年 数量	指数	1944 年 数量	指数
煤（千吨）	10888	100	14387	132	24632	226	25398	233	26527	244
电力（百万度）	212	100	1600	755	3500	1651	4500	2123	4500	2123
生铁（千吨）	433	100	810	187	1390	321	1700	393	1180	273
钢（千吨）	20	100	520	2600	580	2900	870	4350	470	2350
水泥（千吨）	543	100	860	158	1160	214	1500	276	1140	210
火柴（千箱）	362	100	402	111	442	122	421	116	?	?
棉纱（千包）	88	100	174	198	145	165	160	182	95	108
棉布（千匹）	4350	100	5530	127	4660	107	4550	105	2680	62
麻袋（千条）	4000	100	11240	281	9370	234	7380	185	6150	154
面粉（千袋）	9000	100	28670	319	14390	160	15250	169	?	?
卷烟（千箱）	200	100	294	147	241	121	240	120	?	?

资料来源：（1）1933 年，煤据第五次《中国矿业纪要》，第 64 页；电力据《中国国民所得》，1933 年，下册，第 68~69 页；生铁，水泥据第五次《中国矿业纪要》；钢据《中国国民所得》，1933 年，上册，第 53 页，以全国产量五分之四为东北产量；棉纱、棉布、麻袋据英文版《日满年鉴》，1936 年，第 835 页；火柴，系 1930 年数字，据《满洲产业统计》，昭和五年，第 51 页；面粉据《满铁调查月报》19 卷 9 期，第 162 页；卷烟据《中国国民所得》，1933 年，下册，第 135 页。（2）1937 年至 1944 年，据伪满时期《东北经济统计》，页（2）—3、（3）—69。

表 4-34　1936~1944 年间日本占领下中国华北主要工业品的产量

产品 \ 年份	1936	1937	1938	1939	1940	1941	1942	1943	1944
煤（千吨）	16733	13267	10093	14677	18008	23247	24239	21963	20397
生铁（吨）	5000	8000	3000	39000	50000	61000	90000	125000	218000
钢（吨）	—	—	—	—	—	12814	45594	28718	8322
水泥（吨）	207000	173000	181500	233686	328673	290315	339812	292141	260974
电（百万度）	221	180	120	144	221	242	429	599	679
纯碱（吨）	40000	13580	24945	25408	37334	38306	38592	33066	20000
烧碱（吨）	4000	4000	—	2154	4241	4329	4264	3450	729
硫酸（吨）	122	260	300	1130	977	557	489	194	657
盐酸（吨）	—	—	—	95	136	169	176	177	180
酒精（千加仑）	169	76	71	198	352	552	712	726	1355
焦油（吨）	1793	727	800	936	937	1279	1134	2263	2263
电石（吨）	—	—	—	—	—	494	1703	1864	4382
棉纱（千包）	469	380	262	223	234	236	201	200	180
毛线（吨）	785	376	408	318	266	130	100	70	40
面粉（千袋）	20356	13034	8159	14249	12161	15239	10095	10000	9000

资料来源：(1) 煤：佟哲晖，《战时华北矿业》，《社会科学》杂志第 10 卷第 1 期。(2) 生铁：根据华北开发公司未发表之统计；1941 年并参阅民国三十三年《华北工场名簿》（油印本），1941 年以前无生产。(3) 钢：华北开发公司未发表之统计，1941 年系根据北支甲一八零零部队之统计，参阅《北支主要工场及事业生产实绩一览表》；1936～1939 年系根据北支经济调查所之统计，1940 年系根据《北支工场仁于ける工场生产调查》（其一），第 107 页；1942 年除察、绥外均系根据日本驻中大使馆之调查，绥远系生产以前度之数字代替。(4) 水泥：察、绥疆银行之统计，第 43 页；1941 年除察哈尔、蒙疆外，均同 1940 年，参阅《北支工场名簿》；1943 年系根据和田宪夫之统计，参阅《华北化学工业统计》；1944 年系根据和田宪夫《华北化学工业统计》所记载之数字得出。(5) 电：1936 年系估计数字；1937 年、1938 年系根据 1939 年计算方法同上，计天津、冀东、芝罘、齐鲁、胶澳、胶济五公司发电容量为十四万七千一百七十千瓦小时（参阅《北支五省电气事业》），约如上数；其他电厂容量为手算。1940 年、1941 年两省之资料来源如下：冀东、芝罘、齐鲁、公司发电量约为一百万千瓦小时；并北支那开发株式会社，发电量合如上数，计北支那开发株式会社，关系会社概况》，1940 年，1941 年两年之资料来源如下：蒙绥电厂发电量，1940 年占华北电业公司《华北电业》六电业公司之容量为九千瓦小时，合计全体发电容量约为九万三千七百一十八千瓦小时，华北电业公司以外各电厂发电量参见《华北电业》，蒙绥区以外电厂参阅《华北电业公司综合经营计划》。容量百分之一百二，计北支那开发株式会社，并北支那开发株式会社，发电量合如上数，1941 年、华北电业公司以外电厂计划并实绩累年比较表》；1939 年根据华北开发公司未发表之实绩，蒙绥区以外电厂参阅《北支电业综合经营报告》。容量百分之四十六，1941 年占百分之一。1942~1944 年资料来源如下：蒙绥电厂；1938 年无生产。(6) 纯碱：1936 年、1937 年参阅《北支工场主要工场及事业生产实绩一览表》；1943 年～1939 年参阅《北支化学工业统计》；1940 年、1941 年参阅《北支工场名簿》，第 105，233 页；1940 年，1941 年参阅《北支工场名簿》，参阅《北支主要工场及事业生产实绩一览表》；1942 年参阅《北支化学工业统计》；1944 年根据华北开发公司统计，参阅《北支主要工场及事业生产实绩一览表》。(7) 烧碱参阅《北支化学工业统计》。(8) 硫酸：1936~1939 年参见《北支化学工业统计》；1940 年，1941 年参阅《北支工场及事业发展》，及《华北化学工业》。(9) 盐酸：资料来源同"纯酸"项；1939 年及事业发展，战时华北数字；1944 年系根据华北开发公司目标并实绩累年比较表。(10) 焦油：1941~1943 年参阅《北支工场统计》；1939 年系估计数字，参阅《关系会社事业生产实绩一览表》；1940 年、1941 年参阅《北支化工矿场生产实绩》；1944 年参阅民国三十三年《华北工场名簿》。蒙疆资料主要工场及事业生产实绩一览表；1938 年无生产。(11) 电石：1941~1944 年参阅《北支化学工业统计》。(12) 电石：1941~1943 年参阅《战时华北数字》，1944 年参阅《北支主要工场及事业生产实绩一览表》。(13) 棉纱：1936~1938 年根据昭和十七年《北支工场统计计算》，原为三万七千四百五十四吨，每包以一百八十六公斤计算，合如上数；1940 年以后系估计数字。(14) 毛线：1936~1939 年参阅《北支主要工场及事业生产实绩一览表》；1940 年，1941 年，参阅昭和十七年《北支工场统计》；1943 年除察绥疆外均系根据昭和十七年《北支物资需给调查第一次概况报告》；1940 年，1941 年，参阅《北支蒙疆主要工场生产实绩一览表》；1942 年后系估计数字。(15) 面粉：《北支工场统计》，原为二十一万三千三百零五吨，依每袋二十二点二公斤计得出，察绥区系根据北支蒙疆银行之调查估计得出；1943 年后系估计数字。

表 4-35　　1936～1944 年间日本占领下中国华北十五种工业品的生产指数

以 1936 年为指数 100

年份 产品	1936	1937	1938	1939	1940	1941	1942	1943	1944
煤（千吨）	100	79	60	88	108	139	145	131	122
生铁（吨）	100	160	60	780	1000	1220	1800	2500	4360
钢（吨）	—	—	—	—	100	356	224	65
水泥（吨）	100	84	88	113	159	140	164	141	126
电（百万度）	100	82	54	65	100	110	194	271	308
纯碱（吨）	100	34	62	64	93	96	96	83	50
烧碱（吨）	100	100	—	54	106	108	107	86	18
硫酸（吨）	100	213	246	926	801	457	401	159	539
盐酸（吨）	—	—	—	100	143	178	185	186	189
酒精（千加仑）	100	45	42	117	208	327	421	430	802
焦油（吨）	100	41	45	52	52	71	63	126	126
电石（吨）	—	—	—	—	—	100	345	377	887
棉纱（千包）	100	81	56	48	50	50	43	43	38
毛线（吨）	100	48	52	41	34	17	13	9	5
面粉（千袋）	100	64	40	70	60	75	50	49	44

资料来源：根据表 4-34 计算。
编者注：盐酸以 1939 年为 100，钢及电石以 1941 年为 100。

表 4-36　1893~1940 年间开滦煤矿、上海电力公司、怡和纱厂账面盈利

年份	开滦煤矿 盈利(元)	开滦煤矿 指数	上海电力公司 盈利(元)	上海电力公司 指数	怡和纱厂 盈利(元)	怡和纱厂 指数
1893	—	—	5984	100	—	—
1894	—	—	6846	114	—	—
1895	—	—	1950	33	—	—
1896	—	—	7653	128	—	—
1897	—	—	25324	423	57708	100
1898	—	—	22703	379	74249	129
1899	—	—	21190	354	167832	291
1900	—	—	30237	505	165201	286
1901	—	—	24889	416	146126	253
1902	—	—	49405	826	131938	229
1903	—	—	44213	739	100231	174
1904	—	—	50636	846	1848	3
1905	—	—	69200	1156	393309	682
1906	—	—	92497	1546	510470	885
1907	—	—	148064	2474	64766	112
1908	—	—	233338	3899	157422	273
1909	—	—	228922	3826	429726	745
1910	—	—	266200	4449	296986	515
1911	—	—	291117	4865	487691	845
1912	2937645	100	333463	5573	772417	1338
1913	4601638	157	361660	6044	530550	919
1914	5336074	182	522632	8734		
1915	5166190	176	751664	12561		
1916	5815037	198	931973	15574		

年份	开滦煤矿 盈利(元)	开滦煤矿 指数	上海电力公司 盈利(元)	上海电力公司 指数	怡和纱厂 盈利(元)	怡和纱厂 指数
1917	8014706	273	1188317	19825		
1918	7969584	271	1016227	16982		
1919	11179264	381	1198062	20021		
1920	9931389	338	1804365	30153		
1921	7144214	243	2606449	43557		
1922	8722571	297	3192393	53349		
1923	10292097	350	3967776	66306		
1924	5847189	199	4425646	73958		
1925	5499607	187	4310015	72026		
1926	8959958	305	5509845	92076		
1927	11557047	394	5617824	93881		
1928	9233999	314	7011951	117178		
1929	9230908	314				
1930	8129949	277				
1931	10027866	341			3650959	6327
1932	4943021	168			2476406	4291
1933	3836058	131			676601	1172
1934	3799213	129	6623539	110687	472273	818
1935			6320869	105629	284320	493
1936			6147928	102739	1021253	1770
1937			3866366	64612	2716917	4708
1938					6180613	10710
1939					10983295	19033
1940					16162566	18007

资料来源：(1) 开滦煤矿：满铁调查会编《开滦炭矿资料》，1936 年 8 月，第 156~158 页。 系将总利润除去折旧（毛利百分之十二），再加上税捐及报效（系将每吨税捐及报效乘该年产量）之数字。(2) 上海电力公司：1893~1928 年，《上海市公用局业务报告》(年刊)，转见统计表中之上海，第 66 页。1934~1937 年，《诸外国の对支投资》，中册，第 298 页。1893~1902 年，原统计盈利中包括折旧费，已按七点一十五两折合一千元之比价换算为元。1893~1928 年，Shanghai Municipal Report (年刊)；原统计单位为两，今按七点一十五两折合一千元之比价换算为元。(3) 怡和纱厂：1897~1914 年，各年《北华捷报》。1931 年，《中华民国实业名鉴》，第 485 页。1932~1940，《经济研究》3 卷 7 期。1942 年；并参阅《诸外国の对支投资》，中册，第 22 页。

编者注：开滦煤矿以 1912 年为指数 100。上海电力公司以 1893 年为指数 100。怡和纱厂以 1897 年为指数 100。开滦煤矿 1931 年后盈利低减系由日本所占托顺煤矿与之竞争之故。

（三）中国工业中的官僚资本

官僚资本在中国工业中的垄断，特别是在国民政府统治的后期，是扼杀中国工业的一个重要因素。本节各表，由于材料的限制，只能就主要的方面，作出一些必要的统计。

表4-37是以煤矿为例，说明从北洋政府统治时期，官僚资本在煤矿业中的势力的变动。从这里可以看出：中国的煤矿，除了帝国主义控制的以外，主要是由官僚资本所控制。表4-38、表4-39两表进一步以官僚资本经营下的中兴煤矿为例，说明官僚资本榨取利润的一些情况。中兴煤矿是北洋军阀徐世昌、黎元洪、朱启钤以私人名义经营的大型煤矿。在北洋军阀统治时期，它在运费、税捐上享受很多特权（参阅表4-49），因此能够维持高额的盈利；一九二七年以后，国民党反动统治代替了北洋军阀的统治，中兴煤矿的盈利状况，也就随着政治局面的变更而发生变更，一直到国民党打入了中兴煤矿，它的盈利状况才又开始转变。这充分证明了官僚资本只有依靠政治上的特权，才能维持其存在并且得到积累。

中国的官僚资本，在国民党反动统治的时期发展到了极高峰。在抗战以前，它在工业方面的势力还来不及迅速扩充；抗战开始以后，官僚资本迅速膨胀，使后方工业面貌发生了激烈的变更，以国民党的资源委员会为中心的官僚资本，垄断了煤、铁、电力、机械、化学以及有色金属等工业部门；抗战胜利以后，国民党又把它的势力伸到棉纺工业中来。在重工业之外，又垄断了轻工业的主要部门。表4-40、表4-41、表4-43三表，就它在生产的垄断方面提供了一些主要的统计。而表4-43则进一步以中纺公司为例，从它所占有的纱锭与实际转运的纱锭的悬殊上，说明在官僚资本垄断下的工业生产力，丝毫不能得到发展；官僚资本主义是一个极端腐朽的、寄生的经济形态。

表 4-37　　　　　　　　1912～1927 年间中国煤矿生产中官僚资本的
　　　　　　　　　　　　　　　垄断势力——机械开采

(单位：吨)

年份	全国机械开采产量	官僚资本控制下				在全国机械开采产量中所占的百分比
		名义上为官办	名义上为官商合办	名义上为商办	合计	
1912	416568	72270	20000	250000	342270	82.2
1913	541025	70556	22000	250000	342556	63.3
1914	826006	378977	18000	248424	645401	78.1
1915	875739	415383	30000	174825	620208	70.8
1916	1876008	584454	448627	455371	1488452	79.3
1917	2156005	545003	354385	641550	1540938	71.5
1918	2522023	694807	454635	760179	1909621	75.7
1919	3122237	684174	893126	861507	2438807	78.1
1920	3279757	437834	751314	1047717	2236866	68.2
1921	3221007	585970	584557	1016886	2187413	67.9
1922	3059859	7716	675278	1115804	1798798	58.8
1923	3583550	138403	874064	1232677	2245144	62.7
1924	4450298	68298	1205761	1470882	2744941	61.7
1925	4457844	84140	1041122	1488992	2614254	58.6
1926	3381444	161904	501434	1084515	1747853	51.7
1927	4183793	126786	1083294	523185	1733265	41.4

资料来源：(1) 同表 4-16。(2)《全国历年煤矿各矿所有权性质沿革表》，存中国科学院经济研究所。

编者注：(1) 全国机械开采产量不包括帝国主义控制下各矿产量。(2) 官僚资本控制下，"名义上为商办"一栏系当时掌握政权的大官僚，以私人名义投资创办，它享有若干特权，如中兴煤矿在运费上、税率上的优待等，见表 4-43。本栏包括 1912 年至 1927 年，北洋军阀官僚统治时期，大官僚掌握的中兴、正丰、长城、华宝、烈山、贾汪六大煤矿。

表 4-38　　　　　　　　　1914~1934 年间中兴煤矿历年账面盈亏统计

年份	账面盈亏（元）	账面资本额（元）	账面盈亏对资本的比率百分比
1914	197447[1]	2169100	9.1
1918	1946565	4195804	46.4
1919	2621639	4195804	62.5
1920	2902735	4195804	69.2
1921		7500000	
1922	2784768	7500000	37.1
1923	3633285	7500000	48.4
1924	2127758	7500000	28.4
1925	744238	7500000	9.9
1926	5181	7500000	0.1
1927	－1595814	7500000	－21.3
1928	－1654136	7500000	－22.1
1929	－1035941	7500000	－14.4
1930	－270285	7600000	－4.0
1931	21796	7500000	0.3
1932	1378087[2]	7500000	18.4
1933	1896541	7500000	25.3
1934	1969836	7500000	26.3

资料来源：（1）有关账面盈亏 1918~1920 年数据见第二次《中国矿业纪要》第 37 页；1922~1926 年见第三次《中国矿业纪要》第 97 页；1927 年、1929 年、1930~1934 年见第五次《山东矿业报告》第 265 页；1928 年见第四次《中国矿业纪要》。（2）有关账面资本额：参见商办山东中兴煤矿有限公司民国三年简明总账；顾琅：《中国十大矿厂记》，第八篇，第 7 页；及第五次《中国矿业纪要》，第 402 页。

编者注：（1）1914 年实际利润为六十三万六千八百九十一元，实际利润率为四十九点六，见表 4-39。（2）1932 年实际利润为三百三十三万五千四百六十二元。

表 4-39　1914、1932 年中兴煤矿公司剩余价值比较

(单位：元)

	1914 年	1932 年
可变资本（V）	841529	1720749
其中：职员薪俸	65469	195000
工　资	674379	1525749
夫役工资	88220	
其　他	13461	
不变资本（C）	441744	
其中：材　料	306055[1]	
运　费	15261	
办公费	28001	100598
折　旧	92427[2]	442050
剩余价值（m）	636891	3335462
其中：税　捐	90809	377242
地　租	28113	137832
商业利润	17798	120238
利　息	162430	145752
特别费（交际等）	9971[3]	426311
董事会及高级员司俸给	41054[4]	390000
警备费	47965	390000
公积金	238751[5]	360000
账面红利		1378087
利润率 $\frac{m}{V+C}$（%）	49.6	
剩余价值率 $\frac{m}{V}$（一个周转）（%）	75.7	193.8

资料来源：（1）1914 年的数据见中兴煤矿公司董事会经理处公布的"商办山东中兴煤矿有限公司民国三年简明总账"，第 5～12 页总分各局收售煤焦及工程物料银钱数目四柱简明清册。内"开除"项下，分岁支项及成本项，岁支项下全部分别列入本表各项；成本项下，地价税契，大井年利，矿警枪支，饲马料，均列入剩余价值内。账面红利内包括兑换银、洋、大钱，收支两抵盈余十四万六千七百三十六元，如将此数减去则亏损六千七百五十八元，现由公积金项下减除，使本表专说明产煤利润。（2）1932 年的数据见第五次《中国矿业纪要》，第 405、411 页。内总务费六十八万五千五百九十八元，参照 1914 年职员薪俸及其他两项与董事会、警备费、办公费三项比例约为二点五与一之比，1932 年，酌定为薪俸十九万五千元，办公费十万零五百九十八元，剩余价值三十九万元分别列入。

编者注：（1）1914 年的材料费系大井使用工料在岁支项下账目者，其在成本项账下均剔除之。（2）1914 年的折旧乃依第 10～11 页公司矿产清册（1899～1914 年）第五号至第十号机器，实际折旧年限为二十年。因依 1913 年底总资产额一百八十四万八千八百五十四元，并将此年限加以普遍折算得出。（3）1932 年的特别费包括津贴县署三千四百五十一元，另应酬及奖励金一万三千零三十九元，分一半入可变资本内。（4）1914 年董事会及高级员司俸给见《中国十大矿厂记》，第八篇，第 51 页，薪水条内，高级员司年薪计二万四千元，在员司总薪五万八千八百三十二元之内灭出，加入此项。（5）1914 年公积金由中兴煤矿光绪二十五年至民国元年矿产清册计算出 1913 年底资产总额（包括折旧）二百零七万一千二百五十三元，以 1914 年资产总额二百六十六万五千二百七十二元减除之，得五十九万四千零一十九元，再由此中减去 1914 年本年增加股本及负债即得 1914 年新投资之值，应作为本年利润，本年投资。（6）1914 年剩余价值率较低于 1932 年，系该年正在扩大投资建设之故。

表 4-40　1938~1946 年间国民政府资源委员会所经营的重工业产品产量

年份	煤(千吨)	电(千度)	铁砂(吨)	生铁(吨)	钢(吨)	汽油(加仑)	煤油(加仑)	柴油(加仑)	天然气(立方米)	钨砂(吨)	锑(吨)	锡(吨)	汞(吨)
1938	504	4056											
1939	192	9609	35255				4101	7393		12556	9463	1840	169
1940	306	11117	42050	2494		4160	32335	61535		11509	12017	16497	91
1941	517	17517	28868	4437	116	73463	112590	141125	26720	9543	8469	6994	120
1942	746	24618	55142	13468	1506	209321	596935	53090	233112	12392	7989	8037	163
1943	758	35208	50931	20853	4646	1895724	558458	28468	266988	11897	3510	3767	122
1944	753	52115	35253	12523	7603	3036594	2158000	155000	273000	8701	428	5102	121
1945	625	70568	42594	22556	10206	4048000	1654000	270000	237000	3225	204	2704	63
1946	2197	2146352	15114	1326	7536	4305000	2304000	381000	61098000	2260	426	1960	28
						5058000							

资料来源：《资源委员会季刊》，6 卷 1，2 期合刊，第 41、63、104 页。《统计月报》，92 号，第 13 页；115，116 号合刊，第 30 页；123，124 号合刊，第 44~47 页。

表 4-41　　1938~1946年间国民政府资源委员会所经营的重工业产品产量占国民党统治区生产总量的百分比

年份	煤	电	铁砂	生铁	钢	汽油	煤油	柴油	天然气	钨砂	锑	锡	汞
1938	10.7	5.5								100.0	100.0		
1939	3.5	10.5	63.6			100.0	100.0	100.0		100.0	100.0	100.0	100.0
1940	5.4	9.9	64.0	5.5		100.0	100.0	100.0	100.0	100.0	100.0	100.0	100.0
1941	8.6	13.8	70.7	7.0	5.8	100.0	100.0	100.0	100.0	100.0	100.0	100.0	100.0
1942	11.8	18.0	77.1	14.0	50.2	100.0	100.0	100.0	100.0	100.0	100.0	100.0	100.0
1943	11.5	24.0	82.6	29.8	68.3	100.0	100.0	100	100.0	100.0	100.0	100.0	100.0
1944	13.7	33.8		31.2	56.9	100.0	100.0	100.0	100.0	100.0	100.0	100.0	100.0
1945	11.9	35.9		46.5	56.0	100.0	100.0	100.0	100.0	100.0		100.0	100.0
1946	12.1	59.2		4.3	48.0	100.0	100.0	100.0		100.0	100.0		100.0

资料来源：同表4-40。

表 4-42　　　1947 年中纺公司各厂纱锭、布机数在国民党统治区总数中所占的比重

地区	纱锭 中纺（枚）	纱锭 全体（枚）	中纺占全体百分比	布机 中纺（台）	布机 全体（台）	中纺占全体百分比
上海	866276	2212648	39.2	14170	23822	59.5
青岛	303046	335846	90.2	6908	7168	96.4
天津	332872	390589	85.2	8640	8840	97.7
东北	144199	144199	100.0	2604	2604	100.0
其他	—	1293005	—	—	11345	—
合计	1646393	4376287	37.6	32322	53779	60.1

资料来源：《中国棉纺统计史料》，第 65～70 页。

表 4-43　　　1947 年中纺公司各厂纱锭、布机设备及运转数额

地区	厂数	纱锭 设备数（枚）	纱锭 平均运转数（枚）	运转数占设备数百分比	布机 设备数（台）	布机 平均运转数（台）	运转数占设备数百分比
上海	20	897328	505074	56.3	18195	9878	54.3
青岛	8	324524	171775	52.9	7262	4078	56.2
天津	7	332872	163204	49.0	8640	4963	57.4
东北	5	223208	42231	18.9	5330	727	13.6
合计	40	1777932	882284	49.6	39427	19646	49.8

资料来源：《纺建要览》，第 54～55、58～59 页。

（四）帝国主义和封建势力双重压迫下的民族工业

中国的民族工业是在帝国主义和国内封建势力双重压迫下艰苦地生长起来的。它一方面受着帝国主义和国内封建势力的阻碍；一方面，由于基础的脆弱，又和帝国主义和国内封建势力发生一定的联系。本节各表，比较着重民族工业和帝国主义、封建势力发生矛盾的一面，关于他们之间的联系，则有待于更多材料的补充。

表4-44至4-47，是选择几个主要工业部门说明整个民族工业变动的趋势。从表4-44可以看出，在国民党反动统治时期以前，中国民族工业一般的有了一些缓慢的发展，特别是在第一次世界大战帝国主义势力暂时退出中国的时期中，民族工业曾经有一个短期的繁荣，这从表4-44民族工业发展的本身可以看出，从表4-47、表4-48两表中两个主要工业部门——棉纺和煤矿——的盈利情况的变动中，也可以看出。到了进入一九三〇年代以后，当国民党的反动统治堵塞了民族工业发展的任何空隙时，民族工业才呈现出显著衰落的状况。

表4-45是一个较大的民族工业集团——荣宗敬系——的发展情况统计。从这里我们可以看出，荣宗敬企业的发展是比较迅速的，但是这种发展趋势，显然不能代表整个民族工业的发展趋势；因为从表中我们可以看到，无论是纱厂或面粉厂，都有很大一部分是兼并原有旧厂而来的。这也说明中国民族工业虽然大部规模不大且整个说来发展缓慢，但是资本主义集中的规律，仍然发生一定的作用。

表4-49至4-52，是从经营方面把民族工业和帝国主义在华工业以及官僚资本的工业作了一些对照，说明民族工业的处境。表4-49、表4-50两表，说明了民族工业在生产成本、运费、税捐等方面所处的劣势。因此，在盈利方面，也反映了同样的情况（见表4-51、表4-52）。这也反映了帝国主义资本和官僚资本所享受的高额利润（参阅表4-36，表4-38），是由于特权的享受所造成，而民族工业资本家，在这种情形之下，只有从拼命压榨工人找出路，表4-53所计算的华商纱厂的利润和剥削率，就反映了这一个情况。

表 4-44　1881～1936 年间上海华商部分企业及设备统计

年份	纱厂 厂数	纱厂 纱锭数(枚) 实数	纱厂 纱锭数 指数	丝厂 厂数	丝厂 丝车数(台) 实数	丝厂 丝车数 指数	卷烟 厂数	面粉 厂数	年份	纱厂 厂数	纱厂 纱锭数(枚) 实数	纱厂 纱锭数 指数	丝厂 厂数	丝厂 丝车数(台) 实数	丝厂 丝车数 指数	卷烟 厂数	面粉 厂数
1881	—	—	—	1	100	1	—	—	1913	6	141920	405	49	13392	179	2	10
1890	1	35000	100	5	?	?	—	—	1914	7	160900	459	56	14424	192	2	13
1891	2	42008	120	5	?	?	—	—	1915	?	?	?	56	14424	192	4	14
1892	2	44024	126	8	?	?	—	—	1916	?	?	?	61	16692	223	7	15
1893	1	9024	26	9	?	?	—	—	1917	?	?	?	70	18386	245	8	15
1894	3	98580	282	10	?	?	—	—	1918	?	?	?	68	18800	251	9	16
1895	5	133972	383	12	?	?	—	—	1919	11	216236	618	65	18306	244	9	17
1896	5	133972	383	17	?	?	—	—	1920	21	303392	867	63	18146	242	9	18
1897	5	139272	398	25	7500	100	—	—	1921	23	508746	1454	58	15770	210	9	19
1898	6	161084	460	24	7700	103	—	1	1922	24	629142	1798	65	17260	230	9	22
1899	6	161084	460	17	5800	77	—	1	1923	?	?	?	74	18546	247	10	22
1900	6	161084	460	18	5900	79	—	1	1924	24	675918	1931	72	17554	234	14	22
1901	6	161084	460	23	7830	104	—	1	1925	22	687358	1964	75	18298	244	51	20
1902	5	137172	392	21	7306	97	—	2	1926	?	?	?	81	18664	249	105	18
1903	5	137172	392	24	8526	114	—	2	1927	24	684204	1955	93	22168	296	182	16
1904	5	137172	392	22	7826	104	—	4	1928	24	747588	2136	104	23911	319	94	15
1905	5	137172	392	22	7610	101	—	5	1929	28	810978	2317	104	24423	326	79	15
1906	4	116780	334	23	8026	107	—	5	1930	28	874446	2498	107	24906	332	65	16
1907	5	127316	364	28	9686	129	1	5	1931	28	1005328	2872	70	18326	244	64	15
1908	6	134196	383	29	10006	133	1	5	1932	28	1029976	2943	46	12262	163	60	15
1909	6	140020	400	35	11085	148	1	6	1933	31	1102032	3149	61	15016	200	?	?
1910	7	165696	473	46	13298	177	1	7	1934	31	979672	2799	44	?	?	?	?
1911	7	165696	473	48	13738	183	1	7	1935	31	908446	2596	33	7686	102	?	?
1912	7	167596	479	48	13392	179	2	8	1936	31	1105408	3158	49	11094	148	?	?

资料来源：(1) 纱厂：1890～1913 年见缪钟秀《上海丝厂业概况》，《国际贸易导报》1 卷 3 期；1890～1908 年见英文《中国经济月刊》，1925 年 3 月号，第 3～7 页；1909～1932 年见刘大钧《中国丝业》，第八编，第 94 页；1933～1936 年见《上海市年鉴》(1937 年)下册，第 N.32 页。(3) 卷烟厂：《中国实业志——江苏》，第八编，第 412～413 页。(4) 面粉厂：《征信所 1937 年调查》(阜丰公司调查)，第 335～339 页，《茂新、福新、申新三十周年纪念册》；《阜丰公司调查》(征信所 1937 年调查，未出版)。严中平《中国棉业之发展》，第 86、116、117 页，并加修正；1914 年见奥德尔，前引文《华商纱厂联合会历年中国纱厂一览表》。(2) 丝厂：1881～1936 年见

编者注：纱厂以 1890 年为指数 100；丝厂以 1897 年为指数 100。

表 4-45　　　　　　　　　　　　1916~1936 年间荣宗敬家族纱厂发展统计

年份	新置纱锭数（枚）	收买或租用纱锭数（枚）	全部纱锭数（枚）	收买租用占全部百分比
1916	12960	—	12960	—
1917	12960	16992	29952	56.7
1918	12960	16992	29952	56.7
1919	21968	16992	38960	43.6
1920	47008	16992	64000	26.6
1921	57694	16992	74686	22.8
1922	117694	16992	134686	12.6
1923	117694	16992	134686	12.6
1924	122694	16992	139686	12.2
1925	115694	57700	173394	33.3
1926	115694	57700	173394	33.3
1927	122808	57700	180508	32.0
1928	133108	57700	190808	30.2
1929	195708	111544	307252	36.3
1930	216888	180544	397432	45.4
1931	287424	239424	526848	45.4
1932	297384	239424	536808	44.6
1933	290356	239424	529780	45.2
1934	316856	239424	556280	43.0
1935	315562	239424	554986	43.1
1936	327824	239424	567248	42.2

资料来源：1916~1919 年资料见《茂新、福新、申新总公司三十周年纪念册》。1920~1936 年资料见《中国棉纺统计史料》。

表 4-46　　　　　　1901～1927 年间荣宗敬家族面粉加工厂发展统计

年份	新置粉磨数	收买或租用粉磨数	全部粉磨数	收买租用数占全部百分比
1901～1909	4	—	4	—
1910～1912	12	—	12	—
1913	39	—	39	—
1914	86	22	108	20.4
1915	112	22	134	16.4
1916	112	43	155	27.7
1917	112	76	188	40.4
1918	157	76	233	32.6
1919	262	50	312	16.0
1920～1924	274	60	324	15.4
1925	259	50	309	16.2
1926	259	74	333	22.2
1927	266	74	340	21.8

资料来源：《茂新、福新、申新总公司三十周年纪念册》；《乐农自订行年记事》；《中国实业志》，江苏省卷，第335～339页；《无锡之工业》，第2页。

表 4-47　　　　第一次世界大战及之后（1914～1922 年）中国纱厂的盈利情况

年份	棉价（每担/元）	成本（每包/元）	纱价（每包/元）	纱盈利（每包/元）	申新一厂的实际盈利（元）
1914	29.37	119.58	139.16	19.58	
1915	32.17	130.95	126.57	−4.38	20000
1916	33.71	136.45	144.06	7.61	110000
1917	43.71	175.66	212.59	36.93	400000
1918	51.75	200.25	221.68	21.43	800000
1919	47.90	209.16	279.72	70.56	1000000
1920	47.20	206.64	271.61	64.97	1100000
1921	45.45	200.28	210.49	10.21	600000
1922	50.14	217.13	196.50	−20.63	

资料来源：每包利润，根据严中平的计算，参阅《中国棉业之发展》，第155页。申新一厂的利润，系根据荣德生的记载，参阅《乐农自订行年记事》。

编者注：成本中包括原棉成本及其他各项成本。原单位为规元两，依零点七一五两折合一元，换算成元。

表 4-48　　1912～1930 年间中国民族资本经营下保晋煤矿账面盈亏

年份	盈亏额（元）	资本额（元）	盈亏对资本的百分比
1912	-75263	2863640	-2.6
1913	-10246	2863640	-0.4
1914	-76	2863640	-*
1915	-30797	2863640	-1.1
1916	430188	2863640	15.0
1917	91445	2863640	3.2
1918	90363	2863640	3.2
1919	119007	2863640	4.2
1920	47492	2863640	1.7
1921	26979	2863640	0.9
1922		2863640	
1923		2863640	
1924		2863640	
1925	-12881	2863640	-0.4
1926	-53941	2863640	-1.9
1927	-355174	2863640	-12.4
1928	-18942	2863640	-0.7
1929	-7041	2863640	-0.2
1930	433219	2863640	15.1

资料来源：虞和寅：《平定阳泉附近保晋煤矿报告》，第 81 页。
编者注：1914 年不及 0.05%。

表 4-49　　　　　　　　1915～1922年间中国煤矿运费税捐负担比较

矿名	资本性质	每吨产煤成本(1)（元）	每吨公里运费（元）	主要销地	运至主要销地每吨运费 运费（元）	运至主要销地每吨运费 占成本百分比	每吨税捐 税捐（元）	每吨税捐 占成本百分比
阳曲保晋公司	民族资本	2.021	0.02500	石家庄	3.206	159	1.7310	86
枣庄中兴公司	官僚资本	2.025	0.00501	济南	1.258	62	0.2000	10
唐山开滦公司	帝国主义资本	1.500	0.00812	天津	1.180	79	0.2675	18

资料来源：(1) 保晋：每吨运费，山西《平定阳泉附近保晋公司煤铁矿调查报告》，第89、90页；每吨产煤成本，第84页；每吨公里运费，《中国煤矿》，第194页；每吨税捐，第195页。(2) 中兴：每吨运费，《中国十大矿厂调查记》，第56页；每吨产煤成本及每吨税捐，第53页；每吨公里运费，第56页。(3) 开滦：每吨产煤成本，《中国十大矿厂调查记》，第66页；每吨公里运费，第三次《中国矿业纪要》，第60页；每吨税捐，《开滦炭矿资料》，第223页。

编者注："每吨产煤成本"系指产地成本，不包括运费及全部税捐。

表 4-50　　　　　　　　1935年中国华资与日本资本纱厂成本比较

项目	华资厂（元）	日资厂（元）	华资厂成本相当于日资厂成本之倍数
工资	10.5	5.8	1.81
薪金	1.2	0.6	2.00
职工保护金	0.2	0.5	0.40
小计	11.9	6.9	1.72
动力	5.5	4.8	1.15
机械修理	1.8	0.6	3.00
营缮	0.4	0.4	1.00
消耗品	1.7	0.5	3.40
包装	1.5	1.2	1.25
制造杂费	1.5	0.5	3.00
运输	0.2	0.2	1.00
小计	12.6	8.2	1.54
营业	2.5	2.0	1.25
营业杂费	1.5	0.5	3.00
保险	0.2	0.1	2.00
杂捐利息	15.0	2.7	5.56
小计	19.2	5.3	3.62
总计	43.7	20.4	2.14

资料来源：金国宝：《中国棉业问题》，第74、75页。

表 4-51　　　　　　1905～1937 年间中国华资与外国资本纱厂账面盈利比较

年份	中国资本厂家 纱厂名	资本（元）	盈利（元）	盈利率	外国资本厂家 纱厂名	资本（元）	盈利（元）	盈利率
1905	大生	2520965	675622	26.8	怡和	1048951	370629	35.3
1912	大生	2791315	618232	22.1	怡和	2097902	475144	22.6
1913	大生	2791315	731383	26.2	怡和	2097902	772418	36.8
1931	青岛华新、唐山华新	4900000	1085264	22.1	怡和、崇信	10349650	3689257	35.6
1932	豫丰、申新	99354000	9429000	9.5	怡和、上海	15941608	5011950	31.4
1933	协丰、利用、崇明	3273000	254000	7.8	怡和	11540906	676601	5.9
1934	大通、美恒、永安、恒大、宝兴	35675000	1785000	5.0	怡和、崇信、上海、裕丰、同兴、内外棉、日华、公大、东华、丰田	94838808	15493113	16.3
1935	大成、沙市、美恒、永安、民丰、恒大、宝兴	38184000	1960000	5.1	怡和、崇信、上海、裕丰、同兴、内外棉、日华、公大、东华、丰田	96138808	14074022	14.6
1936	大成、沙市、统益、大生、美恒、永安、民丰、恒大、宝兴	62294000	4455000	7.2	怡和、崇信、上海、裕丰、同兴、内外棉、日华、公大、东华、丰田	98338808	17307220	17.6
1937	富安	1978000	240000	12.1	怡和、崇信	13638808	4408869	32.3
平均				14.4				24.8

资料来源：（1）1905～1913 年，大生厂见严中平，《中国棉业之发展》，第 119 页。（2）1905 年，怡和厂见《清国事情》，一卷，第 554～556 页；1912～1913 年，怡和资本见严中平，前书，第 110 页；盈利，《江苏省纺织业状况》，第 54 页。（3）1931 年，唐山华新，《纺织周刊》，1932 年 6 月 17 日；青岛华新见《纺织周刊》，1932 年 6 月 10 日；怡和见《中华民国实业名鉴》，第 485 页；崇信见《中华民国实业名鉴》，第 515～516 页。（4）1932～1937，华资厂根据各厂营业报告计算。（5）1932 年，怡和见《经济研究》3 卷 7 期，1942 年 3 月；上海见《纺织时报》，1384 号，第 5607 页。（6）1933～1937 年，怡和见《诸外国の对支投资》，中册，第 22 页；崇信见《诸外国の对支投资》，第 23 页；上海、裕丰等八家外资厂，见张肖梅《日本对沪投资》，第 61～62 页。

编者注：（1）资本或盈利，原单位为"两"者，均按七百一十五两折合一千元之比价换算成元。（2）1931 年崇信为中英合资，1932 年为英国庚兴银行全部兼并。

表 4-52　　1919～1937年间英美烟草公司与南洋兄弟烟草公司账面盈利比较

年份	英美烟草公司系统 英美烟草公司（盈利量指数）	英美烟草公司系统 英美烟草证券公司（盈利率指数）	英美烟草公司系统 老晋隆洋行（股息率指数）	南洋兄弟烟草公司（盈利量指数）
1919	100.0			
1920	95.2			100.0
1921	144.7			83.2
1922	155.6			84.1
1923	171.3			63.7
1924	176.2			30.5
1925	195.5		100.0	25.1
1926	263.6		120.0	45.8
1927		100.0	80.0	5.9
1928		187.5	240.0	−45.3
1929		234.4	460.0	−65.9
1931		156.3	280.0	15.7
1932		156.3	140.0	21.7
1935	314.7			12.4
1936	65.6			6.2
1937	113.3			

资料来源：(1) 英美烟草公司：1919～1926年资料见《英美烟草公司营业报告》，转见《银行月刊》，7卷1期；1935～1937年资料见《英美烟草トラスト》，第48、99页。(2) 英美烟草证券公司：《中国股份检查书》，1932年。(3) 老晋隆洋行：颐中烟草公司档案。(4) 南洋兄弟烟草公司：1920～1929年资料见《工商半月刊》2卷8期，第43～44页；1931～1936年，《经济研究》3卷6期，1942年2月。

编者注：(1) 英美烟草公司1919～1926年、1935年以英镑计价，今按各该年汇率换算为元。(2) 英美烟草公司盈利量指数以1919年为指数一百，英美烟草证券公司盈利率指数以1927年为指数一百，老晋隆洋行股息率指数以1925年为指数一百，南洋兄弟烟草公司盈利量指数以1920年指数一百。

表 4-53　　　　　　　　　　　1932 年华商纱厂中的利润率和剥削率

项　别	棉纱[1]（元/每包）	棉布[11]（元/每匹）
每单位价值（P）	233.245[2]	9.693[12]
每单位不变资本（C）	173.661	7.257
其中：		
原料	155.158[3]	6.210[13]
物料	7.776	0.523
动力	6.200	0.368
折旧	3.260[4]	0.021[14]
其他	1.267[5]	0.135[5]
每单位可变资本（V）	18.516	0.817
其中：		
工资	16.085[6]	0.711[6]
薪金	2.431[7]	0.106[7]
每单位剩余价值（M）	41.068	1.619
其中：		
统税	8.580[8]	0.340[15]
其他杂税	0.410	0.023
利息	13.980[9]	0.661[9]
利润	18.098[10]	0.595[10]
每单位剥削率（$\frac{M}{V}$）	221.80%	198.16%
每单位利润率（$\frac{M}{C+V}$）	21.37%	20.05%

资料来源：根据王子建等《七省华商纱厂调查报告》，第十章所载的数字计算。

编者注：(1) 棉纱以一九三二年上海五家纱厂二十支纱为例。(2) 以申新"人钟牌"、永安"金城牌"、统益"金鸡牌"二十支纱一九三二年批发价平均计算，参阅一九三三年《上海物价年刊》。(3) 以标准平均价（每担）乘用棉量得出。(4) 包括折旧修缮两项。(5) 包括文具、水费等及推销管理费三项。(6) 包括直接工人与间接工人工资。(7) 包括职工薪金及伙食两项。(8) 根据一九三一年国民政府公布的税则计算。(9) 包括利息与保险费两项。(10) 为每单位价值减每单位不变资本、可变资本、统税、其他杂税、利息后之余额。(11) 棉布以一九二三年江苏七家布厂中十二磅细布为例。(12) 系上海永安"金城牌"十二磅细布一九三二年平均批发价。(13) 以二十二支纱每磅价乘用纱量得出。(14) 只包括修缮。(15) 根据完全细纱织成之布的税率计算。

五 铁路

（一）铁路的兴建

中国之有铁路，开始于一八七六年的吴淞铁路。从那时起到一九四八年，中国境内计有铁路干线五十八条，全长二万三千四百四十三点二一公里；连同各路附设支线，共长二万四千九百四十五点五二公里（见表5-1、表5-2）。

从一八七六年到一九四八年这七十二年间，中国铁路的兴建显示过两次高潮。第一次在中日甲午战争后到辛亥革命（一八九五～一九一一）这些年里；第二次则在日本帝国主义强占中国东北四省到七七抗日战争开始（一九三一～一九三七）这一时期（见表5-3）。在第一次高潮的年代里，开始兴建了东清、胶济、滇越、京汉、粤汉、津浦、沪宁、京绥等几条较长的干线；其中东清、胶济、滇越三线，事实上只是帝国主义俄国、德国和法国在中国境内所建筑的铁路。这些铁路，除了粤汉等少数几条外，大部分在辛亥革命前都已完成了。第二次高潮期间兴筑的，计有浙赣、江南以及日寇强占中国东北四省后完成和兴建的吉会、锦承、图佳等线（见表5-1）；其中日寇强建的线路，远较国民党反动派所建的为长。统计一九二七年至一九四八年的二十一年间，国民党反动派兴建的线路只有二千六百七十九公里，平均每年筑路仅一百二十八公里。

中国的民族资产阶级在铁路建筑史上表现得极端软弱无力。自一八七六年以来的七十二年间称得上是民族资产阶级自己经营的铁路不过三百七十五公里；并且这还是在整个中国铁路系统中极不重要的短短几条，如新宁、漳厦以及龙溪轻便铁道等线。

表 5-1　　1876~1948 年间中国铁路的兴建情况（一）干线

工程起讫年代	铁路名称（现在）	铁路名称（开办时）	起讫地点	里程（公里）	备注
1876	—	吴淞铁路	上海—吴淞	(15.00)	同年向英商买回，翌年（1877）拆毁
1928~1932	平北铁路			262.32	
1929~1937	白河铁路	洮索铁路	洮南—索伦	337.00	1929~1931年：洮南—白城子，八十四点四公里；1933~1937年：白城子—索伦，二百五十二点六公里
1930~1937	浙赣铁路	浙赣铁路	株州—南昌	980.38	其中包括等线路甲乙东西
1937~1938	湘桂铁路	湘桂铁路	衡阳—来宾	604.99	1946年与湘黔合并，改称湘桂黔路
1937~1938	承平铁路（京古铁路）	承平铁路	承德—北平（京）	132.90	
1937~1938	绥佳铁路	绥佳铁路	绥化—佳斯	382.00	
1937~1938	—	汪北铁路	汪清—北荒岭	82.40	
1938~1939	—	绥宁铁路	绥阳—东宁	96.20	
1938~1941	石德铁路	德石铁路	德州—石家庄	181.00	
1938~1944	成昆铁路	川滇铁路	昆明—沾益	174.00	
1939~1944	黔桂铁路	黔桂铁路	柳州—都匀	398.00	1946年与湘桂合并，改称湘桂黔路
—	海南岛铁路		榆林港—北黎	289.00	榆林港至北黎、三亚北黎一百八十公里，另有支线共八十九公里
—	台湾纵贯线		基隆—高雄	409.00	
—	台中线		基隆—苏澳	99.00	根据1943年12月1日《开罗宣言》归还中国
—		宜兰线	竹南—彰化	91.00	
—		台中线	高雄—林边	63.00	
—		屏东线	东花莲港—台东	176.00	
—		台东正线			
共计				23443.21	

资料来源：《交通史路政篇》，第七十八册；《中华年鉴》（民国三十七年）；张嘉璈：《中国铁道建设》；吾孙子丰：《满支铁道发达史》（日文）；南满洲铁道株式会社；《满洲铁道建设志》（日文）；青德：《中国的铁道企业》（樋口弘）：日本の对支投资之研究》（樋口弘）；P. H. Kent: *Railway Enterprise in China*）；东北人民政府办公厅编订；《铁道公报》12卷，8，21，31，35期。国东北地区地图》，1949年11月1日出版；地图出版社：《中华人民共和国分省地图》（1953年12月修订六版）；中央人民政府铁道部。

编者注：(1) 专用铁路，如矿业中铁路，未列入本表。(2) 里程数字有括号"（）"者，不计入共计数中。(3) 路名括号"（）"者，系现在尚未修复通车者。

表 5-2　1876～1948 年间中国铁路的兴建情况（二）各路支线

干线名称	起讫地点	工程起讫年代	里程（公里）	干线名称	起讫地点	工程起讫年代	里程（公里）
京奉铁路	沟帮子—营口	1899～1900	91.16		北京环城	1915	12.34
	北京—通县	1901	21.87		大同—口泉	1918	20.57
	津总站—西磨	1903	4.45		宣化—水磨	1918	9.12
东清铁路南满洲支路	连山—葫芦岛	1910～1911	11.88	陇海铁路	台儿庄—赵墩	1933～1936	30.57
	北戴河—海滨	1914～1916	9.96		新浦—连云	1935	37.03
	周水口—旅顺	1898～1903	50.80	新宁铁路	咸阳—铜川	1939～1940	135.00
	南关岭—甘井子	1903	2.90		宁城—台沙	1918～1920	28.50
	苏家屯—抚顺	1903～1904	52.90	沪杭甬铁路	良山门—拱宸桥	1906～1907	5.88
	大石桥—营口	1905	22.40	津浦铁路	良王庄—陈唐庄	1908～1909	25.47
	大连—吾妻	?	2.90		临城—枣庄	1911	31.46
	榆树台—沈阳	?	8.60		兖州—济宁	1911～1912	31.53
京汉铁路	琉璃河—周口店	1898	15.18		黄台桥	1913	7.80
	长辛店—卢沟桥	1901～1903年间某年	2.71	四洮铁路	郑家屯—通辽	1921	114.00
	良乡—坨里	1903～1904	16.32	天图轻便铁道	朝阳川—延吉	1924	10.00
	保定—南关	1903～1904	6.15	洮昂铁路	昂昂溪—齐齐哈尔	1908～1909	25.00
	鸭鸽营—临城	1905	16.70	沈海铁路	沙河口—西安（辽源）	1927～1928	67.80
	高碑店—梁各庄	1902～1903	42.50	齐北铁路	榆树屯—中东路	1929	5.27
	丰台—六河沟	1910～1921	18.40		宁年—拉哈	1930	48.00
胶济铁路	张店—博山	1903～1904	38.90	浙赣铁路	金华—兰溪	1929	23.00
	金岭镇—铁山	1918～1919	6.50	锦承铁路	锦州—北票	1921～1924	17.69
道清铁路	黄台桥	?	6.00	江南铁路	中华门—尧化门	1935～1936	28.12
正太铁路	游家坟—新乡站	1902～1904	2.44	淮南铁路	水家湖—蚌埠	1944	61.00
安奉铁路	凤山矿厂道	1924	6.95	梅辑铁路	鸭园—大栗子	1937	114.02
沪宁铁路	城厂矿厂道	1914	24.00	湘桂铁路	零陵—冷水滩	1937年前后	13.15
潮汕铁路	上海—吴淞	1897～1898	16.09	台湾纵贯支线	贵县	1940年前后	5.98
京绥铁路	北京—门头沟	1906～1908	3.10		?	—	67.02
		1906～1908	25.23	共计			1502.31

资料来源：同表 5-1。

表 5-3　　　　　1876～1948 年间中国铁路的兴建情况（三）历年里程

（单位：公里）

年份	全国里程	各时期增筑里程	平均每年兴建里程
1876	15.00*	—	—
1877～1894	364.27	364.27	20.24
1895～1911	9618.10	9253.83	544.34
1912～1927	13040.48	3422.38	213.89
1928～1931	14238.86	1198.38	299.60
1932～1937	21036.14	6797.28	1132.88
1938～1948	24945.52	3909.38	355.39

编者注：（1）1876 年所筑的第一条铁路十五公里，于翌年（1877 年）拆毁，以后年份中不包括该项里程数字。（2）本表根据表 5-1、表 5-2 制成；1932～1948 年数字包括日本在东北四省所筑各路在内。

（二）帝国主义对中国铁路的控制

帝国主义把铁路看做进一步侵略、压迫中国的工具。它们凭借政治、经济、军事等等强力，向旧中国反动政权索要了许多承筑铁路的权利（见表5-4、表5-5）；更通过借款合同上许多不合理的规定，实际上控制着中国的铁路交通。

帝国主义用以控制中国铁路的方式，就借款合同及其他有关文件来看，主要有下述三种（见表5-4、表5-5）：

第一种，直接经营。例如滇越、东清等线就是完全由帝国主义各国直接经营的。帝国主义各国对这些铁路，不仅掌握了铁路本身的权利，并且常常曲解不平等条约和各种合同条款的规定，任意侵夺铁路以外的权利。例如帝俄和日本对东清、南满两线，除了把持这些铁路外，又侵夺了沿路的开矿、伐林、征收税捐等等权利；甚至在铁路沿线，经常驻屯几万军警，把各该路通过地区，变成它们的殖民地。

第二种，参加管理。帝国主义各国对京奉、沪宁等线侵夺了铁路管理权。例如沪宁设立总管理局管理全路事宜。按合同规定，该"局"由中国人两名，英国人三名组成；这样，经营铁路的实权自然地就落在帝国主义分子的英国人手里了。就是在管理机构中帝国主义分子并不占多数，但事实上铁路大权也未有不落在"洋总管"手里的，例如京奉等线便是。在中国铁路建设的早期，又有所谓"委托代理经营"者，例如初期的道清线和京汉线。但这一种直接的控制方式，究属太露骨了；所以当中国人民爱国运动高涨的时候，帝国主义就被迫让步而改采用比较隐蔽的方式。

第三种，占据技术职位。吉长、津浦等线都在借款合同里规定有关工务、会计、车务的总工程师、会计师必须任用债权国的人员。于是中国人自己在这些铁路上只充当最高职司如局长之类成为傀儡；实权，则都操控在这一批所谓洋总工程师、会计师之流手里。合同上也有不作上述用人限制，但有所谓须任用债权国人为顾问者，例如南浔线。于是在事实上这个顾问也就是这条铁路的最高主宰了。有时甚至在合同上无法找到帝国主义侵夺的痕迹，但是事实上铁路却正是在帝国主义特殊势力影响之下的，那也就无异于完全掌握在帝国主义者手里，例如吉会、洮昂等线便是这样。至于日本帝国主义擅自在我国建筑的天图、金福以及一九三一年武力占领东北四省后在那里所建筑的铁路，其为完全控制在它们手里，就更不必说了。

表5-7用里程表示帝国主义对中国铁路的控制，数字突出地反映了这一现象的严重程度。拿一九三七年来说，计直接经营的占全国铁路里程的百分之四十六点六，控制经营的占百分之四十四点一，完全自主的不过占百分之九点三。在筑路借款合同上，一般且都有在延造各该路及其支线时须尽先向原债权者借款的规定；此外，反动政府还有把某个地区的铁路建筑权预约给某个帝国主义国家的；从而，帝国主义各国不但控制了中国已成的铁路，而且还控制了未成各路的建筑权。

筑路借款是帝国主义对中国进行资本输出的一种形式，表5-6所列举的只是借款中主要的，并损及路权的几笔。

表 5-8 的数字估计帝国主义各国在中国铁路上的投资额。由于币制单位复杂，汇价、物价有变动，数字难以精确，这只是一个近似值。从此，我们可以粗略地看出：在第一次世界大战前，英国的比重最大；第一次世界大战以后，日本的比重就骤然上升；迨至抗日战争终了，美国则已居于独占的地位（见表 5-6）。

此外，中国的官僚资本也常和帝国主义结成一伙，例如表 5-6 中所列举的英籍公司和中国建设银公司"合作"投资于沪杭甬铁路六厘英镑借款，又如法籍银团委托中国建设银公司作为成渝铁路借款的债权受托人并为与中国铁道部及铁路公司接洽之代表人，等等。

表 5-4　　1876～1938 年间帝国主义各国掠夺中国铁路路权表（一）已成各路

开筑年代	铁路名称	出卖路权者	掠夺国	里程（公里）	掠夺方式	侵占权种类[2]
1876	吴淞铁路[3]	—	英国	（15.00）	擅自建筑	—
1878	京奉铁路	清政府	英国	988.70	借款	管理、用人、续借款项权
1887	台湾铁路[4]	清政府	日本	（77.00）	—	—
1898	东清铁路	清政府	俄罗斯	1721.00	强占中国领土擅自建筑	直接经营
1935	新义铁路	—	日本	131.50	侵占中国领土时擅自建筑	直接经营
1935	梅辑铁路	—	日本	230.50	侵占中国领土时擅自建筑	直接经营
1936	湘黔铁路	国民政府	德国	175.38	借款	管理权
1937	承平铁路	—	日本	132.90	侵占中国领土时擅自建筑	直接经营
1937	绥佳铁路	—	日本	382.00	侵占中国领土时擅自建筑	直接经营
1937	汪北铁路	—	日本	82.40	侵占中国领土时擅自建筑	直接经营
1938	绥宁铁路	国民政府	法国	96.20	借款	管理权
1938	德石铁路	—	日本	181.00	侵占中国领土时擅自建筑	直接经营
1938	川滇铁路	国民政府	法国	174.00	侵占中国领土时擅自建筑	直接经营
1938	海南岛铁路	—	日本	289.00	侵占中国领土时擅自建筑	直接经营

资料来源：《中国铁路借款合同全集》；《交通史路政编》，第五至十四、十七、十八册；马慕瑞：《中外条约汇编》（John V. A. MacMurray：*Treaties and Agreement with and concerning China*）；张嘉璈：《中国铁道建设》。

编者注：（1）指帝国主义列强侵夺该路路权最初所采用的方式，其时期不一定与铁路开筑年代相符。（2）"侵占权利种类"，基本上根据各该路借款合同及参考其他文件中规定，并只摘列其所侵占权利中之主要者。（3）吴淞铁路筑成后由清政府备价收买拆除。（4）台湾铁路，1895 年中日战争后，和台湾一并割给日本。（5）南满洲支路 1905 年日俄战争后，转让该路权利给日本。（6）1908 年清廷还清时贷款收回京汉铁路代理经营权。（7）第一次世界大战时，胶济铁路被日本占据，1922 年，给日本巨额偿款后赎回，而仍被日本侵占铁路财政权。（8）1905 年，改订借款，但仍侵占管理权。（9）1932 年，还清借等职。（10）1906 年，成为南满铁路的一部分。（11）1911 年，加价收回日本股份，始清除其在本路利的势力。（12）1917 年补充规定，侵占了代理经营权。（13）1917 年后，本路实际上在"满铁""支配下经营。

表 5－5　　1896～1937 年间帝国主义各国掠夺中国铁路路权表（二）未成各路

（单位：公里）

时期 年	月	路名	出卖路权者	掠夺国	起讫地点	里程估计（公里）	经过地区	掠夺方式[1]	侵占权利种类[2]
1896	6	龙州铁路[3]	清政府	法国	镇南关—龙州	75.00	广西	强求承办	承筑权
1897	2	云南省境铁路	清政府	英国	—	—	云南	中英续议缅甸条约规定	修建时须与缅甸铁路相接
1937	8	浦襄铁路	国民党政府	英国	老河口	450.52	江苏、安徽、湖北	签订铁路材料借款	管理稽核权

资料来源：《交通史路政篇》，第五、六、十八册；《国际条约大全》；陈晖：《中国铁路问题》；王芸生：《六十年来中国与日本》，第五卷；张嘉璈：《中国铁道建设》；马纂瑞：《中外条约汇编》。

编者注：(1) 指帝国主义列强侵夺该路路权最初所采用的方式。(2) 该项基本上根据各该路借款合同及参考其他文件中规定，并只摘列其所侵占权利中之主要者。(3) 1896 年 7 月，复准延经南宁至百色。(4) 1908 年 3 月，外务部与德国公司商定，中国于 1922 年前，自造正德及开封。(5) 1898 年 7 月，"总署"覆文允之，7 月 22 日又改定自北海起不至南宁而至别处止。(6) 1909 年，外务部与德国公司商定。(7) 1920 年，更允由潮州延经厦门，福州再折至南昌。

	8	28	津浦铁路临时垫款	北洋政府	英国	—	300000（镑）	3062825	7	—
	4	22	京奉唐榆双轨借款	北洋政府	英国	500000（镑）	500000（镑）	3941185	8	—
						2000000（银元）	2000000（银元）	2000000		
1922	6	20	陇海铁路垫款	北洋政府	比利时	—	25000000（比法郎）	3807429	10	93
	7	1	南浔铁路借款	南浔铁路有限公司	日本	2500000（日元）	2500000（日元）	2264534	7.5	96
	7	10	京绥、京门支线	北洋政府	英国	300000	300000	300000	1.5	—
	12	7	成渝铁路借款	国民政府	法国	34500000（元）	34500000	?	7	93
1937	7	30	广梅铁路借款	国民政府	英国	3000000（镑）	?	?	5	95
	8	4	浦襄铁路借款	国民政府	英国	4000000（镑）	?	?	5	95
1946	6	3	铁道购料借款	国民政府	美国	16650000（美元）	15500000（美元）	—	3	—
			1898～1936 铁路建筑债款总计			1004966587		72311919109		负债额系计至1946年底止

资料来源：《交通史·路政篇》；财政善后委员会编：《交通债款说明书》；王景春编：《铁路借款合同汇编》；财政部整理会编：《中外条约汇编》；马寨瑞编：《中国铁路借款合同续集》；田中忠策：《支那外债史论》；李鸿章：《李文忠公全集》；张嘉璈：《中国铁道建设》；陈晖：《中国铁道外债研究集》第一册；张免立编：《中国铁路问题研究集》；金士宣编：《中国东北铁路问题汇论》；孟默闻：《美蒋勾结史料》。

编者注：（1）本表资料，只限于帝国主义在中国开筑铁路所借所侵入的长、短期借款或垫款的资本；材料货款，未列在内。（2）以铁路为担保所借的外债而未损及路权者，如1912年南京临时政府向日本借款这一类除外，不计在内；借藉兴建铁路为名所借款，并使债权者预占路权的铁路借款这一类借款，则列在本表中。（3）外币据海关历年汇价以1关平两＝1.558元，折合成元，折合成元；折合成元；其中比利时向法郎以法国法郎汇价折合，荷兰币以1弗罗令＝0.5元折合；两以0.715两折合。（4）1946年铁道购料借款，影响到美元对的狂跌，该款未折合成元，也未列入铁路建筑债款总计中。由于法币币值的狂跌。

表 5-7　1894～1948 年间帝国主义各国对中国铁路的控制

类别		1894 里程（公里）	1894 百分比	1911 里程（公里）	1911 百分比	1927 里程（公里）	1927 百分比	1931 里程（公里）	1931 百分比	1937 里程（公里）	1937 百分比	1948 里程（公里）	1948 百分比
自主铁路		77.00	21.1	665.62	6.9	1043.94	8.0	2240.32	15.7	1963.77	9.3	16407.40[3]	65.6
帝国主义控制下铁路	直接经营	—	—	3759.70	39.1	4330.25	33.2	4330.25	30.4	9797.14[2]	46.6	2185.20	8.8
	控制经营	287.27	78.9	5192.78	54.0	7666.29	58.8	7666.29	53.9	9275.23	44.1	6352.92	25.6
总计		364.27	100.0	9618.10	100.0	13040.48	100.0	14238.86	100.0	21036.14	100.0	24945.52	100.0

资料来源：《交通史路政篇》；《铁道年鉴》；《铁路借款合同汇编》；《中华年鉴》，民国三十七年；张嘉璈，《中国铁道建设》；马寨瑞，《中外条约汇编》；东亚研究所，《列强的对华投资》（东亚研究所，《列国の对支投资》）英文《日满年鉴》，1937 年；南满洲铁道株式会社编，《满洲铁道建设志》。

编者注：(1) 1948 年的数字只是名义上里程。事实上由于日本帝国主义投降前夕的破坏，及抗日战争胜利后，蒋介石政权的拆毁，能真正通车的铁路很有限（确数待查）。(2) 1937 年帝国主义控制下铁路经营里程中包括从日本帝国主义侵占中国东北领土后所控制的计二千零九十八点四八公里，和敌伪擅自在占领区建筑的计三千百六十八点四七公里在内。(3) 1948 年自主铁路里程中包括 1931 年日本帝国主义手中收复的原系在台湾的九百零五点零二公里及在其占领区擅自建筑的四千三百三十七点四九公里，德帝国主义控制下的一千一百零七点七八公里在内。敌伪在其占领区擅自建筑的四千三百三十七点四九公里，德帝国主义控制下的一千一百零七点七八公里在内。

表 5-8　　1898~1937 年间帝国主义各国在中国铁路债务中所占的比重

国别	总计 负债额(万元)	总计 比率	1898~1904年 负债额(万元)	1898~1904年 比率	1905~1914年 负债额(万元)	1905~1914年 比率	1915~1924年 负债额(万元)	1915~1924年 比率	1925~1937年 负债额(万元)	1925~1937年 比率
英国	25257	34.9	5908	65.8	15649	38.2	664	4.1	3036	49.5
德国	10326	14.3	—	—	8526	20.8	—	—	1800	29.3
美国	1966	2.7	—	—	1739	4.2	227	1.4	—	—
日本	13045	18.0	—	—	2697	6.6	10348	63.7	—	—
沙俄	70	0.1	—	—	—	—	70	0.4	—	—
法国	6626	9.2	—	—	6626	16.2	—	—	—	—
比利时	13483	18.7	3066	34.2	5724	14.0	3396	20.9	1297	21.2
荷兰	1538	2.1	—	—	—	—	1538	9.5	—	—
合计	72311	100.0	8974	100.0	40961	100.0	16243	100.0	6133	100.0

编者注：（1）本表根据表 5-7 计算制成。（2）表 5-7 中 1913 年的同成铁路借款额，平分于比利时、法国两国的额度。（3）比利时款，实际多于俄罗斯与法国资本。

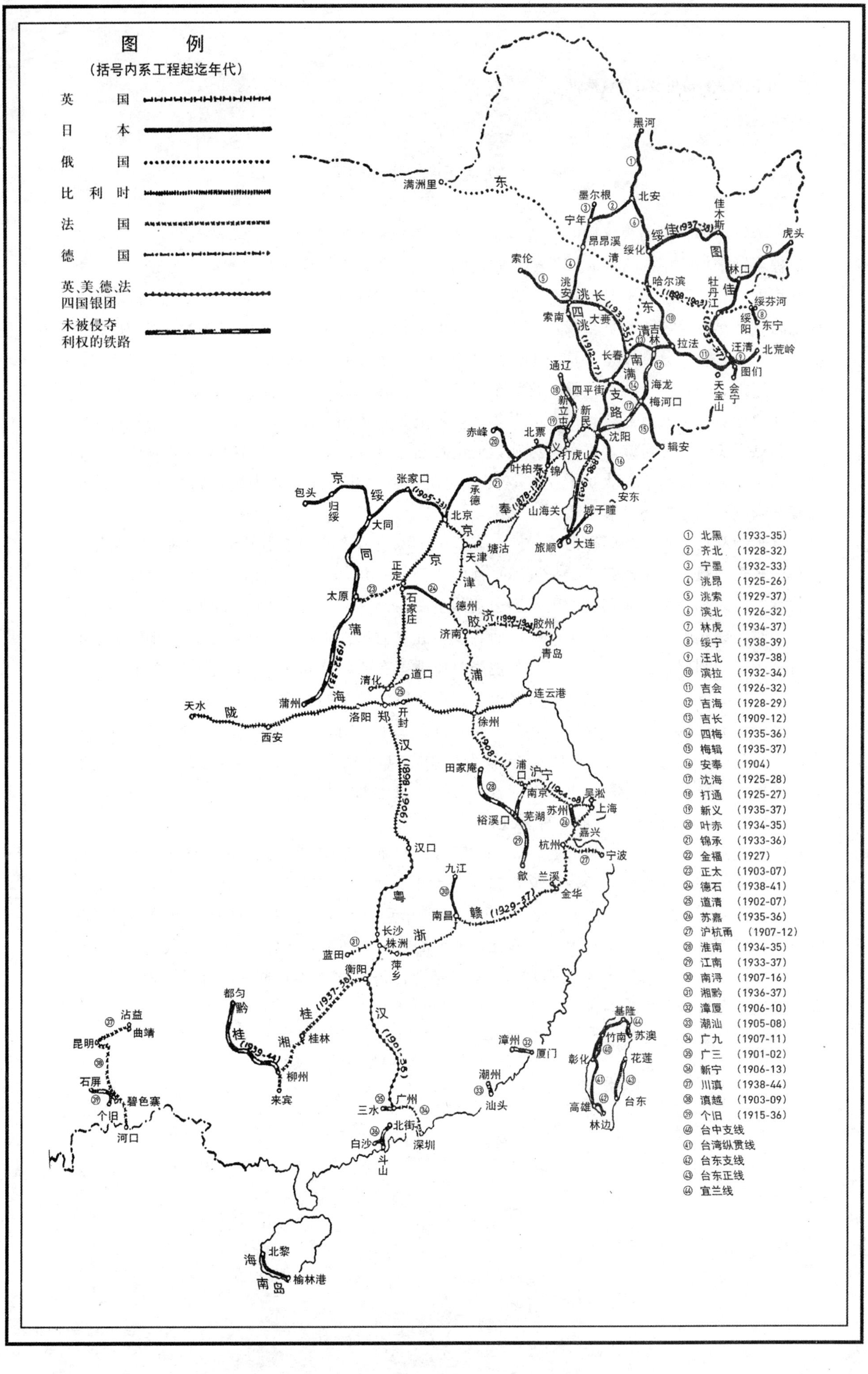

图5-1 1878～1948年间帝国主义各国控制下的中国铁路图（根据表5-1、5-4制成）

（三）铁路的营业情况

　　中国铁路的营运是很落后的。这首先表现在各车种的增长速度的差异上。表5-9提供了各种车辆增加速率的情况。表5-10则反映出从一九一二年到一九三六年六月底（即一九三五年度，一九三五年七月一日至一九三六年六月三十日）止，机车挽力吨数的增长，是一贯地高于客车客座容积和货车载重吨数的。我们若把上列三者一九一五年的数字作为一百；则在一九一九年就分别成为一百一十九点九、一百一十点九和一百点三；一九二七年，一百四十七点六、一百二十八点一和一百二十五点一；一九三二年，二百二十六点六、一百七十四点九和一百七十九点五；到一九三五年度，就成为二百四十点九、一百七十七点五和一百八十二点五了。从此可知，机车挽力吨数的增长是大过客车客座容积和货车载重吨数的，而差额的幅度且有着越来越大的趋势。这充分说明了在这几十年里，中国铁路机车的利用情况，毫未改进；甚至还日益恶化。

　　货车的利用情况表现同样的落后性。表5-11说明不论同一年中各路，或同一路在各年中平均载重吨数，货车的载重量是极不平衡的。例如一九二三年，道清线每吨容积的货车平均载重二百三十四吨，而京绥线则不到道清线的六分之一（三十八吨）。又如京沪路，一九二〇年时，载重吨数是一百二十八吨，而到了一九二七年，则只有四十吨了。由此可见中国铁路对货车的利用是极不平衡的。又若把当时所谓国有的各路和一条实际上在日本帝国主义直接经营下的吉长路相比，则又显然看出：国有各路对货车的利用同样是极不充分的。

　　另一方面，从一九一七年到一九三六年六月这二十年间，中国铁路的运输成本不但不见降低，且是增长着的（见表5-12）。运输费用中，以所谓总务费的比重最大，而能够促进运输效率的车务、工务等费比重反小；若和美国、日本两国铁路相比，悬殊极大（见表5-13）。这也是中国铁路落后性的一种表现。

　　中国铁路的利润率，大致有如表5-14所示。然而，账面利润并不意味着中国铁路的财务情况是良好的；因为政府运输欠款在营业进款中总占着一定的比重（见表5-15），实际的盈利量，乃大形减削了。表5-16、表5-17所示京绥、京奉铁路，便是突出的例子。同时，在铁路收入中，每年又须提出一笔大得可怕的款项归还外债本息（表5-18、表5-19、表5-20）；因此好些铁路常常入不敷出。这种情况使得好些铁路长期地陷在债务的深渊里，也长期地遭受着帝国主义的盘剥。

表 5-9　1907～1947 年间中国各种铁路车辆历年增加情况

以 1912 年为指数 100

年份(度)	机车 数量(辆)	机车 指数	客车 数量(辆)	客车 指数	货车 数量(辆)	货车 指数	年份(度)	机车 数量(辆)	机车 指数	客车 数量(辆)	客车 指数	货车 数量(辆)	货车 指数
1907	413	68.8	685	64.2	5937	71.2	1931	1131	188.5	1755	164.5	14504	174.0
1908	427	71.2	742	69.5	6592	79.1	1932	1182	197.0	1895	177.6	15671	188.0
1909	462	77.0	919	86.1	6694	80.3	1933	1237	206.2	1971	184.7	15755	189.0
1912	600	100.0	1067	100.0	8335	100.0	1934,1—6月	1235	205.8	1982	185.8	15949	191.3
1915	629	104.8	1280	120.0	10652	127.8	1934年度	1172	195.3	1987	186.2	15296	183.5
1916	638	106.3	1332	124.8	10594	127.1	1935	1243	207.2	2047	191.8	15482	185.7
1917	648	108.0	1315	123.2	10659	127.9	1936	1243	207.2	2047	191.8	15482	185.7
1918	653	108.8	1231	115.4	10772	129.2	1937	1000	166.7	2000	187.4	15000	180.0
1919	707	117.8	1323	124.0	11273	135.2	1938	900	150.0	1200	112.5	12000	144.0
1920	789	131.5	1379	129.2	12192	146.3	1939	500	83.3	1000	93.7	10000	120.0
1921	884	147.3	1345	126.1	13206	158.4	1940	378	63.0	991	92.9	6045	72.5
1922	992	165.3	1395	130.7	14471	173.6	1941	677	112.8	1161	108.8	6379	76.5
1923	1130	188.3	1698	159.1	16831	201.2	1942	416	69.3	916	85.8	4493	53.9
1924	1146	191.0	1789	167.7	16768	201.9	1943	281	46.8	603	56.5	4261	51.1
1925	1131	188.5	1803	169.0	16718	200.6	1944	207	34.5	446	41.8	2307	27.7
1926	831	138.5	1402	131.4	11617	139.4	1945	2082	347.0	2741	256.9	25864	310.3
1927	807	134.5	1355	127.0	11664	139.9	1946	1942	323.7	2561	240.0	23984	287.8
1928	640	106.7	1111	104.1	9565	114.8	1947	1954	325.7	2715	254.5	26164	313.9
1929	786	131.0	1291	121.0	10684	128.2							

资料来源：1907～1909 年，邮传部编，《路政统计表》、《官办各路车辆表》；1912 年，交通部统计图表，《中华民国元年交通部统计图表》第 99～100 页；1915～1929 年，铁道部统计处编，《中华国有铁路会计统计汇编》(1915～1929)，第 2～17 页；1931～1936，铁道部度《中华国有铁路统计总报告》，机车、客车、货车三类别统计表；1936～1947，主计部统计局编，《中华民国统计年鉴》，1948 年 6 月版，第 280 页。

编者注：(1) 1934 年后，以当年 7 月至次年 6 月为一年度统计单位，以下各有相同统计的表同。(2) 1935、1936 年数字相同，疑有误。(3) 缺 1910 年、1911 年、1913 年、1914 年数字。

表 5-10　　1912~1935 年间中国铁路机车挽力、客车座位与货车载重的能力

以 1915 年为指数 100

年份（度）	机车挽力吨数 公吨	指数	客车客座容积 人数	指数	货车载重吨数 公吨	指数
1912			45177	73.9	183224	75.4
1915	5619	100.0	61174	100.0	243070	100.0
1916	5719	101.8	62458	102.1	241050	99.2
1917	5958	106.0	60288	98.6	242051	99.6
1918	6030	107.3	62094	101.5	243065	100.0
1919	6739	119.9	67580	110.5	265185	109.1
1920	7917	140.9	69605	113.8	301298	124.0
1921	9204	163.8	73563	120.3	340903	140.2
1922	10796	192.1	78033	127.6	392603	161.5
1923	11961	212.9	94310	154.2	450966	185.5
1924	12156	216.3	99447	162.6	452938	186.3
1925	11966	213.0	101101	165.3	452272	186.1
1926	8416	149.8	81463	133.2	310123	127.6
1927	8293	147.6	78371	128.1	304198	125.1
1928	6010	107.0	69264	113.2	241807	99.5
1929	7530	134.0	78532	128.4	272000	111.9
1931	12414	220.9				
1932	12730	226.6	107022	174.9	436381	179.5
1933	16081	286.2	108328	177.1	443883	182.6
1934，1~6 月	13458	239.5	110108	180.0	448192	184.4
1934 年度	12767	227.2	105938	173.2	437200	179.9
1935	13535	240.9	108602	177.5	443667	182.5

资料来源：1912 年，交通部统计科编，《中华民国元年交通部统计图表》，第 99~100 页；1915~1929 年，铁道部统计处编，《中华国有铁路会计统计汇编》(1915~1929)，第 2~17 页；1931~1936 年，铁道部编，1931~1935 年度各年度《中华国有铁路统计报告》，机车、客车、货车三类别统计表。

编者注：(1) 缺 1913 年、1914 年、1930 年数字。(2) 1934 年后，以当年 7 月 1 日至次年 6 月 30 日为一年度统计单位。

表 5-11　　1920～1935 年间中国主要铁路干线货车利用状况

(单位：每吨容积平均载重吨数)

年份（度）	京汉	京奉	津浦	沪宁	沪杭甬	京绥	道清	陇海	广九	吉长
1920	60	77	65	128	43	48	202		42	133
1921	57	81	65	75	56	45	179		36	164
1922	47	51	45	86	66	42	208		86	160
1923	64	103	47	93	66	38	234	41	88	167
1924	55	81	43	73	50	34	215	40	61	170
1925	46	68	29	56	63	35	148	18	32	184
1926		50		84	66	18	45	30	45	
1927		69		40	42	15	38	13	43	
1928		41		72	67	15	62	18	41	218
1929			29	79	76	19	52	22	44	178
1930		71	24	75	81	21	68	22	50	
1931	73	102	39	72	78	28	78	31	54	
1932	96	119	40	42	65	34	91	35	59	
1933	63	90	59	67	77	62	97	33	62	
1934 年度	58	85	81	95	99	65	122	46	69	
1935 年度	78	70	72	82		68		82	71	

资料来源：1920～1924 年，1931～1932 年，《中华国有铁路统计总报告》(1932)，第 17 页；1926～1930 年，1933 年，《中华国有铁路统计总报告》(1933)，第 19 页；1934～1935 年度，《中华国有铁路统计总报告》(1935)，第 18 页。

编者注：(1) 缺 1934 年 1—6 月数字。(2) 从 1934 年 7 月起，每年 7 月 1 日至次年 6 月 30 日为一统计年度。

表 5-12　　　　　　　　　　1917～1936 年间中国铁路的运输成本

以 1917 年为指数 100

年份（度）	运输量 （万吨公里）	运输成本 （元）	每千吨公里成本（元）	每千吨公里成本 指数
1917	489517	32540565	6.65	100.0
1918	574661	37712332	6.56	98.6
1919	638236	40833900	6.40	96.2
1920	770247	44568086	5.79	87.1
1921	787217	55461260	7.05	106.0
1922	730243	58804885	8.05	121.1
1923	855017	68643983	8.03	120.8
1924	815384	71397031	8.76	131.7
1925	787244	77635110	9.86	148.3
1928	468677	72953555	15.57	234.1
1929	568027	99853002	17.58	246.4
1930		94340788		
1931	879752	104804406	11.91	179.1
1932	790719	108626391	13.74	206.6
1933	880132	108925436	12.38	186.2
1934，1～6 月	475887	52584631	11.05	166.2
1934 年度	1032472	113561962	11.00	165.4
1935 年度	1083765	113010623	10.43	156.8

资料来源：(1) 运输量据表 5-21 计算。(2) 运输成本：1917～1925 年，铁道部统计处编《中华国有铁路会计统计汇编》（1915～1929），第 94～110 页；交通部路政司编订，《历年国有铁路会计统计总报告》（1917～1925）"详细平准表"说明。(3) 1928～1936 年六月，铁道部编《历年中华国有铁路统计总报告》（1928～1935 年度）"营业用款细别表"及"简要平准表"说明。

编者注：(1) 民国三年十二月五日，政府交通部公布铁路营业用款分类则例，并于民国四年一月一日起正式实行，直沿用至南京国民政府时期。按该"则例"，营业用款凡分下列六项：总务费、车务费、运务费、设备品维持费、工务维持费和互用车辆费。各该项中，均包含着"办公室费用"、"车具添置"和"薪俸"的支出等项。又按民国四年一月一日起实行并直沿用至南京国民政府时期的《铁路总平准表分类则例》，其［平3—3］项为折旧准备金。本表即综合上述款额作为不变资本和可变资本的总和的运输成本。（2）本表根据铁路运输成本公式：每换算吨/公里的运输成本 $=\frac{营业费额+折旧费额}{货运吨公里总和+客运人公里总和}$；并由于通常每使客运人公里与货运吨/公里相等，因而，换算系数等于一，只把该两项直接相加计算而成（参看《铁路运输经济学问题》，人民铁道出版社1953年版，第162页）。（3）由于当时中国在铁路业中，仅对机车及车辆二项提出折旧金，因而，运输成本的实际数字应较该项为高。（4）每千吨公里成本的实际费额，基于上述第三条原因，应稍高于该项数字。（5）从1934年7月起，每年7月1日至次年6月30日为一统计年度。（6）缺1926年、1927年数字。

表 5-13　　　　　　　　　　1927～1929年间中国、美国、日本铁路各项

营业用款所占用款总额的百分数

费别	中国	美国[1]	日本[2]
总务费	24.82	3.99	2.55
车务费	14.57	4.37	32.50
运务费	21.88	47.09	27.60
设备品维持费	19.84	24.77	9.90
工务维持费	18.52	19.78	18.45
车辆互用费	0.37	—	—
航务费	—	—	2.55
其他	—	—	6.45
总计	100.00	100.00	100.00

资料来源：陈晖：《中国铁路问题》，第121页。陈氏原注：（1）根据 Monlton & Association：*American Transportation Problem*，第92页中一表改制。（2）见《交通杂志》1卷6、7期合刊，第82～83页。

表 5-14　　　　　　　　　　1917~1936 年间中国铁路的利润率

年份（度）	运输收入[1]（元）	运输成本[2]（元）	利润率[3]（％）
1917	63873704	32540565	96.29
1918	77652153	37712332	105.91
1919	83047390	40833900	103.38
1920	91443932	44568086	105.18
1921	96450836	55461260	73.91
1922	99556229	58804885	69.30
1923	119405638	68643983	73.95
1924	118511264	71397031	65.99
1925	127522218	77635110	64.26
1928	117142303	72953555	60.57
1929	151753630	99853002	51.98
1930	134398798	94340788	42.46
1931	152736245	104804406	45.73
1932	142065690	108626391	30.78
1933	148346171	108925436	36.19
1934，1~6	76511117	52584631	45.50
1934 年度	167522106	113561962	47.52
1935 年度	171091506	113010623	51.39

资料来源：（1）运输收入：1917~1929 年，铁道部统计处编《中华国有铁路会计统计汇编》（1915~1929），第 64~89 页。1930~1936 年，铁道部编，《历年中华国有铁路统计总报告》（1931~1935 年度）"各路营业进款细别表"。（2）运输成本：同表 5-12，运输成本项。

编者注：（1）《中华国有铁路统计总报告》的"各路营业进款细别表"中对同一年的数字，在前后年"总报告"记载中，间或不同。本表数字，以采用当年"报告"数字为原则，但若显然经过添补或改正者，则采用这一添补或改正过的数字。（2）此时中国铁路业中，仅对机车及车辆二项提出折旧基金，因而实际的运输成本，应较高于该项数字。（3）实际利润率，基于上述原因，应较低于该项数字。（4）缺 1926 年、1927 年数字。（5）从 1934 年 7 月开始，每统计年度为当年 7 月 1 日至次年 6 月 30 日止。

表 5-15　　1918～1936年间中国铁路营业进款总数中政府运输欠款的比重

年份（度）	营业进款总数（元）	政府运输欠款（元）	政府运输欠款占营业进款总数百分比
1918	77652153	5961242	7.68
1919	83047390	4932666	5.94
1920	91443932	5021468	5.49
1921	96450836	5797880	6.01
1922	99556229	6709500	6.74
1923	119405638	4372657	3.66
1924	118511264	10862904	9.17
1925	127522218	17992816	14.11
1928	117142303	15352666	13.11
1929	151753630	14660668	9.66
1930	134398798	16121641	12.00
1931	152736245	10411410	6.82
1932	142065690	8401275	5.91
1933	148346171	14781994	9.96
1934,1～6月	76511117	4932970	6.45
1934年度	167522106	10000756	5.97
1935年度	171091506	12878658	7.53

资料来源：营业进款总数：1918～1925年，见《中华国有铁路会计统计汇编》；1928～1936年，见各该年份《中华国有铁路会计统计总报告》。政府运输欠额：1918～1925年，见《中华民国十四年国有铁路会计统计总报告》，第4页；1928～1933年，民国二十二年《中华国有铁路会计统计总报告》，第3页；1934～1936年，各该年份《中华国有铁路会计统计总报告》，"盈余净数表"政府运输项。

编者注：（1）缺1926年、1927年数字。（2）从1934年7月开始，每个统计年度为当年7月1日至次年6月30日止。

表 5-16　　1928～1936 年间政府欠账占中国铁路账面盈余中的比重（一）
京绥路上暂垫政府款

年份（度）	账面盈余（元）	暂垫政府款（元）	比重（%）
1928	283580.12	800.00	0.28
1929	278109.51	10986.00	3.95
1930	289811.03	13911.00	4.80
1931	536123.82	1292368.73	241.06
1932	798631.83	230049.79	28.81
1933	1779103.46	1026188.30	57.68
1934，1～6 月	1508506.38	2198119.25	145.71
1934 年度	2936891.60	2660028.66	90.57
1935 年度	4684732.98	1566000.39	33.43

资料来源：根据历年《平绥铁路会计统计年报》的总平准表及营业账中数字制成。
编者注：(1)"暂垫政府款"主要是军运记账款。(2) 从 1934 年 7 月起，每年 7 月 1 日至次年 6 月 30 日为一统计年度。

表 5-17　　1922～1931 年间政府欠账占中国铁路账面盈余中的比重（二）
京奉路上军运欠账部分

年份	账面盈余（元）	军运记账（元）	比重（%）
1922	7756949.58	3619660.38	46.66
1923	6951446.73	554016.82	7.97
1924	5596632.57	3187004.32	56.95
1925	10829472.03	4846354.02	44.75
1926	988818890	6186463.41	62.56
1927	18779308.57	6457400.34	34.39
1928	10863148.44	3535141.88	32.54
1931	20651467.38	3019142.36	14.62

资料来源：根据历年 (1922～1928)《京奉铁路报告册》；1931 年《北宁铁路会计统计年报》的营业状况报告中数字制成。
编者注：缺 1929 年、1930 年数字。

表 5-18　　　1912～1935 年历年应还路债占铁路营业进款净数的比重（一）

沪杭甬路

年份（度）	营业进款净数（元）	应还筑路外债额（元）	应还筑路外债占营业进款净数百分比
1912	-295446.70	535163	
1913		560923	
1914		632306	
1915	445840.34	610273	136.9
1916	353675.57	466034	131.8
1917	408271.02	393267	96.3
1918	330519.63	312729	94.6
1919	244410.17	529159	216.5
1920	412140.18	605325	146.9
1921	370802.47	824768	222.4
1922	479396.06	799768	166.8
1923	1150130.74	847413	73.7
1924	1346436.97	792555	58.9
1925	1260979.07	804403	63.8
1926	1424667.79	862312	60.5
1927	1329803.40	922668	69.4
1928	1793727.14	854861	47.7
1929	1412714.72	940673	66.6
1930	1715273.55	1410318	82.2
1931	2019002.64	1604003	79.4
1932	1251339.24	1194350	95.4
1933	1506216.67	1501946	99.7
1934，1～6月	893128.46	1285714	144.0
1934 年度	695683.59	1095643	157.5

资料来源：(1) 营业进款净数：历年交通部《国有铁路会计统计总报告》；《中华民国元年交通部统计图表》，第 160 页。
　　　　　(2) 应还筑路外债额：根据倍林，《中国之外债》(J. R. Baylin: *Foreign Loan Obligation of China*)，第 43～44 页折成。

编者注：(1) "应还筑路外债额"原系以英镑计算，1912～1934 年，根据《南开指数年刊》每年 6 月、12 月上海对英国货币汇率折算为元；1935 年，根据《上海物价月报》1935 年上海对英国货币汇率折算为元。(2) 从 1934 年 7 月起，每年 7 月 1 日至次年 6 月 30 日为一统计年度。

表 5-19　　1912～1935 年历年应还路债占营业进款净数的比重（二）

沪宁路

年份（度）	营业进款净数（元）	应还筑路外债额（元）*	应还筑路外债占营业进款净数百分比
1912	−415760.59	1037236	
1913		1087162	
1914		1225513	
1915	1394404.36	1182811	84.8
1916	1914254.28	903251	47.2
1917	1976563.03	762218	38.6
1918	1894240.66	606023	32.0
1919	2321956.68	477318	20.6
1920	2692034.61	637262	23.7
1921	2880657.98	840335	29.2
1922	3046638.12	885864	29.1
1923	3613714.92	907867	25.1
1924	3936294.32	897211	22.8
1925	3889577.41	932693	24.0
1926	3351386.21	1099549	32.8
1927	2496725.85	1129469	45.2
1928	4089277.72	1100223	26.9
1929	4344028.66	2328259	53.6
1930	3786031.61	3447559	91.1
1931	4664491.41	2970233	63.7
1932	1352038.38	2903932	214.8
1933	4061062.35	3679342	90.6
1934，1～6 月	1886154.36	886019	180.7
1934 年度	3925063.11	3525735	89.8

资料来源：营业进款净数：历年交通部《国有铁路会计统计总报告》；《中华民国元年交通部统计图表》，第 133～134 页。
　　　　　应还筑路外债额：根据倍林，《中国之外债》，第 33～34 页折算而成。

编者注：(1)"应还筑路外债额"计算方法同表 5-18"编者注 (1)"。(2) 从 1934 年 7 月起，每年 7 月 1 日至次年 6 月 30 日为一统计年度。

表 5-20　　1912～1935 年历年应还路债占铁路营业进款净数的比重（三）

津浦路

年份（度）	营业进款净数（元）	应还筑路外债额（元）	应还筑路外债占营业进款净数百分比
1912		2900648	
1913		2944168	
1914		3310138	
1915	3218004.76	3433081	106.7
1916	5067097.67	2647935	52.3
1917	5182931.78	2103945	40.6
1918	6268632.49	1670767	26.7
1919	7282932.28	2489716	34.2
1920	8508495.56	2091581	24.6
1921	7788189.69	4467223	57.4
1922	6443283.61	4544727	70.5
1923	9135643.93	4603003	50.4
1924	9437301.61	4355147	46.1
1925	4762325.56	4468749	93.8
1926	280632.97	4986176	1776.8
1927	765582.71	5113200	667.9
1928	3193237.19	4839292	151.5
1929	4497149.65	5064221	112.6
1930	2175527.49	6632834	304.9
1931	6916161.49	7895519	114.2
1932	5977912.16	6390992	106.9
1933	5793030.32	8489469	146.5
1934，1～6 月	3489048.56	4598304	217.2
1934 年度	9977595.01	6798342	68.1

资料来源：营业进款净数：历年交通部《国有铁路会计统计总报告》；《中华民国元年交通部统计图表》，第 131、133 页。应还筑路外债额：根据倍林，《中国之外债》，第 41～42、47～48 页折成。

编者注："应还筑路外债额"原以英镑计算。1912～1934 年的数据是根据《南开指数年刊》各年 4 月、5 月、10 月、11 月汇率折算为元；1935 年的数据是根据《上海物价月报》1935 年上海对英国货币汇率折算为元。

（四）铁路的运载内容

中国铁路上货运是不发达的，表5-21提供铁路历年客货运输的基本情况。我们从客货运输收入，可以看出客运收入在铁路运输总收入中常占到百分之四十以上的比例（见表5-22）。这是中国铁路运输中的一个特点。

在客运中，军运又占了相当大的比重，试举京汉、京奉二路为例，军运比重在客运总量中分别占了百分之二十和百分之十六（见表5-23、表5-24，军队擅自扣留机车、车厢运输军队者，尚未计入）。货运业务中，矿产品和农产品所占吨位，一贯地占着压倒的优势（见表5-25、表5-26），并且政府运输的运量，竟至超过全国林产品和畜牧业产品的总和或相当于制造品运量的百分之五十（见表5-27）。表5-28以胶济铁路为例，来说明货运的流向。这里明显地反映出工业产品由港口（以青岛为代表）流向内地（以济南为代表），而农产品则恰恰是相反的流向。表5-29、表5-30，说明货量延吨里的增长超过货量的增长。

表 5－21　1907～1947 年间中国铁路客货运输量

以 1912 年为指数 100

年份(度)	客运 万人公里	指数	货运 万吨公里	指数	年份(度)	客运 万人公里	指数	货运 万吨公里	指数
1907	1020	0.6	—	—	1931	434005	267.4	445747	183.3
1908	101365	62.4	—	—	1932	345058	212.6	445561	183.2
1909	125299	77.2	—	—	1933	403037	248.3	477095	196.1
1912	162330	100.0	243233	100.0	1934,1～6月	206869	127.4	269018	110.6
1915	99264	61.1	225077	92.5	1934年度	405772	250.0	626700	257.7
1916	206448	127.2	262007	107.7	1935	434885	267.9	648880	266.8
1917	212833	131.1	276684	113.8	1936	434885	267.9	648880	266.8
1918	232080	143.0	342581	140.8	1937	208534	128.5	230807	94.9
1919	251926	155.2	386310	158.8	1938	91420	56.3	124950	51.4
1920	316153	194.8	454094	186.7	1939	113103	69.7	60520	24.9
1921	316223	194.8	470994	193.6	1940	143758	88.6	49922	20.5
1922	332090	204.6	398153	163.7	1941	155278	95.7	51705	21.3
1923	341343	210.3	513674	211.2	1942	147189	90.7	46501	19.1
1924	358232	220.7	457152	187.9	1943	210899	129.9	54575	22.4
1925	376112	231.7	411132	169.0	1944	100861	62.1	22919	9.4
1926	259567	159.9	242209	99.6	1945	181950	112.1	36638	15.1
1927	266321	164.1	266051	109.4	1946	1241989	765.1	375608	154.4
1928	235077	144.8	233600	96.0	1947	851798	524.7	273356	112.5
1929	318329	196.1	249698	102.7					

资料来源：(1) 1907～1909 年，邮传部编、邮传部第一、二、三次《路政统计表》，官办各路搭客人数及运货吨数二运费吨数二运费表中数字。(2) 1912 年，交通部编，《中华民国元年交通部统计图表》，第 108、112 页。(3) 1915～1929 年，铁道部编，《中华国有铁路会计统计汇编》，(1915～1929)，第 142～173 页。(4) 1931～1935 年《中华国有铁路统计总报告》，各路延人公里及各路延吨公里表。(5) 1936～1947 年，主计部统计局编，《中华民国统计年鉴》(1948 年 6 月版)，第 282、284 页。

编者注：(1) 缺 1910 年、1911 年、1913 年、1914 年、1930 年数字。(2) 从 1934 年 7 月 1 日起，每年 7 月 1 日至次年 6 月 30 日为一统计年度。(3) 1935 年、1936 年数字相同，疑有误。

表 5-22　　　　　　　　　　1907～1935 年间中国铁路客货运输收入

年份（度）	客货运总收入（元）	（百分比）	客运收入（元）	占总收入百分比	货运收入（元）	占总收入百分比
1907	21299858	100.0	9108040	42.8	11744933	55.1
1908	24938811	100.0	9737426	39.0	14625490	58.6
1909	28182678	100.0	10528146	37.4	16649268	59.1
1912	46718910	100.0	18865856	40.4	24021430	51.4
1915	57062359	100.0	22044047	38.6	33841148	59.3
1916	62761720	100.0	25655825	40.9	35878349	57.2
1917	63873704	100.0	25749295	40.3	36951002	57.9
1918	77652153	100.0	30311193	39.0	45945146	59.2
1919	83047390	100.0	32612376	39.3	48727508	58.7
1920	91443932	100.0	36813742	40.3	52450092	57.4
1921	96450836	100.0	36101641	37.4	57452719	59.6
1922	99556229	100.0	37650281	37.8	55731628	56.0
1923	119405638	100.0	40602900	34.0	73429787	61.5
1924	118511264	100.0	44824192	37.8	68609340	57.9
1925	127522218	100.0	49082859	38.5	72337608	56.7
1926	99341879	100.0	42599812	42.9	54587176	54.9
1927	105018254	100.0	46827139	44.6	56296437	53.6
1928	117142303	100.0	47969808	41.0	58900823	50.3
1929	151753630	100.0	68451984	45.1	80273295	52.9
1930	134398798	100.0	59659747	44.4	71404185	53.1
1931	152736245	100.0	61910692	40.5	76461195	50.1
1932	142065690	100.0	55559762	39.1	80321289	56.5
1933	148346171	100.0	60793123	41.0	81309638	54.8
1934，1～6月	76511117	100.0	30879422	40.4	42401096	55.4
1934 年度	167522106	100.0	60850281	36.3	99294533	59.3
1935	171091506	100.0	62429017	36.5	102529093	59.9

资料来源：1907～1908 年，邮传部编，邮传部一、二、三次《路政统计表》，官办各路搭客人数及运货吨数二运费表中数字。1912 年，交通部统计科编，《中华民国元年交通部统计图表》，第 120 页。1915～1925 年，铁道部，历年（1915～1929）《中华国有铁路会计统计汇编》，第 60～89 页。1926～1936 年，铁道部编，历年（1931～1935 年度）《国有铁路会计统计总报告》，营业进款细则表。

编者注：(1) 缺 1910 年、1911 年、1913 年、1914 年数字。(2) 从 1934 年 7 月起，每年 7 月 1 日至次年 6 月 30 日为一统计年度。

表 5-23 1919～1925 年间中国铁路客运中军运的比重（一）

京汉铁路

年份	载客总数 （延人公里数）	军运数 （延人公里数）	军运占载客 总数的百分比
1919	608315551	128138427	21.07
1920	628878764	132259055	21.03
1921	526733884	116348881	22.09
1922	490260467	83352085	17.00
1923	515217471	54000911	10.48
1924	559824440	114045680	20.37
1925	604312414	205487273	34.03

资料来源：根据历年（1916～1925）《京汉铁路会计统计年报》，"旅客业务之细别"表中数字计算制成。

表 5-24 1920～1931 年间中国铁路客运中军运的比重（二）

京奉铁路

年份	载客总数 （延人公里数）	军运数 （延人公里数）	军运占载客 总数的百分比
1920	532089957	45797838	8.61
1921	821619553	85407731	10.40
1922	826008226	268649499	32.52
1923	509385858	10652496	2.09
1924	659959772	214885052	32.56
1925	828613687	213674284	25.78
1926	629232118	93626408	14.88
1927	871213661	136150551	15.63
1928	552870784	64852295	11.73
1931	1053199264	100252161	9.52

资料来源：根据历年（1920～1928）《京奉铁路报告册》；1931 年《北宁铁路会计统计年报》，"旅客业务之细别"表中数字计算制成。

编者注：1923～1926 年间"军运数"包括所谓"政府民运"，即非军运的政府客运数在内，这一部分数字，就历年考察，只占百分之一二。

表 5-25　　1916～1947 年间中国铁路载运货物统计　　单位：万公吨

年份（度）	总计	制造品	矿产品	农产品	林产品	畜牧产品	其他
1916	1664	162	791	311	29	46	325
1917	1648	176	839	326	33	41	233
1918	1814	196	864	401	42	42	269
1919	2086	216	1027	419	54	48	322
1920	2163	219	1057	518	58	42	269
1921	2438	233	1130	561	69	39	406
1922	2017	235	944	461	60	49	268
1923	2680	297	1383	541	81	59	319
1924	2427	237	1173	421	70	50	476
1925	2342	223	1027	367	60	43	622
1931	2423	312	1254	304	46	45	462
1932	2561	302	1407	321	51	37	443
1933	2620	282	1362	326	45	40	565
1934，1～6月	1393	130	785	175	24	20	259
1934 年度	2983	278	1614	449	44	41	557
1935	2992	276	1668	365	38	39	606
1936	3436	381	1817	492	43	52	651
1937	1282	144	667	185	10	20	256
1938	735	42	145	141	14	11	382
1939	356	21	70	68	7	5	185
1940	264	15	50	50	6	3	140
1941	314	16	67	41	8	3	179
1942	307	13	59	30	8	2	195
1943	360	11	73	25	8	2	241
1944	175	6	43	14	5	1	106
1945	279	17	82	24	12	6	138
1946	2323	126	660	240	75	46	1176
1947，1～6月	1678	78	443	169	60	89	839

资料来源：(1) 1916～1924 年，交通部编，《国有铁路会计统计总报告》(1924)，"货运业务—货物—本路起运吨数表"。(2) 1925 年，交通部编，《国有铁路会计统计总报告》(1925)，同上表。(3) 1931～1935 年，铁道部编，《中华国有铁路统计总报告》，"本路起运吨数表"。(4) 1936～1947 年，主计部统计局，《中华民国统计年鉴》(1948)，第 283 页。

编者注：(1) 缺 1926～1930 年数字。(2) 从 1934 年 7 月起，每年 7 月 1 日至次年 6 月 30 日为一统计年度。(3) "其他"项内，包括政府、他路材料及本路材料数字。(4) 部分年份数字相加与总数不符，今于其他项内增减之，以符总计。

表 5 - 26　　　　　　　　　　1916～1947 年间中国铁路载运货物延吨量　　　　　　　　　单位：万延吨公里

年份（度）	总计	制造品	矿产品	农产品	林产品	畜牧产品	其他
1916	262007	31032	100596	80924	4390	12559	32506
1917	276684	32727	107235	88617	5420	9899	32786
1918	342581	40794	136850	109452	6552	9685	39248
1919	386310	43381	170459	101285	7983	10304	52898
1920	454094	45218	176928	164995	9299	10123	47531
1921	470994	45453	188400	149583	10745	9120	67693
1922	398153	50955	162355	113220	10231	12643	48749
1923	513674	60002	258223	120159	14354	14269	46667
1924	457152	51831	213779	91001	12257	12026	76558
1925	411132	49924	142166	85936	11954	10484	110668
1931	445747	71026	177246	89666	8218	11273	88318
1932	445661	64584	202876	79044	8165	8204	82788
1933	477095	65746	206347	83875	7930	8844	104353
1934,1～6月	269018	32328	131471	47718	4178	4991	48332
1934 年度	626700	77846	293207	132373	9200	10926	103148
1935	648880	87809	303043	117814	8239	12107	119868
1936	648880	87809	303043	117814	8239	12107	119868
1937	230807	25843	120020	33237	1847	3699	46161
1938	124950	7198	24590	23990	2399	1799	64974
1939	60520	3487	11910	11620	1163	870	31470
1940	49922	3225	9444	9467	528	720	26538
1941	51705	3349	11358	7431	868	873	27826
1942	46501	2854	10734	5436	768	487	26222
1943	54575	2551	12830	5166	830	453	32745
1944	22919	1020	6117	1574	567	185	13456
1945	36638	2617	11205	3621	1741	1071	16383
1946	375608	27236	85759	48102	13502	8855	192154
1947,1～6月	273556	16786	62086	37914	9129	12404	135237

资料来源：（1）1916～1924 年，交通部编，《国有铁路会计统计总报告》（1924）"货运业务—货物—延吨公里"表。（2）1925 年，交通部编，《国有铁路会计统计总报告》（1925），"货运业务—货物—延吨公里"。（3）1931～1935 年，铁道部编，《中华国有铁路统计总报告》（1932～1935），"延吨公里表"。（4）1936～1947 年，主计部统计局，《中华民国统计年鉴》（1948），第 284 页。

编者注：（1）缺 1926～1930 年数字。（2）从 1934 年 7 月起，每年 7 月 1 日至次年 6 月 30 日为一统计年度。（3）"其他"项内包括政府、他路材料及本路材料数字。（4）部分年份数字相加与总数不符，今于其他项内增减之，以符总计。（5）1935 年、1936 年数字相同，疑有误。

表 5-27　1928~1935 年间胶济铁路工农业产品的流向

(单位：吨)

年份	站别	发货到货别	工业产品							农业产品			
			煤油	火柴及其材料	布匹	肥料	机器	花生	棉花	鸡蛋	麦	大豆
1928	青岛	发货量	15	492	2976	1354	—	—	1	—	390	285
		到货量	8	617	867	1	—	18220	979	4629	2853	1955
	济南	发货量	46	—	89	870	—	11955	24227	6903	290	9004
		到货量	20155	6522	6257	60	—	1	650	10	9028	42
1929	青岛	发货量	80	610	4719	1217	46	—	87	—	90	25
		到货量	149	286	759	—	1	25716	790	5449	2942	2472
	济南	发货量	10	30	44	1845	49	39043	11426	7322	3260	5185
		到货量	15015	7425	8795	158	1115	12	1038	15	2537	30
1930	青岛	发货量	45	1539	4953	2577	40	—	234	—	4594	255
		到货量	—	20	642	75	57	42623	2894	3762	3756	996
	济南	发货量	80	—	27	1035	23	77810	27867	8347	3862	2858
		到货量	16098	7388	8246	489	250	78	320	32	77	—
1931	青岛	发货量	115	3763	6913	2794	6496	1	276	—	545	50
		到货量	5	7	401	15	587	53769	4620	3657	50	2022
	济南	发货量	12940	8929	190	1383	1990	92973	35077	10471	10689	4273
		到货量	8	—	9607	134	3445	45	332	3	14	—
1932	青岛	发货量	135	4092	9731	1281	6961	90	169	7	246	191
		到货量	6	35	455	—	536	64956	2429	3676	—	1144
	济南	发货量	13835	14466	10596	532	2432	79844	56418	6329	35353	6028
		到货量	36	1034	12883	146	3678	—	374	—	—	72
1933	青岛	发货量	1150	4	1227	494	5486	15	125	35	676	49
		到货量	135	—	152	70	415	46225	462	2763	50	2519
	济南	发货量	13642	16599	14367	50	1815	104654	42328	4360	14233	15285
		到货量	124	919	9421	2	3959	—	398	—	64	31
1934	青岛	发货量	6	2	1015	102	9268	45	167	42	3040	142
		到货量	60	—	137	23	625	35207	2699	1744	2660	5367
	济南	发货量	3155	7179	10992	—	1343	90867	37632	3885	16564	22748
		到货量	—	—	4944	294	4776	13	297	1	—	46
1935, 1-6月	青岛	发货量	94	271	423	7	6694	248	28	10	846	52
		到货量	—	—	79	357	151	13033	120	1174	51	690
	济南	发货量	60	—	6396	—	874	29030	19719	2718	450	1492
		到货量	794	2888	6396	—	2879	—	260	—	495	—

资料来源：根据胶济铁路车务处合编《胶济铁路运输统计年报》第 1~8 卷，"主要货物发到站别吨数表"中数字制成。
编者注：1935 年只是上半年的数字。

表 5-28　1932~1935 年间中国铁路货运各类产品的比重

年份（度）	货运总量（公吨）	百分比	工业品 制造品（公吨）	占总数的百分比	工业品 矿产品（公吨）	占总数的百分比	农业品 农产品（公吨）	占总数的百分比	农业品 林产品（公吨）	占总数的百分比	农业品 畜牧产品（公吨）	占总数的百分比	政府用品（公吨）	占总数的百分比	其他（公吨）	占总数的百分比
1932	26064556	100.0	3113174	11.9	14135753	54.2	3373641	12.9	527469	2.0	378723	1.5	1080527	4.2	3455269	13.3
1933	27076041	100.0	2993731	11.1	13711888	50.7	3637740	13.4	468994	1.7	304553	1.5	2119735	7.8	3739400	13.8
1933 年度	29112964	100.0	2990019	10.3	15605400	53.6	4207777	14.4	464585	1.6	437264	1.5	1268030	4.4	4139889	14.2
1934 年度	32958893	100.0	3529493	10.7	16868788	51.2	5820119	17.6	478060	1.4	484249	1.5	1142303	3.5	4635881	14.1
1935 年度	34364076	100.0	3812157	11.1	18169193	52.9	4922905	14.3	432270	1.3	518614	1.5	1548294	4.5	4960643	14.4

资料来源：根据铁道部编《中华国有铁路民国二十四年度统计总报告》，统计表第 78 页，第二十九表数字制成。

编者注："其他"即他路及本路材料。

表 5-29　　1916~1946年间中国铁路货物运量指数　　以1917年为指数100

年份（度）	各种产品总计	制造品	矿产品	农产品	林产品	畜牧产品
1916	101.0	92.0	94.3	95.4	87.9	112.2
1917	100.0	100.0	100.0	100.0	100.0	100.0
1918	110.1	111.4	103.0	123.0	127.3	102.4
1919	126.6	122.7	122.4	128.5	163.6	117.1
1920	131.3	124.4	126.0	158.9	175.8	102.4
1921	147.9	132.4	134.7	172.1	209.1	95.1
1922	122.4	133.5	112.5	141.4	181.8	119.5
1923	162.6	168.8	164.8	166.0	245.5	143.9
1924	147.3	134.7	139.8	129.1	212.1	122.0
1925	142.1	126.7	122.4	112.6	181.8	104.9
1931	147.0	177.3	149.5	93.3	139.4	109.8
1932	155.4	171.6	167.7	98.5	154.5	90.2
1933	159.0	160.2	162.3	100.0	136.4	97.6
1934年度	181.0	158.0	192.4	137.7	133.3	100.0
1935	181.6	156.8	198.8	112.0	115.2	95.1
1936	208.5	216.5	216.6	150.9	130.3	126.8
1937	77.8	81.8	79.5	56.7	30.3	48.8
1938	44.6	23.9	17.3	43.3	42.4	26.8
1939	21.6	11.9	8.3	20.9	21.2	12.2
1940	16.0	8.5	6.0	15.3	18.2	7.3
1941	19.1	9.1	8.0	12.6	24.2	7.3
1942	18.6	7.4	7.0	9.2	24.2	4.9
1943	21.8	6.3	8.7	7.7	24.2	4.9
1944	10.6	3.4	5.1	4.3	15.2	2.4
1945	16.9	9.7	9.8	7.4	36.4	14.6
1946	141.0	71.6	78.7	73.6	227.3	112.2

资料来源：据表5-25计算。

编者注：(1) 缺1926~1930年、1934年1~6月数字。(2) 从1934年7月起，每年7月1日至次年6月30日为一统计年度。(3) "各种产品总计"除表中所列各项，还包括"其他"物产在内。

表 5-30　　　　　1916～1946 年间中国铁路货物运输历年延吨量指数　　以 1917 年为指数 100

年份（度）	各种产品总计	制造品	矿产品	农产品	林产品	畜牧产品
1916	94.7	94.8	93.8	91.3	81.0	126.9
1917	100.0	100.0	100.0	100.0	100.0	100.0
1918	123.8	124.6	127.6	123.5	120.9	97.8
1919	139.6	132.6	159.0	114.3	147.3	104.1
1920	164.1	138.2	165.0	186.2	171.6	102.3
1921	170.2	138.9	175.7	168.8	198.2	92.1
1922	143.9	155.7	151.4	127.8	188.8	127.7
1923	185.7	183.3	240.8	135.6	264.8	144.1
1924	165.2	157.5	199.4	102.7	226.1	121.5
1925	148.6	152.5	132.6	97.0	220.6	105.9
1931	161.1	217.0	165.3	101.2	151.6	113.9
1932	161.1	197.3	189.2	89.2	150.6	82.9
1933	172.4	200.9	192.4	94.6	146.3	89.3
1934 年度	226.5	237.9	273.4	149.4	169.7	110.4
1935	234.5	268.3	282.6	132.9	152.0	122.3
1936	234.5	268.3	282.6	132.9	152.0	122.3
1937	83.4	79.0	111.9	37.5	34.1	37.4
1938	45.2	22.0	22.9	27.1	44.3	18.2
1939	21.9	10.7	11.1	13.1	21.5	8.8
1940	18.0	9.9	8.8	10.7	9.7	7.3
1941	18.7	10.2	10.6	8.4	16.0	8.8
1942	16.8	8.7	10.0	6.1	14.2	4.9
1943	19.7	7.8	12.0	5.8	15.3	4.6
1944	8.3	3.1	5.7	1.8	10.5	1.9
1945	13.2	8.0	10.4	4.1	32.1	10.8
1946	135.8	83.2	80.0	54.3	249.1	89.5

资料来源：据表 5-26 计算。

编者注：(1) 缺 1926～1930 年、1934 年 1～6 月数字。(2) 从 1934 年 7 月起，每年 7 月至次年 6 月为一统计年度。(3) "各种产品总计"包括"其他"物产在内。

六 轮船航运业

（一）中国轮船航运业的发展

中国的轮船航运业，已有一百余年的发展史。这一节的统计，概括地说明一百年来，在外国侵略者的强大航运势力压迫下，中国轮船航运业缓慢发展的轮廓。

第一次鸦片战争后，外国船只就已经任意航行中国沿海了。第二次鸦片战争后，外船更进一步获得了航行中国内河的特权，由此奠定了他们在华发展的基础。

一八七二年招商局成立以前，中国自己几无轮船航运业可言，在中国领水里活动的轮船，都是外国人所有的。招商局的成立，开中国轮船航运业的先锋，也始终是中国第一个大航运公司。一八七七年招商局收买了旗昌公司所有的船舶，于是在通商口岸进出中外轮船只吨统计中，中国轮船的吨位便突增至四百万吨左右，占到总数的百分之三十六点七。但自此以后，中国的发展极慢，而外轮数字却增加得很快，到了一九〇七年中国便只占百分之十五点六，之后直到三十年代为止，中国领水里帝国主义的航运势力始终占据绝对优势的地位，华轮所占总吨位的比重，连百分之二十五都不到（见表6-1）。

自招商局成立后，特别是十九世纪九十年代以后，上海、汕头、广州、杭州等几个大口岸就陆续出现了不少的小型轮船公司，其中资本在五万元以上者，大体如表6-2所列，——可能有一些遗漏。就这七十一家公司的创办人身份而论，除去无法确定的三十一家不计外，余下的四十家中，商办者十家，官僚买办经营者十六家，中外合资者十四家。由此可见，中国轮船业和帝国主义与封建主义的势力都保持着非常密切的联系。

这些小轮船公司，尽管和封建势力与帝国主义相勾结，仍然是很难发展的。有人形容十九世纪末期二十世纪初期苏沪杭一带内河小轮业的命运时说，"少者三月，多则两年"小轮运公司就要倒闭，这种情况，当然就说不上发展了。

关于中国轮船航运业的难以发展的情况，还可由历年所有轮船的统计数字上看出来。这里提供了三个统计：表6-3，是海关报告的统计；表6-4，是根据交通史航政篇的数字结算的；表6-5，是国民政府的官方报告。我们暂时还无法比较这三个统计的可靠性，但无论就哪一个来看，中国轮船的吨位都是很少的。

一九三七年抗日战争全面爆发，中国轮船损失极大（见表6-6），到一九四三年就只剩了四百二十二只船，三万七千三百零三吨，一九四六～一九四八年抗战胜利后轮船只吨大增，主要是美帝系统的航运势力入侵及国民党官僚资本膨胀的结果（见表6-5）。

表6-7、表6-8记录四川民生轮船公司历年股权分配情况，可见"民生"初成立时，官僚地主占有极大的势力，一九三三年后，资产阶级转占优势，到了抗日战争时期，银行资

本又伸展得特别迅速。

　　国民党官僚资本，在轮船业里的势力，到了抗战胜利后，达到了一个新的高峰。如与战前相比较，以招商局为首的官僚资本体系的轮船业由七万余吨增至四十七万余吨，约合六点七倍。以一九四八年为例，官僚资本拥有全国百分之十二的船只，竟占全国吨位数的百分之四十四，而民族资本体系，基本上却还是保持战前的水平（见表6-9）。

　　此外，我们还可由船龄上来看中国轮船业的落后情况。表6-10、表6-11即表明了中国轮船船龄是怎样老朽（以一九三六年为例）以及与英国和日本间所形成的显明对比。

　　清道光年间，外国轮船进入中国领水，中国帆船运输业就已开始逐渐衰落了。但是这一过程是非常曲折的，木船始终没有完全停航。关于这一过程，缺乏全面的统计资料，这里我们只列举两个例子：第一个，长江宜（昌）渝航线上轮船与帆船的对比（见表6-12）；第二个，珠江流域西江南宁至梧州航线上轮船与帆船的对比（见表6-13）。虽然这两条航线上轮船与帆船的消长趋势不尽相同，前者比较强烈，后者并不太显著，但都可以说明轮船是逐渐代替帆船的。

表 6-1　1872~1930年间中国各通商口岸进出中外轮船只数吨位对比

年份	总计 数量(只)	总计 吨位 实数	总计 吨位 百分比	中国 数量(只)	中国 吨位 实数	中国 吨位 百分比	外国 数量(只)	外国 吨位 实数	外国 吨位 百分比
1872	13708	10635625	100	5104			9711	6512463	63.3
1877	19607	16102574	100	5105	3908034	36.7	8604	6727591	63.3
1882	23439	21149526	100	6402	4667753	29.0	14502	11434821	71.0
1887	28974	28410156	100	8246	5508178	26.0	17037	15641348	74.0
1892	34566	32519729	100	12706	6308523	22.2	20728	22101633	77.8
1897	58086	52806393	100	18102	7543529	23.2	21860	24976200	76.8
1902	91380	74130376	100	33772	8931652	16.9	39984	43874741	83.1
1907	105296	82381569	100	45552	11598697	15.6	57608	62531679	84.4
1916	98420	74201372	100	43638	18460533	22.4	59744	63921036	77.6
1918	121338	99642210	100	50791	16984523	22.9	54782	57216849	77.1
1920	123401	119354968	100	52146	23632198	23.7	70547	76010012	76.3
1922	132213	136829598	100	44806	28644588	24.0	71255	90710380	76.0
1924	117319	132249431	100	39614	29418575	21.5	87407	107411023	78.5
1926	141106	148261342	100	51259	26451690	20.0	77705	105797741	80.0
1928	135206	151700235	100	41133	33044523	22.3	89847	115216819	77.7
1930			100		26133314	17.2	94073	125561921	82.8

资料来源：历年海关报告。

编者注：(1) 本表统计，系各通商口岸按普通行轮章程之往来外洋、往来国内船舶之进出只次统计。(2) 外国栏系指英国、日本、美国、德国、俄罗斯、法国、丹麦、挪威、西班牙、瑞典等国的总和。惟各年之间，国别并不全同，国别的总和，如第一次世界大战前的俄罗斯、奥地利，而意大利、比利时、芬兰、希腊、巴西、墨西哥诸国船舶来华，第一次世界大战后始有记载。(3) 为了避免篇幅过大，早期每五年采用一年；1907~1916年之间，因材料缺乏，未能衔接。(4) 通商口岸名称可参看本书表 2-1。晚期每二年采用一年。

表6-2 1872～1926年间中国轮船公司设立情况

创立年份	轮船公司名称	地点	资本额	创办人及其身份	备注
1872	轮船招商局	上海		李鸿章等	可能有外国人股份
1890	鸿安轮船公司	上海		华商	得官府许可，有垄断地位，有船四只，后增二只
	汕头小轮公司	汕头	50000两	外轮公司华人买办	在香港集股，有轮船三只
	潮汕揭轮公司	汕头			拟设
1891	香港广州轮渡公司	广州	500000两	仕绅、商人	沪苏航间，有小汽船二十五只，一说日本人经营
1892	戴生昌轮船公司	杭州	120000两	台湾人戴玉书	
1893	南记行号	汕头	200000元	林毓彦（太古买办，高利贷者）	专作石叻暹罗生意
	伯昌轮船公司	汕头	280000元	林毓彦	
1901	兆安船公司	香港	350000港元		香港、广州间航线，中外合资
	浦滠济轮船股份有限公司	绍兴	60000元	胡瀛桥、应励川等	原资六千元
	利通轮船股份有限公司	烟台	100000元	傅绍禹、毕明端等	小银洋
	舟山轮船股份有限公司	上海	320000元	朱葆三等	有船一只，一千二百五十二吨
	永裕仁轮船股份有限公司	崇明	128000元	龚蟑如、施丹甫等	
	裕兴商轮船股份有限公司	上海	80000元	黄秀瑞、张荫公等	有船五只，一千三百七十七吨
	通顺轮船股份有限公司	天津	150000元		拟设
	沪江航运公司		100000元		
1923	南华轮船公司	上海	240000元	刘石荪、赵甫臣（商人）	有船四只，九千七百八十吨
	恒安轮船股份有限公司		300000元	张延钟、伍重华等	
1924	大通仁记航业公司	香港	400000港元	陆伯鸿、茅友仁	中外合资
	香港油麻地小轮有限公司	香港	1000000元		有船二只，一千七百九十四吨
1925	安泰商轮公司	上海	100000元		
1926	民生船公司	重庆	50000元	卢作孚等	

资料来源：海关报告；《中国路矿航运危亡史》；《渥庵汇稿》；《法国在华经济势力全貌》；《江南事情》；《农工商统计》；《中国实业名鉴》；《商务官报》；《东方杂志》；《支那经济报告书》；《清季外交史料》；《农商公报》；《总商会月报》。

航政篇注：（1）本表所统计的公司为资本在五万元以上者。（2）中外合资航业公司，除列名者外，尚有同安轮船公司、复安船务公司、泉安船务公司、明生船务公司、诚兴公司、生和公司，四邑船务公司、泰生船务公司等（均在香港），因缺乏有关材料，未能列入表中。名义上太古、怡和、省港澳三公司共同经营的西江航业公司，以及有名无实的美国旗昌轮船公司，亦有华人资本。

编者注：李鸿章等

表 6-4　1910~1924 年间中国轮船吨级分类统计

以 1913 年为指数 100

年份	统计 数量(只)	统计 总吨位 吨数	统计 总吨位 指数	千吨以上者 数量(只)	千吨以上者 总吨位 吨数	千吨以上者 总吨位 指数	一百吨至一千吨者 数量(只)	一百吨至一千吨者 总吨位 吨数	一百吨至一千吨者 总吨位 指数	百吨以下者 数量(只)	百吨以下者 总吨位 吨数	百吨以下者 总吨位 指数
1910	317	100974.62	71.6	34	80388.81	81.7	44	16145.52	54.9	239	4440.29	33.7
1911	596	114458.50	81.2	37	85434.24	86.8	60	20715.52	70.4	499	8308.74	63.1
1913	893	141023.81	100.0	47	98447.24	100.0	81	29414.14	100.0	765	13162.43	100.0
1914	1057	161356.48	114.4	54	108864.37	110.6	101	35793.27	121.7	902	16698.84	126.9
1915	1559	192970.36	136.8	56	111182.37	112.9	141	48274.35	164.1	1362	33513.64	254.6
1916	1791	210387.85	149.2	57	111076.37	112.8	170	59652.78	202.8	1564	39658.70	301.3
1917	1941	217803.74	154.4	56	111417.79	113.2	179	62736.35	213.3	1706	43649.60	331.6
1918	2070	236622.00	167.8	62	118137.67	120.0	198	71872.33	244.3	1810	46612.00	354.1
1919	2184	272290.75	193.1	72	138093.15	140.3	238	86199.69	293.0	1874	47997.91	364.7
1920	2280	303826.93	215.4	88	162750.99	165.3	259	91387.03	310.7	1933	49688.91	377.5
1921	2416	346332.17	245.6	102	189286.99	192.3	292	105404.87	358.3	2022	51640.31	392.3
1922	2527	375831.07	266.5	114	209146.53	212.4	319	113203.90	384.8	2094	53480.64	406.3
1923	2635	410379.05	300.0	124	231222.53	234.9	348	124307.91	422.6	2163	54848.61	416.7
1924	2734	445997.11	316.3	141	260468.86	264.6	365	129513.63	440.3	2228	56014.62	425.6

资料来源:《交通史》航政编,第二册,第三章,第 705~711 页。

编著注:(1) 本表统计数字包括招商局数字在内。(2) 1910~1924 年数字(其中缺 1912 年数字)均已将各年注册各轮吨数明增减吨数及销照船数分别增加或减除,销照船数及吨数呈负数沉毁,销照船数及吨数分别增加或减除以后之实有数字。(3) 每年登记船数及吨数船数及销照船数沉毁数吨数两相抵消后,可能发生负数。如 1916 年千吨以上的船,不但未增加,且有减少。即是,说明该年千吨以上的船,不但未增加,且有减少。

表 6-5　　　　　　　　　　1928~1948 年间中国轮船吨级分类统计

年份（度）	总计 数量(只)	总计 总吨位	≥1000 吨以上 数量(只)	≥1000 吨以上 总吨位	100~1000 吨 数量(只)	100~1000 吨 总吨位	≤100 吨以下 数量(只)	≤100 吨以下 总吨位
1928	1352	290791.17	117	213841.97	159	54904.29	1076	22044.91
1929	1823	334403.92	126	230451.36	219	72557.23	1478	31395.33
1930	2792	415447.28	138	247968.54	354	109932.90	2300	52545.84
1932	3456	577256.64	178	342210.95	566	169512.18	2713	65533.51
1933	3577	624789.21	195	377841.50	550	165730.70	2832	81257.01
1935	3895	67517267	208	461812.03	555	116704.15	3132	96656.51
1937	1027	118484						
1938	792	87453						
1939	607	68794						
1940	507	58912						
1941	309	46540						
1942	224	62376						
1943	422	37303						
1944	570	73299						
1945	562	125557						
1946	2351	669474						
1947	3615	1032305						
1948	4032	1092217						

资料来源：国民政府：《交通部统计年报》，第 234~235、254~255、306~307、344~349、358~359、360~371 页。其中 1932 年转引自民国廿四年辑统计提要，第 1103 页；1937~1945 年转引 1948 年《中华民国统计年鉴》，第 291 页；1946~1948 年，曾白光：《中国商船与航业》，《交通月刊》2 卷 2 期，1948 年 8 月，第 39~40 页。

编者注：(1) 本统计表数字包括招商局数字在内。(2) 缺 1934 年 1 至 6 月，1935 年 7 至 12 月，1936 年数字。(3) 1935 年系指 1934 年 7 月~1935 年 6 月按年度计算者，其余均系至各该年年底为止。

表 6-6　　　　　　　　抗日战争时期（1937~1945 年）中国轮船损失统计

种类	总计 数量（只）	总计 吨数	海轮 数量（只）	海轮 吨数	江轮 数量（只）	江轮 吨数
总计	3000	495320	124	367383	2876	127937
直接损失	2837	349519	47	250271	2790	99248
间接损失	163	148801	77	117112	86	28689

资料来源：曾白光：《中国商船与航业》，《交通月刊》2 卷 2 期。

编者注：被敌炸毁掠夺之轮船为直接损失（木船未计算）。征用沉塞港道者为间接损失，其中包括官僚资本所有二万五千吨。

表 6 - 7　　　　1926~1949 年间"民生轮船公司"股权分配实数统计

年份	总计 股东	总计 股数	官僚地主 股东	官僚地主 股数	资产阶级 合计 股东	资产阶级 合计 股数	其中 银行 股东	其中 银行 股数	其中 工商业 股东	其中 工商业 股数	其中 小资产阶级 股东	其中 小资产阶级 股数	其他 股东	其他 股数	不详 股东	不详 股数
1926	79	105	42	56	15	26	—	—	12	23	3	3	2	2	20	21
1927	142	204	68	107	34	55	—	—	23	41	11	14	4	4	36	38
1928	166	249	73	123	43	70	—	—	27	50	16	20	5	5	45	51
1929	194	304	83	147	52	89	—	—	34	66	18	23	5	5	54	63
1930	219	492	90	172	62	234	—	—	39	188	23	46	5	5	62	81
1931	288	962	108	387	85	327	—	—	54	268	31	59	8	11	87	237
1932	400	1622	146	589	122	522	3	40	81	390	38	92	10	121	123	390
1933	521	2137	164	689	176	793	3	40	124	630	49	123	14	138	167	517
1934	547	2364	167	786	191	835	4	50	131	638	56	147	14	176	175	567
1935	573	2390	180	884	203	881	6	89	136	630	61	162	15	193	175	432
1936	639	3215	200	988	247	1146	8	103	158	851	81	192	18	199	174	882
1937	749	35100	214	11614	314	13393	9	2705	176	8205	129	2483	24	2743	197	7350
1938	1039	34710	233	11565	529	14604	11	2725	208	8870	310	3009	45	2942	232	5599
1939	1109	70798	244	17957	558	38199	13	17346	229	16505	316	4348	49	1726	258	12916
1940	1127	69881	253	16751	564	42921	14	20980	234	17540	316	4401	50	1681	260	8528
1941	1137	69941	260	16772	570	43672	14	21033	238	18203	318	4437	51	1689	256	7808
1942	1141	71903	260	16844	579	45466	14	21173	243	18133	322	6160	53	1735	249	7858
1943	1176	786373	264	124817	600	495785	14	283898	251	166975	335	44912	60	24382	252	141389
1944	1312	809387	291	135690	672	547239	14	308898	273	191770	385	46571	65	25530	284	100928
1945	1386	788054	302	135748	717	545890	14	308898	300	187720	403	49272	74	25690	293	80726
1946	1457	788217	324	135839	737	546840	14	308898	306	188290	417	49652	81	25820	315	79718
1947	1734	776566	343	136281	886	546973	14	308898	323	185477	549	52598	119	26384	386	66928
1948	1987	778628	378	133468	1019	550026	14	308898	337	186826	668	54302	125	27847	465	67287
1949	2074	779459	412	111683	1000	550329	14	308898	361	185915	625	55516	130	27873	532	89574

资料来源：《公私合营民生轮船公司历年股份情况》，1954 年 12 月。

编者注：(1) 官僚地主指反革命分子、流氓、地主兼工商业者等。(2) 工商业者指工商业者兼地主、商人、公司高级职员、报关行、洋行等从业人员。(3) 小资产阶级指职员、小资产阶级、自由职业者、小土地出租者等。(4) "其他" 栏包括职工、学校团体、华侨等。这里的阶级成分主要是根据1950年该公司调查股权的记录而来的。

表 6-8　　1926～1949 年间"民生轮船公司"股权分配百分比统计

年份	总计 股东	总计 股数	官僚地主 股东	官僚地主 股数	资产阶级 合计 股东	资产阶级 合计 股数	其中 银行 股东	其中 银行 股数	其中 工商业 股东	其中 工商业 股数	其中 小资产阶级 股东	其中 小资产阶级 股数	其他 股东	其他 股数	不详 股东	不详 股数
1926	100	100	53.2	53.3	19.0	24.8	—	—	15.2	21.9	3.8	2.9	2.5	1.9	25.3	20.0
1927	100	100	47.9	52.5	23.9	27.0	—	—	16.2	20.1	7.7	6.9	2.8	2.0	25.4	18.6
1928	100	100	44.0	49.4	25.9	28.1	—	—	16.3	20.1	9.6	8.0	3.0	2.0	27.1	20.5
1929	100	100	42.8	48.4	26.8	29.3	—	—	17.5	21.7	9.3	7.6	2.6	1.6	27.8	20.7
1930	100	100	41.1	35.0	28.3	47.5	—	—	17.8	38.2	10.5	9.3	2.3	1.0	28.3	16.5
1931	100	100	37.5	40.2	29.5	34.0	—	—	18.8	27.9	10.7	6.1	2.8	1.1	30.2	24.6
1932	100	100	36.3	36.3	30.5	32.2	0.7	2.5	20.3	24.0	9.5	5.7	2.5	7.5	30.7	24.0
1933	100	100	31.5	32.2	33.8	37.1	0.6	1.9	23.8	29.5	9.4	5.7	2.7	6.5	32.0	24.2
1934	100	100	30.5	33.2	34.9	35.3	0.7	2.1	23.9	27.0	10.2	6.2	2.6	7.4	32.0	24.0
1935	100	100	31.4	37.0	35.4	36.9	1.0	3.7	23.7	26.4	10.6	6.8	2.6	8.1	30.5	18.1
1936	100	100	31.3	30.7	38.7	35.6	1.3	3.2	24.7	26.5	12.7	6.0	2.8	6.2	27.2	27.4
1937	100	100	28.6	33.1	41.9	38.2	1.2	7.7	23.5	23.4	17.2	7.1	3.2	7.8	26.3	20.9
1938	100	100	22.4	33.3	50.9	42.1	1.1	7.9	20.0	25.6	29.8	8.7	4.3	8.5	22.3	16.1
1939	100	100	22.0	25.4	50.3	54.0	1.2	24.5	20.6	23.3	28.5	6.1	4.4	2.4	23.3	18.2
1940	100	100	22.4	24.0	50.0	61.4	1.2	30.0	20.8	25.1	28.0	6.3	4.4	2.4	23.1	12.2
1941	100	100	22.9	24.0	50.1	62.4	1.2	30.1	20.9	26.0	28.0	6.3	4.5	2.4	22.5	11.2
1942	100	100	22.8	23.4	50.7	63.2	1.2	29.4	21.3	25.2	28.2	8.6	4.6	2.4	21.8	10.9
1943	100	100	22.4	15.9	51.0	63.0	1.2	36.1	21.3	21.2	28.5	5.7	5.1	3.1	21.4	18.0
1944	100	100	22.2	16.8	51.2	67.6	1.1	38.2	20.8	23.7	29.3	5.8	5.0	3.2	21.6	12.5
1945	100	100	21.8	17.2	51.7	69.3	1.0	39.2	21.6	23.8	29.1	6.3	5.3	3.3	21.1	10.2
1946	100	100	22.2	17.2	50.6	69.4	1.0	39.2	21.0	23.9	28.6	6.3	5.5	3.3	21.6	10.1
1947	100	100	19.8	17.5	51.1	70.4	0.8	39.8	18.6	23.9	31.7	6.8	6.9	3.4	22.2	8.6
1948	100	100	19.0	17.1	51.3	70.6	0.7	39.7	17.0	24.0	33.6	7.0	6.3	3.6	23.4	8.6
1949	100	100	19.9	14.3	48.2	70.6	0.7	39.6	17.4	23.9	30.1	7.1	6.3	3.6	25.6	11.5

资料来源：据表 6-7 计算。

表 6-9　　1935～1948 年间官僚资本对中国航运业的垄断情况

以 1935 年吨位为指数 100

年份	全国统计 轮船数（只）	全国统计 轮船吨数（吨）	全国统计 指数	官僚资本 轮船数（只）	官僚资本 轮船吨数（吨）	官僚资本 指数	民族资本 轮船数（只）	民族资本 轮船吨数（吨）	民族资本 指数	官僚资本占全国统计百分比 轮船数（只）	官僚资本占全国统计百分比 轮船吨数
1935	3895	675173	100	28	71117	100	3867	604056	100	0.7	11
1946	2351	669474	99	533	302418	425	1818	367056	61	23	45
1947	3615	1032305	153	612	450670	634	3003	581635	97	17	44
1948	4032	1092217	162	464	477086	671	3568	615131	102	12	44

资料来源：(1) 1935 年，民国廿四年度《交通部统计年报》，第 344～349 页。(2) 1946～1948 年，曾白光：《中国商船与航业》，《交通月刊》2 卷 2 期，1948 年 8 月，第 39～40 页。

编者注：(1) 官僚资本系统航业包括招商局、所谓公营的台湾航业公司、湖北省航局业、行总水运大队、中国油轮公司、中华水产公司等机构。(2) 因材料不足，民族资本系统航运业是否全与官僚资本无关，尚很难下最后结论；这里仅根据已得材料比较两者发展之大致趋势而已。(3) 1946 年、1947 年数字统计均至该年年底止，1948 年至该年 6 月底止。

表 6-10　　1936 年中国所有轮船船龄按吨级分类统计

船龄	总计 数量（只）	总计 百分比	总计 吨位（吨）	总计 百分比	1000 吨以上者 数量（只）	1000 吨以上者 百分比	1000 吨以上者 吨位（吨）	1000 吨以上者 百分比	100～1000 吨者 数量（只）	100～1000 吨者 百分比	100～1000 吨者 吨位（吨）	100～1000 吨者 百分比
总计	542	100.0	576875	100.0	204	100.0	472524	100.0	338	100.0	104351	100.0
15 年以下者	222	41.0	98081	17.0	26	12.7	47858	10.1	196	58.0	50223	48.1
15～25 年者	104	19.2	152900	26.5	47	23.0	135058	28.6	57	16.9	17842	17.1
25 年以上者	211	38.9	324891	56.3	131	64.3	289608	61.3	80	23.7	35283	33.8
不详	5	0.9	1003	0.2	—	—	—	—	5	1.4	1003	1.0

资料来源：《航业年鉴》（即《航业月刊》，4 卷 12 期，扩大号），第二回，1936 年，第 199 页。

表 6-11　　1935 年部分在中国水域航行船舶船龄比较

船龄	日本 吨位（吨）	日本 百分比	英国 吨位（吨）	英国 百分比	中国 吨位（吨）	中国 百分比
10 年以下者	32925	23.4	52241	17.1	18801	11.0
10～25 年者	77905	55.1	156875	51.4	58149	33.8
25 年以上者	30301	21.5	95984	31.5	94785	55.2
合计	140931	100.0	305100	100.0	171735	100.0

资料来源：《上海满铁季刊》，第一年，第一号，第 89 页。
编者注：本表为日本六家公司，英国十家公司，中国六家公司船龄的统计比较。

表 6-12　　1922～1931 年间南宁、梧州航线轮船、帆船只数与吨位的比较

年份	轮船 总计（只）	轮船 总计（吨）	外轮（只）	外轮（吨）	华轮（只）	华轮（吨）	帆船（只）	帆船（吨）
1922	262	14945	88	3720	174	11225	224	4874
1923	313	17875	123	5897	190	11978	422	10270
1924	503	26886	381	19145	122	7741	174	4925
1925	388	23867	285	15575	103	8292	133	4601
1926	629	43962	201	10979	428	32983	221	8064
1927	881	60118	267	13384	614	46734	143	4260
1928	820	57078	122	5498	698	51580	84	2976
1929	640	47544	72	3412	568	44132	96	3366
1930	121	7567	25	1049	96	6518	22	837
1931	559	41774	73	2994	486	38780	78	3046

资料来源：《海关十年报告》（*Decenial Report*），1922～1931 年，第五次，2 卷，第 299～300 页。

表 6-13　　　　　1891~1932 年间川江轮船、帆船只数与吨位的比较

年份	总计 数量（只）	总计 吨位（吨）	轮船 数量（只）	轮船 吨位（吨）	帆船 数量（只）	帆船 吨位（吨）
1891	607	81318	—	—	607	81318
1895	2117	54118	—	—	2117	54118
1900	2681	84862	—	—	2681	84862
1905	2513	81126	—	—	2513	81126
1909	2340	74496	1	196	2339	74300
1910	2058	73141	31	6076	2027	67065
1911	2179	95726	17	3332	2162	72394
1912	2139	79761	25	4900	2114	74861
1913	2059	80622	26	5096	2033	75526
1914	2163	120229	90	25447	2073	94782
1915	2025	117420	120	31627	1905	85793
1916	1737	107229	53	16374	1685	90855
1917	1836	111444	113	31117	1723	80327
1918	1405	69690	43	8694	1362	60996
1919	1839	133017	220	58728	1619	74289
1920	1158	116125	295	75386	863	40757
1921	1316	180195	367	333098	949	47097
1922	1080	301819	639	279009	441	22810
1923	874	269330	628	253902	246	15428
1924	867	339670	858	339210	9	469
1925	1172	441498	1171	441478	1	20
1926	1091	393376	1091	393376	—	—
1927	660	220669	660	220669	—	—
1928	1023	338368	1023	338368	—	—
1929	1010	376473	1010	376473	—	—
1930						
1931	996	311507	996	311507	—	—
1932	859	292497	859	292497	—	—

资料来源：中国银行经济研究室《四川之航业》，《复兴月刊》3 卷，6、7 期合刊，1935 年 3 月，第 16~19 页。

（二）外国在华航运势力

根据不完全的统计材料（见表 6-14），自十九世纪六十年代起，美国与英国等国商人便开始在中国设立轮船公司了，如旗昌（一八六一年）、会德丰（一八六三年）上海拖驳公司（一八六三年）、大沽拖驳公司（一八六四年）等等。其中英国资本，直到十九世纪末，始终占有绝对优势的地位。一八九五年中日甲午战争后，日本在华的轮运势力，急骤扩充，先有"日邮"、"大阪"，后有"湖南"、"大东"以及"日清"等轮船公司的设立。这样，到了二十世纪初期，列强在华航运势力之间便展开了激烈的竞争。在华日轮的扩张，打破了英国的独占而形成英国、日本分霸中国航运业的局面。譬如，在中国各通商口岸进出船舶吨位各国间的比重上，一八九七年日本仅占百分之二点五，一九一三年日本已占百分之三十一点九，一九一八年更上升到百分之四十三点二；同时，英国的比重，则由百分之八十四点四降到百分之四十点八、百分之三十七点三（见表 6-15）。往来外洋方面，一九一八年日本已经超过英国的比重（见表 6-16）；即使往来国内方面，英国虽已有根深蒂固的势力，但仍有同样的趋势（见表 6-17）。这种外国侵略者在中国航运业上的消长情况，可从表 6-15 至表 6-17 上得到说明。

中国轮运业发展中，"太古"、"怡和"、"日清"、"招商局"是英国、日本、中国三国最大的四个公司。因为材料限制，这里仅举长江航线四大公司的历年配船数量及货载量来作一简单比较。在长江航线的配船量上（见表 6-18），招商局一般约占百分之二十五，除去清末及第一次世界大战期间日清公司数量较多外，四个公司历年配船数量不相上下；但货载量就大有轩轾了（见表 6-19）。这正体现出在封建统治者的摧残及外轮优势的压力下，中国轮运业难以与外轮竞争的情况。譬如，在北洋军阀的年代，招商局经常遭受军队征发的敲诈，几乎处于完全停业状态，蒋介石叛变革命的一九〇七年，长江航线的货运，整个操在外国人手里，招商局只占百分之二点一，此后，虽有上升，一般亦仅占四公司总货运量的七分之一到六分之一而已。

现在我们再从招商局与日清公司的历年营业情况（见表 6-20）说明中国航运业权益外溢的严重性。

招商局成立于一八七二年，日清公司成立于一九零七年，两者所拥有船只数量相差不多，但在表列年份里，前者除去第一次世界大战前后数年营业较有盈余外，几乎年年亏赔，后者则除去"九一八事变"后的一九三二年略有亏赔外，数十年来，年年盈余，两者形成鲜明的对比。

日清公司每年在华攫夺数十万元乃至数百万元的利润。第一次欧战期间，因西方侵略者航运势力自中国暂时后撤，日清公司利用这一机会获利更厚。如一九一八年日清公司的利润率竟高达百分之二十六点七（见表 6-21）。日本就是这样进一步巩固了在华航运势力的。

由于材料的限制，我们目前无由获得太古、怡和历年的营利额，但按其在华经营历史的悠久，资本的雄厚，投资之广泛，其由中国攫夺的利润额，较之日清公司必有过之无不及。

表6-22、表6-23，说明太古、怡和二公司除去经营航运业而外，并经营一系列别种企业：先是与航业有关的保险业、造船业，后来是轮船航运业，到十九世纪八十年代起，就开始陆续投资于工业了。由商业航运直到工业，俨然形成了经济侵华的坚强、完整的企业网。

表 6-14　1860～1940 年间主要外国轮船公司在华设立情况

设立年份	国别	公司名称	地址	附注
1861	美国	旗昌轮船公司（Shanghai Union Steam Navigation Company）	香港	为美国旗昌洋行（Russel & Co.）所设立，旗昌在 1853 年即有轮船到达上海，主要航路为沪粤线、长江线，1877 年已将全部轮船卖予招商局
1863	英国	会德丰（Wheelock & Co.）	上海	后代理上海拖驳公司，黄浦拖驳公司等，1938 年有船十一只，五万一千四百零一吨
1863	英国	上海拖驳公司（Shanghai Tug & Lighter）	上海	附属于上海有船八只，四千零六十五吨），1938 年有船二十六只，八万七千七百三十七吨
1918	英国	赉赐船务公司（Moller & Co., Ltd.）	香港	
1918	日本	东西伯利亚轮船公司		名又为俄国人经营，实则为满铁公司经营
1920	日本	天华洋行		原有汉口日本同航线，有船三只，四千五百余吨，后增加船只，开辟了汉渝间航线
1921	美国	瑞丰转运公司（Commercial Express and Storage Co.）	上海	
1921	法国	聚福洋行航业部（Union Franco-Chinoise de Navigation.）	重庆	主要为宜渝间航线，有船二只，一千六百七十九吨，与法吉利洋行有关。当时华人川江轮船公司因苦于军队拉差，不能营业，而被其兼并
1922	美国	美华轮船公司（American West China Navigation Co.）		1926 年卖给三北埠公司
1923	美国	美顺公司（West China Steam Ship Co.）		为太平洋邮船公司经理部及美丰银行合办，主要为宜渝线，有船七只，约五千吨，1929 年解散，由民生、太古等公司收买
1924	美国	捷江轮船公司（Yangtze Rapid Steamship Co.）	上海	主要为宜渝航线。有船七只，1924 年继承其来洋行（Gilleppie & Sons Co.）事业，后由柯克斯洋行（R. Cox & Co.）接收
1925	英国	茂泰洋行有限公司（Marden & Co., Ltd., G.E.）	上海	会德丰系，兼营仓库业，与黄浦轮船局，上海搬场公司有关
1927	意大利	意华公司（Italo-Chinese River Navigation.）	上海	主要经营宜渝航线
1929	美国	德士古公司（Texico Co.）	上海	以经营长江航线为主，1938 年有船二只，八百二十六吨
1930	美国	泰安洋行（China Transport and Storage Co.）	上海	安利洋行系，由美安洋行经营，1938 年有船二十六吨，后收购三北，鸿安六只，一万四千五百零四吨，公司共有十五只
1938	意大利	中意轮船公司（Chinese Italian Steam Navigation Co.）	上海	原有船九只，一万八千七百六十吨，三百二千九百八十吨

资料来源：《中国实业名鉴》；《诸外国对支投资》；《商埠志》；《A. Wright, Twentieth Century Impressions of Hongkong, Shanghai, & Other Treaty Ports of China, 1908》；《英美财阀》（叶萋登）；《怡和洋行天津分行之调查》；《支那经济地理志》（马场锹太郎）；《北华捷报》（North China Herald）；《满洲开发报告》（南满铁道株式会社, Report of Progress in Manchuria）等。

编者注：主要经营人及航线等，历年变动殊多，材料缺乏，不及一一备列，又经营远洋的航业公司，如大英轮公司等，均未列入。

表 6-15　1868～1947年间中国各通商口岸往来外洋与往来国内的外籍航运势力

年份	总计 吨位	总计 百分比	英国 吨位	英国 百分比	日本 吨位	日本 百分比	美国 吨位	美国 百分比	德国 吨位	德国 百分比	其他 吨位	其他 百分比
1868	6385771	100	3332092	52.2	4168	0.1	2237327	35.0	467087	7.3	345097	5.4
1872	8450356	100	3954130	46.8	5108	0.1	3471293	41.1	607948	7.2	411877	4.9
1877	8009047	100	6497362	81.1	115263	1.4	556112	6.9	496908	6.2	343412	4.3
1882	12612883	100	10814779	85.7	194584	1.5	167801	1.3	882856	7.0	552863	4.4
1887	16529538	100	14171810	85.7	306169	1.9	66539	0.4	1480083	9.0	504937	3.0
1892	22879385	100	19316815	84.4	630868	2.8	61328	0.3	1466133	6.4	1404241	6.1
1897	25932382	100	21891043	84.4	660707	2.5	269780	1.0	1658094	6.4	1452758	5.6
1902	44648920	100	26950202	60.4	7350515	16.5	493831	1.1	7220146	16.2	2634226	5.9
1907	63423119	100	33316618	52.5	15598213	24.6	1045899	1.6	6639767	10.5	6822622	10.8
1913	73430886	100	38120300	51.9	23422487	31.9	898750	1.2	6320466	8.6	4668883	6.4
1916	64622992	100	35840573	55.5	24233835	37.5	799913	1.2	66532	0.1	3682139	5.7
1918	58465002	100	29911369	51.2	25283373	43.2	1214921	2.1	—	—	2055339	3.5
1920	76613386	100	40315707	52.6	28191592	36.8	4718251	6.2	—	—	3387836	4.4
1922	91273616	100	47698139	52.3	32961333	36.1	4846437	5.3	447050	0.5	5320657	5.8
1924	108144464	100	55715925	51.5	34759884	32.1	6359589	5.9	2085968	1.9	9223098	8.5
1926	106265975	100	47645090	44.8	38948844	36.7	6496351	6.1	2995127	2.8	10180563	9.6
1928	116107780	100	56035567	48.3	39065724	33.6	6364102	5.5	3703228	3.2	10938159	9.4
1930	126406784	100	57246927	45.3	45630705	36.1	6490351	5.1	4245842	3.4	12792959	10.1
1932	101521328	100	59430602	58.5	19775917	19.5	5376352	5.3	2393906	2.4	14544551	14.3
1934	99322536	100	58866763	59.3	20139115	20.3	5406637	5.4	2342949	2.4	12567072	12.6
1936	100847373	100	57345515	56.8	24913576	24.7	3771479	3.7	2624498	2.6	12192305	12.1
1938	51998478	100	28403147	54.6	8743975	16.8	425342	0.8	2645852	5.1	11780162	22.7
1940	37951346	100	10825495	28.5	18738080	49.4	1553467	4.1	312134	0.8	6522170	17.2
1942	14192922	100	—	—	13381415	94.3	—	—	24168	0.2	787339	5.5
1947	17594948	100	5812287	33.0	597675	3.4	5935244	33.7	—	—	5249742	29.8

资料来源：历年海关报告。

编者注：(1) 同表6-1，编者注1、3。(2) "其他"栏不包括中国数据。(3) 本表系轮、帆船混合统计（原资料分拆不开），惟外国在华帆船数量很少。

表 6-16　1877~1947 年间中国各通商口岸往来外洋的外籍航运势力

年份	总计 吨位	总计 百分比	英国 吨位	英国 百分比	日本 吨位	日本 百分比	美国 吨位	美国 百分比	德国 吨位	德国 百分比	其他 吨位	其他 百分比
1877	2695799	100	2133450	79.1	115263	4.3	74884	2.8	160921	6.0	211281	7.8
1913	24491838	100	10415867	42.5	7722102	31.5	514795	2.1	2886922	11.8	2952152	12.1
1916	18581333	100	8603691	46.3	7541150	40.6	435730	2.3	—	—	2000762	10.8
1918	14357648	100	5064115	35.3	7465442	52.0	764109	5.3	—	—	1063982	7.4
1920	24380113	100	9303866	38.2	9923936	40.7	3203934	13.1	285473	0.9	1948377	8.0
1922	31234901	100	10803387	34.6	12253764	39.2	3387157	10.8	285473	0.9	4505120	14.4
1924	40612094	100	16582062	40.8	13921627	34.3	4215244	10.4	954442	2.4	4938719	12.1
1932	40203311	100	18802547	46.8	9333126	23.2	3473068	8.6	1132594	2.8	7461976	18.6
1934	38107577	100	17459602	45.8	8598454	22.6	3744288	9.8	1343425	3.5	6961808	18.3
1936	37898430	100	16158051	42.6	9418855	24.9	3120875	8.2	1965131	5.2	7235518	19.1
1938	27186515	100	12350327	45.4	6484620	23.9	328920	1.2	1448611	5.3	6574037	24.2
1940	23863667	100	4437605	18.6	13736469	57.6	1471771	6.2	—	—	4217822	17.7
1942	9974948	100	—	—	9623732	96.5	—	—	18632	0.2	332584	3.3
1947	15003125	100	4872091	32.6	513313	3.4	5334730	35.6	—	—	4282991	28.5

资料来源：历年海关报告。

编者注：(1) 同表 6-15 的编者注。(2) 表题所谓往来外洋者，指在国外贸易中，中国各通商口岸直接与国外各港往来船只而言。

表6-17　1877～1947年间中国各通商口岸来往来国内的外籍航运势力

年份	总计 吨位	总计 百分比	英国 吨位	英国 百分比	日本 吨位	日本 百分比	美国 吨位	美国 百分比	德国 吨位	德国 百分比	其他 吨位	其他 百分比
1877	5313248	100	4363902	82.1	—	—	481228	9.1	335987	6.3	132131	2.5
1913	48939048	100	27704433	56.6	15700385	32.1	383955	0.8	3433544	7.0	1716731	3.5
1916	46041659	100	27236882	59.2	16692685	36.3	364183	0.8	66532	0.1	1681377	3.6
1918	44107355	100	24847254	56.3	17817931	40.4	450812	1.0	—	—	991358	2.3
1920	52233273	100	31011841	59.4	18267656	35.0	1514317	2.9	—	—	1439459	2.7
1922	60038716	100	35894752	59.8	20707569	34.5	1459280	2.4	161577	0.3	1815538	3.0
1924	67532370	100	39133863	57.9	20838257	30.9	2144345	3.2	1131526	1.7	4284379	6.3
1932	61318017	100	40628055	66.3	10442791	17.0	1903284	3.1	1261312	2.1	7082575	11.5
1934	61214959	100	41407161	67.6	11540661	18.9	1662349	2.7	999524	1.6	5605264	9.2
1936	62948943	100	41187464	65.4	15494721	24.6	650604	1.0	659367	1.0	4956787	7.9
1938	24811963	100	16052820	64.7	2259355	9.1	96422	0.4	1197241	4.8	5206125	21.0
1940	14087679	100	6387890	45.3	5001611	35.5	81696	0.6	312134	2.2	2304348	16.4
1942	4217974	100	—	—	3757683	89.1	—	—	5536	0.1	454755	10.8
1947	2591823	100	940196	36.3	84362	3.3	600514	23.2	—	—	966751	37.3

资料来源：历年海关报告。

编者注：(1) 同表6-15 的编者注。(2) 标题所谓往来国内者，指在中国沿海及内河各通商口岸间往来往船只而言。

表 6-18　　1903～1936年间太古、怡和、日清、招商局四大公司长江航线所配轮船吨位

年份	合计 船数	合计 吨数	合计 百分比	太古 船数	太古 吨数	太古 百分比	怡和 船数	怡和 吨数	怡和 百分比	日清 船数	日清 吨数	日清 百分比	招商局 船数	招商局 吨数	招商局 百分比
1903	20	28408	100.0	4	6757	23.8	5	7236	25.5	5	6727	23.7	6	7688	27.0
1911	34	55053	100.0	9	9863	17.9	6	10648	19.3	12	25678	46.6	7	8864	16.2
1914	36	80386	100.0	9	17250	21.5	7	19172	23.8	12	25260	31.4	8	18704	23.3
1918	39	90952	100.0	9	19436	21.4	8	19787	21.8	14	32104	35.3	8	19625	21.5
1924	55	79677	100.0	15	20744	26.0	11	18302	23.0	16	21486	27.0	13	19145	24.0
1928	64	84567	100.0	20	22343	26.4	14	20796	24.6	18	22003	26.0	12	19425	23.0
1930	66	134719	100.0	22	40046	29.7	16	31179	23.1	17	34038	25.3	11	29456	21.9
1934	53	124241	100.0	15	34496	27.8	12	30806	24.8	14	30247	24.3	12	28692	23.1
1936	53	118537	100.0	16	29721	25.1	13	32275	27.2	17	35077	29.6	7	21464	18.1

资料来源：1903年，《支那经济全书》第三辑，第343～347页。1911年，《支那年鉴》，第一回，第420～422页。1914年，朱建邦，《扬子江航业》，商务，第143页。1918年，《支那年鉴》（第四回），第1483页。1924年，武堉干，《中国国际贸易概论》，商务，第475页，转引1924年《日本出版协会之调查》。1928年，马场锹太郎，《上海の交通》，《支那研究》，第十八号，第188～208页。1930年，朱建邦，《扬子江航业》，第144页，转引陈柏青《收回航权与发展航业之急切》，《航业月刊》1卷4期，1930年。1934年，民国二十四年《申报年鉴》，第55～62页，根据海关报告，招商局则为1934年10月调查者。1936年，1936年《支那の航运》，第33～34页，东亚海运株式会社，昭和十八年版，1936年6月调查。

编者注：(1) 1903年，日清公司尚未组成，在1907年以前，长江流域日本人航运势力以"大阪"公司为主，故此年系采取大阪公司。(2) 1911年，太古公司汉口湘潭线中有船三只，这里仅计算一只吨位，其他两只吨位缺，故太古本年的实有吨位当不仅此。(3) 自1924年起，太古、怡和增开宜渝线。(4) 表中船舶及吨位数字，因材料限制，仅能说明各年各公司主要船舶分配状况，在长江航线运营的各公司全部船舶远超过此（各年三百吨以下之小轮拖驳等均未计算在内）。(5) 各年各公司的航线伸张情况，表中从略，情况大致是这样的：1903年太古等四公司均只经营长江上的沪汉、汉宜二线，就是说四公司航线起止点相同，1911年即发生改变，外轮已伸入长江支流湖南境内的内河航道，而招商局仍是经营沪汉、汉宜二线，及至抗战前夕，外轮已控制了上海经过重庆直达叙府的整个长江航路，招商局经营活动则主要仍在于长江中下游。(6) 各公司在华航运势力，除长江航线外应以沿海及远洋航线一体考察，因材料缺乏或不够精确，故后者付诸阙如。

表 6-19　1927～1936 年间太古、怡和、日清、招商局四大公司长江航线的载货量

年份	航线	总计 载货量（吨）	总计 百分比	招商局 载货量（吨）	招商局 百分比	太古 载货量（吨）	太古 百分比	怡和 载货量（吨）	怡和 百分比	日清 载货量（吨）	日清 百分比	其他 载货量（吨）	其他 百分比
1927	沪汉	1095792	100	23776	2.2	237191	21.6	316252	28.9	424204	38.7	94369	8.6
	汉宜	58780	100	1909	3.2	10453	17.8	9948	16.9	34370	58.5	2100	3.6
	汉湘	97358	100	124	0.1	25847	26.5	26309	27.0	39494	40.6	5584	5.7
	宜渝	88286	100	2187	2.5	506	0.6	967	1.1	12439	14.1	72187	81.8
	合计	1340216	100	27996	2.1	273997	20.4	353476	26.4	510507	38.1	174240	13.0
1929	沪汉	1236516	100	148011	12.0	295448	23.9	256636	20.8	354573	28.7	181848	14.7
	汉宜	95429	100	2025	2.1	26301	27.6	24627	25.8	37704	39.5	4772	5.0
	汉湘	140477	100	7646	5.4	50778	36.1	32900	23.4	26002	18.5	23151	16.5
	宜渝	142847	100	5117	3.6	13391	9.4	12030	8.4	28101	19.7	84208	58.9
	合计	1615269	100	162799	10.1	385918	23.9	326193	20.2	446380	27.6	293979	18.2
1931	汉沪	916594	100	161936	17.7	209021	22.8	189424	20.7	232716	25.4	123497	13.5
	汉宜	73455	100	2185	3.0	21987	29.9	18222	24.8	23354	31.8	7707	10.5
	汉湘	130992	100	17562	13.4	45328	34.6	18544	14.2	25124	19.2	24434	18.7
	宜渝	136044	100	467	0.3	18959	13.9	13348	9.8	10938	8.0	92332	67.9
	合计	1257085	100	182150	14.5	295295	23.5	239538	19.1	292132	23.2	247970	19.7
1933	沪汉	736287	100	310390	17.7	170865	23.2	133960	18.2	99687	13.5	201385	27.4
	汉宜	69100	100	2642	3.8	26196	37.9	19297	27.9	1696	2.5	19269	27.9
	汉湘	105280	100	21129	20.1	35699	33.9	28351	26.9	1155	1.1	18946	18.0
	宜渝	145281	100	3026	2.1	16901	11.6	12911	8.9	—	—	112443	77.4
	合计	1055948	100	157187	14.9	249661	23.6	194519	18.4	102538	9.7	352043	33.3
1934	沪汉	1003027	100	176880	17.6	260461	26.0	229867	22.9	156760	15.6	179059	17.9
	汉宜	96246	100	4521	4.7	22462	23.3	19292	20.0	26394	27.4	23577	24.5
	汉湘	151583	100	23723	15.7	46533	30.7	40264	26.6	4568	3.0	36495	24.1
	宜渝	116657	100	—	—	14532	12.5	10267	8.8	1923	1.6	89935	77.1
	合计	1367513	100	205124	15.0	343988	25.2	299690	21.9	189645	13.9	329066	24.1
1936	沪汉	1408313	100	283076	20.1	228434	16.2	240196	17.1	328005	23.3	328602	23.3
	汉宜	70131	100	4728	6.7	10465	14.9	6205	8.8	40901	58.3	7832	11.2
	汉湘	181806	100	25994	14.3	47375	26.1	46412	25.5	29613	16.3	32412	17.8
	宜渝	194318	100	—	—	36034	18.5	25321	13.0	17343	8.9	115620	59.5
	合计	1854568	100	313798	16.9	322308	17.4	318134	17.2	415862	22.4	484466	26.1

资料来源：《日清三十年史》及逗朴，第 106～107 页。

编者注："其他"栏包括三北、宁绍（中）、捷江（美）、聚福（法）等公司。

表 6-20　1907~1936 年间招商局和日清轮船公司的发展情况

年份	船舶 招商局 数量(只)	招商局 总吨数	日清公司 数量(只)	日清公司 总吨数	船舶营业损益 招商局(元)	船舶营业损益 日清公司(元)	公司营业损益(净损益) 招商局(元)	公司营业损益(净损益) 日清公司(元)
1907	29	49536	14	29353				
1908	29	49536	14	29353		363441		198402
1909	29	49536	13	28396		291668		238844
1910	29	49536	13	28396		31268		559671
1911	29	49373	12	27422		141468	-89930	667785
1912	29	51702	12	27398	675718	269400	7344	695771
1913	29	51702	12	27398	336540	1074698	-293702	1172562
1914	29	51702	12	27398	686839	1029430	-2276	1268508
1915	29	51702	12	27117	1090749	692173	616880	987888
1916	28	50675	14	31587	1868217	799044	1569759	1087278
1917	26	48973	14	31427	3476132	3070052	2508368	2548165
1918	25	47455	15	34511	4927886	4100572	722907	3267789
1919	25	47455	16	36084	1774839	6611572	1077	5200821
1920	25	47703	15	34531	426576	6846398	-466267	5631005
1921	30	63015	17	39591	79027	1421469		1671276

年份	船舶 招商局 数量(只)	招商局 总吨数	日清公司 数量(只)	日清公司 总吨数	船舶营业损益 招商局(元)	船舶营业损益 日清公司(元)	公司营业损益(净损益) 招商局(元)	公司营业损益(净损益) 日清公司(元)
1922	29	62432	19	43122	-325659	408089	-910513	1185426
1923	29	62432	20	44160	-166246	314340	-1412642	779950
1924	31	65796	22	45556	-135989	4044142	-1307888	3684130
1925	30	64257	21	43930	1695789	2842188	-66169	2530106
1926	28	62112	21	44115	-525699	1157548	-2426103	2440370
1927	28	62112	20	44190	-616678	3805687	-1758042	2721325
1928	27	60266	23	47164	861831	818063	-1194920	778731
1929	26	58932	24	48868	/	1399985	-2275046	244483
1930	24	54535	27	55577	/	86671	-2094635	-183376
1931	24	54535	26	53838	/	-449047	-1743722	-423253
1932	26	58237	26	53838	/	-600289	-2278190	-931935
1933	25	56700	26	53838	/	-433774	433708	14984
1934	27	68100	21	44323	/	-342541	-1467795	253489
1935	28	71177				-120527	-2321700	208697
1936	28	71177				642129	—	745374

资料来源：1. 船只吨位统计：招商局，1929 年，《招商局七十五周年纪念刊》，第 312~313 页。3. 公司营业损益；《招商局七十五周年纪念刊》、《招商局七十年史》、《日清汽船株式会社三十年史》。2. 船舶营业损益：招商局，1929 年，浅居诚一，《日清汽船株式会社三十年史》反追补，1941 年，第 230~231 页间之插页（不包括小蒸汽船）。国民政府交通部，《中华民国廿三年度交通部统计年报》，第 402~405 页。(2) 日清：1. 所有船，浅居诚一，《日清汽船株式会社三十年史》反追补，1941 年，第 230~231 页间之插页（不包括小蒸汽船）。2. 船舶营业损益，同上书，第 380~381 页及插页及第 386~387 页同之插页。3. 公司营业损益，同上书，第 386~387 页同之插页。

编者注：(1) 招商局：船舶营业损益项下－支出项（载客费用＋船舶费＋船舶维持费），收入项（货物运费＋旅客运费＋船租收入）－支出项（载客费用＋船舶维持费），民国二十三年《南开指数年刊》第 67 页。招商局船舶营业损益项下，只就各航行船本身而论，其他如栈房余款、各口产租、股息、税租、修理缴费等均未计入。(2) 日清：船舶营业损益之计算方法为：收入项（货物运费＋旅客运费＋船租收入）－支出项（载客费用＋船舶旧费等），均未计入。因之，船舶损益与营业净益、营业净益不一致。(3) 货币折算：日清公司原为日圆，系据南开大学经济研究所编，1935 年系据《上海物价月报》，1936 年 1 月，第 21 页，上海对日汇价折合。1936 年系据关册汇价折合。招商局原单位为两，系按七百一十五两折合一千元换算为元。(4) 有 "/" 记号者表示缺乏材料。(5) 数字前冠以 "-" 者，为负号，表示亏赔。

表 6-21　　　　　　　　　1907～1939 年间日清轮船公司账面利润统计

年度	总运用资本（圆）	毛利（圆）	利润率（百分比）
1907	8437460	431901	5.1
1908	8401665	508370	6.1
1909	8485732	778815	9.2
1910	8617823	861109	10.0
1911	8723970	937123	10.7
1912	9288036	1638354	17.6
1913	9695811	1630515	16.8
1914	10266959	1445083	14.1
1915	10707998	1611968	15.1
1616	12081088	3004074	24.9
1917	13063498	3108446	23.8
1918	16705220	4461880	26.7
1919	17549974	3509170	20.0
1920	16779165	1325201	7.9
1921	16473440	1351850	8.2
1922	16389092	1493900	9.1
1923	15677591	1183396	7.5
1924	16261198	3102503	19.1
1925	17375812	2204550	12.7
1926	17997567	2634455	14.6
1927	19438859	3719401	19.1
1928	18474654	1397340	7.6
1929	17456042	973380	5.6
1930	16580942	611370	3.7
1931	15849460	117796	0.7
1932	14593264	－153529	－1.1
1933	14691565	691580	4.7
1934	15345500	934929	6.1
1935	15605633	900646	5.8
1936	16083919	1579118	9.8
1937	15613552	648259	4.2
1938	18323334	1901329	10.4
1939	14705525		

资料来源：浅居诚一：《日清汽船株式会社卅年史》及追补，第 296～297、386～387 页，1941 年。

编者注：各年平均按年度计算，即届至次年 3 月 31 日，如 1907 年即指 1907 年 4 月 1 日至 1908 年 3 月 31 日。

表 6-22 怡和洋行关系企业

成立年份	企业名称	地址	附注
1832	怡和洋行 (Jardine, Matheson & Co.)	澳门	怡和是一个走私鸦片的公司，拥有快艇多艘，在中国沿海走私鸦片
1835	保安保险公司 (Union Insurance Society of Canton, Ltd.)	澳门	广东商会、怡和等贸易公司合营，1864年商会解散，专属英商等经营；1870年为香港黄埔船坞公司兼并
1836	广东保险公司 (Canton Insurance Office, Ltd.)	澳门	怡和独资
1865	香港黄埔船坞公司 (Hongkong & Whampoa Dock Co., Ltd.)	香港	与道格拉斯公司、大英轮公司合资。1938年有曳船两只，八百零四吨。早期收买了英轮在广东建立最早的柯拜船坞（Couper Dock）及阿伯丁（Aberdeen Dock）船坞
1868	省港澳轮船公司 (Hongkong, Canton & Macao Steamboat Co., Ltd.)	香港	怡和独资
1872	香港火险公司 (Hongkong Fire Insurance Co., Ltd.)	香港	一名香港火烛保险公司，或怡和保险公司
1875	公和祥码头有限公司 (Shanghai & Hongkew Wharf Co., Ltd.)	上海	1913年有船三十八只，九万一千百零六吨；1924年四十四只，十一万三千三百十五吨；1937年二十八只，七万七千八百五十一吨。上海支店开设于1877年
1876	印度中国航业公司 (Indo-China S. N. Co., Ltd.)	香港	一名中华火车糖局，1878年改组为股份有限公司
1882	中国制糖公司 (China Sugar Co., Ltd.)	香港	
1886	怡和丝厂 (Ewo Silk Filature)	上海	与和记、仁记诸洋行合营
1887	香港九龙码头货仓公司 (Hongkong & Kowloon Wharf & Godown Co., Ltd.)	香港	与和记、天祥、仁记洋行合营
1888	香港牛奶冰厂公司 (Dairy Farm, Ice & Cold Storage Co., Ltd.)	香港	与仁记洋行等合资
1889	业广地产公司 (Shanghai Land Investment Co., Ltd.)	上海	经营土地。与老沙逊、仁记等洋行合资
	香港地产及代理公司 (Hongkong Land Investment & Agency Co., Ltd.)	香港	
	香港电灯公司 (Hongkong Electric Co., Ltd.)	香港	
1895	怡和棉纺厂 (Ewo Cotton Mill)	上海	
	怡和毛织厂 (Ewo Worsted Mill)	上海	
1898	中英公司 (British & Chinese Corporation Ltd.)	英伦、上海、北京	与汇丰银行共同设立，目的在对华铁路的投资
	福公司 (Peking Syndicate)	伦敦	
	天星小轮公司 (Star Ferry Co., Ltd.)	九龙	渡船业
1902	香港电车公司 (Hongkong Tramways, Ltd.)	香港	原名：The Electric Traction Co. of Hongkong
1904	华中铁路公司 (Central Chinese Railways)		与中英公司的福公司共同成立，至1908年对华五次借款，计三百五十三万九千三百五十一英镑
1906	香港铁矿公司 (Hongkong Iron Mining Co., Ltd.)	香港	铁矿贩卖
1910	公益纱厂	上海	初为祝大椿创办，后怡和加入。1921年与怡和加入，怡和公司并为怡和纱厂有限公司
1914	杨树浦工场 (Yangtze-Poo Mill)	上海	初在香港，1921年与公益、怡和并合并为杨树浦厂有限公司
1915	福中中原公司 (Fu Chung Corporation)		福公司、中原公司各五十万元组成。1933年改名为中福公司，主要为中英公司
1921	香港广州制冰公司 (Hongkong & Canton Ice Manufacturing Co., Ltd.)	香港	为香港牛奶冰厂公司所创立，又名香港广州冰场有限公司
1923	怡和机器有限公司 (Jardine Engineering Co., Ltd.)	上海	由怡和洋行的机器部独立，主业为机械制作反输入
1930	怡和麦酒酿造厂 (Ewo Breweries, Ltd.)	上海	
1934	霍葛钢品公司 (Hope Crittal Ltd.)	上海	
1939	怡和药厂无限公司	上海	

资料来源：江苏省实业厅：《江苏省纺织业概况》；徐博生：《中外合办煤铁矿业史话》、《中日甲午战争前外国资本在中国经营的近代工业》(孙毓棠文，见《历史研究》1954年第5期)；其他同表6-14。

编者注：除表列者外，其他如香港空运公司、怡和飞机修造公司、西江商业公司、海和有限公司、英国海外空运公司等，因材料缺乏，未能列入。

表 6-23　　　　　　　　　　　　　　太古洋行关系企业

成立年份	企业名称	地址	附注
1861	卡邑保险公司	伦敦、沪港	
1865	保宁保险公司	香港	
1865	省港澳轮船股份有限公司（Hongkong, Canton & Macao Steamboat. Co., Ltd.）	香港	
1867	中国航运股份有限公司（C. S. N. Co.）	伦敦	
1875	海洋保险公司	沪港	
1882	太古车糖股份有限公司（Taikoo Sugar Refining Co., Ltd.）	伦敦 香港	1906年在汕头设分厂，遭地方官民反对而止
1900	太古造船所（Taikoo Dockyard & Engineering Co. of Hongkong, Ltd.）	香港	1938有曳船三只，一千二百一十一吨
1904	天津驳船股份有限公司	伦敦 天津	1938年有小轮二十四只，一万四千吨
1912	东方保险公司	伦敦	
1936	永光油漆股份有限公司（Orient paint, Colour & Varnish Co., Ltd.）	港沪	

资料来源：《太古洋行天津支店调查报告书》（华北综合调查研究所），其他同表6-14。

编者注：除表列者外，其他尚有法联保险公司、海外保险公司、标准保险公司、摩托保险公司、合众人寿保险公司、太古榨油工厂（营口，1895年）等，以材料缺乏，未能列入。

七 农业

（一）中国农村的阶级构成

以下诸表粗略地反映出近代中国农村的阶级构成及其变动。

表7-1至表7-5所辑录的是抗日战争前的资料，可以看做近代中国农村阶级构成的一般情况。尽管资料非常零碎，各地数字参差不齐，我们还可以大致看出一些轮廓。

农村户口中地主一般占百分之一至百分之五，富农占百分之五至百分之十，中农占百分之十五至百分之三十，贫雇农占百分之五十至百分之七十，其他户多半不到百分之十（见表7-1）。也就是说，不及百分之十的富有者统治和奴役百分之八十至百分之九十的劳动人民。

就全国范围言，佃农和半佃农占农户总数百分之五十以上。华北地区小土地所有和雇工经营比较占优势，佃农和半佃农成数约为三分之一，内蒙古和西北则达百分之四十九，华中、华南更达百分之七十（见表7-2）。而中国的佃农绝大部分是陷入饥饿状态的无地和少地贫农，他们当然不可能按资本主义的方式去经营农业（见表7-3）。由于资本主义在中国没有成长起来，无地和少地农民的出路主要就是以高额地租向地主租进小块土地，借以苟延残喘，因而佃农人数多，而雇农人数则比较少，大约占农村人口的百分之十左右（见表7-4）。

地主阶级是一个彻头彻尾的寄生阶级，他们大都不是做官、经商就是放高利贷，或兼而有之（见表7-5）。这就是说，地主、官僚、商人和高利贷结合成四位一体；也就是说，中国地主阶级从农民那里剥削来的巨额资金，绝大部分成为商业高利贷资本，很少用于经营实业的。

表7-6至表7-8，表示着农民分化和贫穷化的倾向。

现代中国农民的分化和贫穷化的倾向是十分明显的，中等土地所有者变为土地不足的农户，大多数中农下降为贫雇农。这种倾向在蒋介石统治时期更为突出。蒋介石攫取政权后，各地中农普遍减少，甚至富农也在下降中，而贫雇农却普遍增多（见表7-8）。抗日战争期间，"蒋管区"通货膨胀，封建、半封建剥削的加重，更加速着农户的分化，这可以从广东南雄的数字中窥见一斑（见表7-7）；这种现象直到抗日战争结束后，还继续着。

表 7-1　　　　　　　　　　　抗日战争前中国农村阶级构成百分比

地区	资料年份	地主	富农	中农	贫雇农	其他
吉林黑龙江五十二县[1]	1925	14.3		42.8	42.9	
晋察冀北岳区四十五村[2]	1937	2.4	8.5	35.4	47.5	6.2
陕西绥德四村[3]	1933	1.5	3.3	11.4	79.8	4.0
河南辉县四村[4]	1933	4.4	8.1	24.7	58.0	4.8
河北保定十村[1]	1930	3.7	8.0	23.1	65.2	
江苏启东八村[5]	1933	0.5	7.2	31.4	57.8	3.1
常熟七村[5]	1933	1.3	1.9	25.3	65.6	5.9
无锡二十村[1]	1929	5.7	5.6	19.8	68.9	
浙江龙游八村[6]	1933	7.2	6.0	17.9	56.9	12.0
崇德九村[6]	1933	2.3	0.8	24.6	67.9	4.5
永嘉六村[6]	1933	1.4	1.0	6.1	76.4	15.1
江西兴国[7]	1930	1.0	5.0	20.0	61.0	12.0
湖南长沙[8]	1927		10.0	20.0	70.0	
广东番禺十村[9]	1933	2.9	8.8	16.0	51.6	20.7
广西桂林等六县十四村[10]	1934	4.9	7.9	29.6	57.6	
云南昆明六村[11]	1933	1.7	11.4	18.7	68.2	
四川长寿[12]	1935		15.7	27.4	56.9	

资料来源： (1) 陈翰笙：《现代中国的土地问题》，转见冯和法《中国农村经济论》，第 209、211、221 页。(2) 许涤新：《现代中国经济教程》，1947 年，第 175 页。(3) 国民政府农村复兴委员会编：《陕西省农村调查》，第 88 页。(4) 国民政府农村复兴委员会编：《河南省农村调查》，第 6～8 页。(5) 国民政府农村复兴委员会编：《江苏省农村调查》，第 8 页。(6) 国民政府农村复兴委员会编：《浙江省农村调查》，第 17、19、126～128、176～177 页。(7) 毛泽东：《农村调查》，第 24～25 页。(8)《毛泽东选集》，第一卷，第 22 页。(9) 陈翰笙：《广东农生产关系与生产力》，第 83 页。(10) 广西省立师范专科学校：《广西农村经济调查报告》，附表 5。(11) 国民政府农村复兴委员会编：《云南省农村调查》，第 76、82、83 页。(12)《农村经济》2 卷 8 期，第 83 页。

编者注： (1) 本表是由一些零星调查的数字编成的。各个调查对于各类户口的定义不尽一致，因而本表只能反映各地农村阶级构成的大概情况。有些地区，地主户数不及总户数百分之一，这只是反映在村地主比较少，并不意味着该地区的土地多半属于农民所有。(2) 吉林、黑龙江五十二县系就经营地主及自耕农七十万户计算，另有三十万户佃农未列入。晋察冀北岳区四十五村之其他户，是由总户数减去地主、富农、中农和贫雇农推算出来的。(3) 陕西绥德四村、江苏启东八村、江苏常熟七村、广西桂林等六县十四村及四川长寿的贫雇农栏，原记载只是贫农。(4) 云南昆明各栏数字是就原载地主、自耕农，半自耕农、佃农和雇农的数字加以改算得来的。改算法是：将佃农一律算做贫农，自耕农和半自耕农所有田亩在平均数左右者列为中农，以下者列为贫农，以上者列为富农。

表 7-2　　　　　　　　　1936 年中国佃农户数占农业总户数百分比

地区	报告县数	佃农	半佃农	自耕农
内蒙古和西北				
察哈尔	10	31	26	43
绥　远	13	31	17	52
宁　夏	5	20	14	66
青　海	8	22	26	50
平　均	36	27	22	51
华北				
甘　肃	29	18	18	64
陕　西	49	18	20	62
山　西	90	16	23	61
河　北	126	10	18	72
山　东	100	10	15	75
河　南	89	20	21	59
平　均	483	14	19	67
华中和华南				
江　苏	56	30	25	45
安　徽	41	42	23	35
浙　江	62	47	33	20
福　建	42	44	31	25
广　东	55	46	33	21
江　西	57	40	33	27
湖　北	48	41	26	33
湖　南	41	50	28	22
广　西	50	38	23	39
四　川	87	51	20	29
云　南	39	36	25	39
贵　州	23	45	28	27
平　均	601	43	27	30
总平均	1120	30	24	46

资料来源：《农情报告》5 卷 12 期，第 330 页。

编者注：这里的农户分类是国民政府及其御用学者的农村户口分类统计的特色。这种分类，既没有考虑雇佣关系，也没有考虑田产的多寡。佃农和半佃农，可能是贫农或中农，也可能是富农。自耕农则是不但包括贫农、中农和富农，而且包括经营地主。因此这种分类，只能表示租佃关系的发达程度，而不能反映农村的阶级构成。

表7-3　　　　　　　抗日战争前中国各类佃农占佃农全体户数百分比

	资料年份	合计	富农	中农	贫农
江苏四县二十八村佃农(1)	1933	100	2.4	28.1	69.5
广西二十二县四十八村佃农(2)	1934	100	0.1	4.8	95.1
广东番禺十村佃农(3)	1933	100	8.4	20.0	71.6

资料来源：(1) 国民政府农村复兴委员会：《江苏省农村调查》，第43～44页。(2) 广西省立师范专科学校：《广西农村经济调查报告》。(3) 陈翰笙：《广东农村生产关系与生产力》，第77页。

编者注：广东番禺十村佃农，原记载是指租种户，可能包括半自耕农。

表7-4　　　　　　　　　1933年中国雇农人数占农村总人口百分比

地区	调查地点数量	雇农占农村人口百分比
长江流域各省共计	112	9.27
浙江	22	9.27
江苏	20	8.78
安徽	21	8.24
江西	13	10.87
湖南	12	11.09
四川	10	10.61
湖北	14	6.04
珠江流域各省共计	50	8.13
福建	5	5.83
广西	12	12.08
广东	14	11.36
贵州	7	6.02
云南	12	8.50
黄河流域各省共计	192	11.41
陕西	14	19.75
山西	43	10.39
河北	62	11.62
山东	28	10.24
河南	31	9.41
宁夏、甘肃、青海	6	12.46
绥远、察哈尔	8	15.07
总计	354	10.29

资料来源：陈正谟：《各省农工雇佣习惯及需供状况》，第58页。

编者注：本表显示出中国农村雇农人数比较少。而这里所谓雇农包括长工和短工，换言之，包括了一部分贫农，纯粹雇农所占百分比自然比这还要低。这是农业资本主义经营没有得到发展的一个标志。

表 7-5　　　　　　　　1930 年江苏省大地主各类职业户数百分比

地区	总户数	军政官吏 户数	军政官吏 百分比	高利贷者 户数	高利贷者 百分比	商人 户数	商人 百分比	经营实业者 户数	经营实业者 百分比
江苏南部	161	44	27.3	69	42.9	36	22.4	12	7.4
江苏北部	213	122	57.3	60	28.2	31	14.5	—	—

资料来源：江苏民政厅调查，见陈翰笙《现代中国的土地问题》，转见冯和法《中国农村经济论》，第 226 页。

表 7-6　　　　　　　1919～1929 年间广东省新会县各类农户的消长

年份	合计	9 亩以下	10～39 亩	40～159 亩	160 亩以上
1919	100	53.6	32.5	13.7	0.2
1921	100	58.1	28.6	13.1	0.2
1926	100	57.3	31.9	10.3	0.5
1929	100	59.4	28.5	11.6	0.5

资料来源：赵承信：《广东新会慈溪土地分配调查》，《社会学界》，第 5～6 卷，第 83 页。

表 7-7　　　　　　1939～1942 年间广东省南雄县农村每百户的阶级分化

年份	地主兼富农	富农	中农	贫农	雇农	合计
1939	7	12	40	35	6	100
1942	10	18	20	42	10	100

资料来源：陈翰笙：《物价与中农》，载《中国农村》8 卷，5、6 期合刊，第 3 页。

表 7-8　　　　　　　　　　1928～1933 年间中国部分地区农村
　　　　　　　　　　　　　　　每百户阶级构成的变动

地区	地主 1928年	地主 1933年	富农 1928年	富农 1933年	中农 1928年	中农 1933年	贫雇农 1928年	贫雇农 1933年	其他 1928年	其他 1933年
陕西:[1] 渭南	1.5	1.4	7.4	6.4	32.9	26.3	55.9	62.7	2.4	3.2
凤翔	—	—	5.6	1.8	13.4	9.4	79.9	87.3	1.1	1.5
绥德	1.9	1.5	3.4	3.3	15.5	11.4	74.3	79.8	4.9	4.0
河南:[2] 许昌	1.1	1.1	4.7	5.0	21.2	17.0	64.2	68.1	8.8	8.7
辉县	4.1	4.4	9.7	8.1	24.6	24.7	55.2	58.0	6.4	4.8
镇平	6.9	6.4	5.7	6.7	15.4	14.6	59.9	60.8	12.1	11.5
江苏:[3] 盐城	—	0.6	17.8	15.9	37.6	38.3	35.7	37.6	8.9	7.6
启东	0.3	0.5	9.4	7.2	36.3	31.4	50.8	57.8	3.2	3.1
常熟	1.3	1.3	2.0	1.9	28.1	25.3	60.1	65.6	8.5	5.9
浙江:[4] 龙游	6.6	7.2	6.6	6.0	24.9	17.9	50.5	56.9	11.4	12.0
东阳	0.3	0.3	1.9	1.8	6.1	6.1	61.6	59.5	30.1	32.3
崇德	2.3	2.3	0.5	0.8	30.7	24.6	61.7	67.9	4.7	4.5
永嘉	1.4	1.4	1.1	1.0	6.8	6.1	75.8	76.4	14.9	15.1
广东:[5] 番禺	2.6	2.9	9.3	8.8	17.3	16.0	49.2	51.6	21.6	20.7
广西:[6] 苍梧	7.4	7.7	2.4	1.9	13.1	9.8	77.1	80.6	—	—
桂林	1.9	2.4	11.0	9.2	19.2	19.9	67.9	68.5	—	—
思恩	1.5	1.2	8.8	9.9	20.6	19.9	69.1	69.0	—	—

资料来源：(1) 国民政府农村复兴委员会：《陕西省农村调查》，第 14、52、89 页。(2) 国民政府农村复兴委员会：《河南省农村调查》，第 23、24、25 页。(3) 国民政府农村复兴委员会：《江苏省农村调查》，第 20、25、30 页。(4) 国民政府农村复兴委员会：《浙江省农村调查》，第 21、74、129、179 页。(5) 陈翰笙：《广东农村生产关系与生产力》，第 80、88 页。(6) 广西省立师范专科学校：《广西苍梧、桂林、思恩三县农村调查报告》，第 28～30 页，转见 1936 年《申报年鉴》，第 K29 页。

编者注：(1) 尽管各个调查在户口分类的定义上不尽一致，但是我们不难从这些调查里看出蒋介石执政后，极短时期内，农村中就产生这样一种现象，即中农相对户数乃至富农相对户数普遍下降，而贫农相对户数则普遍上升，在本表的十七个县份中，只有广西思恩可以说是例外。地主户数的减少，一部分是由于中小地主的没落，另一部分是由于在村地主变为不在村地主。(2) 广西省为 1929 年及 1934 年的数字。

（二）土地占有情况

以下诸表粗略地反映出近代中国地权分配及其变动的情况。

表7-9至表7-12，表现旧中国一般的土地占有情况。大体来说，地主约占有百分之五十以上的土地，地主和富农合计约占百分之七十～百分之八十的土地；而占乡村人口百分之九十的贫农、雇农、中农及其他人口，却总共只占有百分之二十～百分之三十的土地。就区域来看，则华中、华南各省及新垦区（例如东北、西北诸省）地权更为集中（见表7-9、表7-10）。各地农村大有百分之十五～百分之六十的户数没有土地，华北无地户约占百分百分之二十左右，华中、华南及东北则在百分之三十以上（见表7-11）。这还只是土地分配在量的方面的情况。地主、富农们不但占有大量土地，而且所占的土地又是质量较好的，多半是水田或上等田（见表7-12）。水田区（华中、华南各省）比旱田区（华北各省）地权较集中，可以说明这一情况。

过去封建买办阶级的学者们一贯唱着中国没有大地主的论调，而事实证明各地存在着大地主。这些地主拥有数千亩至数万亩，甚至数十万亩以上的大地产。例如，黑龙江肇东东南松花江以北五十方里肥沃之地为周孝义所圈占；吴俊升的土地，则几遍全省，另外在洮南尚有二万亩。绥远省二百六十五所天主教堂占有土地五百万亩；该省临河县，杨、李两家有地七万亩，另外霸占官田四十万亩（以上见陈翰笙《现代中国的土地问题》，转见冯和法编《中国农村经济论》，第220页）。河南漳德县三分之一的耕地都归袁世凯家族所有；内乡县有罗姓大地主四五家拥有土地五六万亩；固始县某地主从他的家乡走进城里所经过的一百二十里路程，可以不用踏别人的土地一步（吴文晖，《中国土地问题及其对策》，第114页；农村复兴委员会：《河南省农村调查》，第4页）。江苏萧县李厚基家有田二万余亩，邳县有位姓窦人家有田五万亩，其他如阜宁、灌云诸县也有五六万亩田地的地主（农村复兴委员会：《江苏省农村调查》，第3页）。安徽霍邱有二万五千至八万亩土地的地主十三户，蒙城有十万亩土地的地主四户，合肥李氏兄弟拥有地产五十万亩以上，在外县的土地还不在内（郭汉鸣、洪瑞坚：《安徽之土地分配与租佃制度》，第45、48页）。湖南新化陈某家拥有五十万亩土地，聂云台家也有十余万亩，衡阳赵恒惕家和新宁刘家皆拥有土地万亩以上。广东番禺县推有五千亩至一万亩的地主有三人，惠州附近的土地都为陈炯明一族所兼并。四川成都平原大地产特别发达，有不少的数万亩以至数十万亩的地主家庭（以上见吴文晖《中国土地问题及其对策》，第115页）。这些事实不但驳倒了"中国没有大地主"的谬论，而且反映了大地主的主要组成分子乃是军阀官僚和外国教堂。这些大地产的占有者的身份，直接反映了土地占有的强制性，而这正是旧中国土地所有制的封建性的特征之一。

表7-13至表7-18反映近代中国地权的变动情况。官公地的私有化，意味着土地所有形式的某种变化，同时也反映着土地兼并之风的强烈（见表7-13）。辛亥革命后直到国民政府统治的末期，无地化的过程在继续和加速之中，自耕农不断地沦为佃农或半佃农（表7-14、表7-15）。而掠夺农民土地的"强盗"，则主要是一些新兴的军阀官僚或高利贷商人。至于经济势力和政治势力较弱的一些旧式地主，即所谓"土财主"，显得相对没落（见

表7-16、表7-17）。例如，四川重庆和万县军阀地主占有佃户百分之三十三，军阀与官僚合计占百分之五十三；而旧式地主总共只占百分之二十六点五（吕平登：《四川农村经济》，第194～195页）。

经过抗日战争和人民解放战争之后，除已实行土地改革的地区外，有些地区如长江中游和下游地区，地权有些分散，而在另一些地区，则土地更加集中（刘少奇：《关于土地改革问题的报告》）。总的来说，耕种百分之九十土地的中农和贫雇农对绝大部分土地没有所有权的严重情况依然存在（见表7-18）。

需要附带说明的是关于佃农、半佃农和自耕农的百分比这项统计的意义问题。这样的农户分类统计，严格说来是不科学的（参看表7-2编者注）。但尽管如此，这里还可以或多或少地反映出一些情况。中国农业经营的统治形式是小农经营，佃农绝大多数是农村中最贫苦的阶层，因而自耕农的减少和佃农、半佃农的增加，可以当做农民无地化和贫困化的标志。当然这种标志是不完全的，因为这里没有涉及无地和少地农民之成为雇农和大量离村等方面。有时由于这些方面的原因，佃农的相对户数不是上升而是下降的，如果从这里得出农民逐渐获得土地的结论，那就大错特错了。

表 7-9

抗日战争前中国农村土地的阶级分配

地 区	资料年份	在村地主 每百户中有	在村地主 每百亩占地	富农 每百户中有	富农 每百亩占地	中农 每百户中有	中农 每百亩占地	贫雇农 每百户中有	贫雇农 每百亩占地	其他 每百户中有	其他 每百亩占地
吉林、黑龙江五十二县[1]	1925	2.4	16.4	8.5	14.3*	52.0*	42.8	39.0	42.9	9.0	—
晋察冀北岳区四十五村[2]	1937	1.5	16.9	3.3	21.9	35.4	41.7	47.5	19.1	6.2	—
陕西绥德四村[3]	1933	4.4	27.5	8.1	2.9	11.4	28.4	79.8	31.8	4.0	—
河南辉县四村[4]	1933	3.7	13.4	8.0	20.6	24.7	33.9	58.0	17.8	4.9	0.1
河北保定十村[5]	1930	0.5	9.2	7.2	27.9	23.1	32.8	65.2	25.9	—	—
江苏启东八村[6]	1933	5.7	47.3	5.6	58.4	31.4	25.8	57.8	6.4	3.1	0.2
无锡二十村[5]	1929	1.3	28.2	1.9	17.7	19.8	20.8	68.9	14.2	—	—
常熟七村[6]	1933	7.2	73.0	6.0	31.3	25.3	17.6	65.6	22.4	5.9	0.5
浙江龙游八村[7]	1933	2.3	22.8	0.8	9.7	17.9	10.6	56.9	6.6	12.0	0.2
崇德九村[7]	1933	1.4	28.4	1.0	4.6	24.6	35.4	67.9	36.5	4.5	0.7
永嘉六村[7]	1933	1.0	40.0	5.0	11.0	6.1	17.4	76.4	43.1	15.1	0.1
江西兴国[8]	1930	2.9	18.6	8.8	30.0	20.0	15.0	61.0	5.0	12.0	—
广东番禺十村[9]	1933	4.9	37.8	7.9	38.6	16.0	21.9	51.6	17.2	20.7	3.8
广西桂林等六县十四村[10]	1934	1.7	9.5	11.4	22.1	29.6	27.8	57.6	12.3	—	—
云南昆明六村[11]	1933				33.6	18.7	29.7	68.2	29.0	—	—
四川长寿[12]	1935			15.7*	68.1*	27.4	23.5	56.9	8.1	—	—

资料来源：(1)《中国土地问题和商业高利贷》，第25页；马札亚尔：《中国农村经济研究》（中译本），第196~197页。许涤新：《现代中国经济教程》，1947年，第175页。(3)国民政府农村复兴委员会：《陕西省农村调查》，第88页。(4)国民政府农村复兴委员会：《河南省农村调查》，第6~8页。(5)陈翰笙：《现代中国的土地问题》，转见冯和法《中国农村经济论》，第209页。(6)国民政府农村复兴委员会：《江苏省农村调查》，第8、10页。(7)《浙江省农村调查》，第17、19、126~128、176~177页。(8)毛泽东：《农村调查》，第24~25页。(9)陈翰笙：《广东农村生产关系与生产力》，第10、83页。(10)《广西农村经济调查报告》，附表5。(11)根据国民政府农村复兴委员会《云南省农村调查材料》改制。(12)《农村经济》，11卷8号，第83页。

编者注：(1)参阅表7-1附注。(2)*四川长寿"富农"的户数与土地，包括经营地主。(3)本表是根据一些零星调查材料编成的，表中数字极不规律，只是大体上反映出中国各地农村各阶级所有田亩和户数不成比例的现象，亦即地权分配不均的情况。不过这里所计算的地主所占的土地，不包括所谓公田即集体所占的土地，而没有包括所谓公田即集体所占的，祭田、学田等（无锡二十村除外）；同时也没有计算到不在村地主土地。因此本表还不能表现出中国农村土地阶级分配的严重情况。有人估计1934年前后全国耕地（东北除外）的分配是这样：占总户数百分之四的地主占田百分之五十；占总户数百分之六的富农占田百分之十八；占总户数百分之七十的贫雇农占田而仅占田百分之十（陶直夫：《中国现阶段底土地问题》，见《中国土地问题和商业高利贷》，第65页。陶的估计，关于地主和富农占有的土地数量可能偏低了一些。

表 7-10　　　　　　　　　　抗日战争前中国农村每百亩土地各阶级所有的对比

地区	资料年份	地主	富农	中农和贫雇农
西北：				
绥远临河[1]	1933	90.0		
五原[1]	1933	60.0		
华北：				
陕西绥德四村[2]	1933	55.7	12.2	32.1
河南辉县四村[3]	1933	39.0	17.3	43.6
华中及华南：				
江苏启东八村[4]	1933	65.0	22.5	12.4
无锡三村[5]	1933	53.5	24.1	22.5
常熟七村[5]	1933	81.7	8.0	10.2
浙江龙游八村[6]	1933	65.1	12.5	22.2
崇德九村[6]	1933	34.5	3.9	61.0
永嘉六村[6]	1933	59.3	6.2	34.4
江西遂川等五县[7]	1928	60～80		
湖南茶陵、酃县[7]	1928	70.0		
四川重庆等三十县[8]	1935	77.6		
广东番禺十村[9]	1933	68.2	15.0	15.3
广西桂林等六县[10]	1934	43.4	20.1	36.4
云南昆明六村[11]	1933	50.8	18.2	31.0

资料来源：(1)绥远省政府调查，转见叶民《察绥蒙古社会关系的分析》，《中国农村动态》，第179页。(2)《陕西农村调查》，第88、100页。(3)《河南农村调查》，第6～8、12～13页。(4)《江苏农村调查》，第8、10、52页。(5)《中国农村》1卷9号，第51、55页。(6)《浙江农村调查》，第17、19、34、126～128、143～144、176～177、188页。(7)《毛泽东选集》，第一卷，第73页。(8)吕平登：《四川农村经济》，第177～181页。(9)陈翰笙：《广东农村生产关系与生产力》，第10、81、83页。(10)《广西农村经济调查报告》，附表5。(11)《云南农村调查》，第79、82、83页。

编者注：本表地主所有地，包括在村和不在村地主的私人土地和所谓公田。这种公田，实际上是为地主所掌握的。表中除绥远、江西、湖南和四川各县数字系录自原记载外，其余各地数字是就各地耕地面积减去富农、中农、贫雇农及其他户所有面积，推算出地主所占面积，然后再分别计算出地主及农民地权的比重。据马扎亚尔的估计，在华南各省，地主约占土地百分之六十～百分之七十；在华中各省约占百分之五十～百分之六十，在河南与陕西约占百分之五十，山东约占百分之三十～百分之四十，湖北约占百分之十～百分之三十；在东北和内蒙古约占百分之五十～百分之七十（《中国经济大纲》，中译本，第11页）。从本表的数字看来，这个估计可以说是比较接近实际的。

表 7-11　　　　　　　　抗日战争前中国农村无地户占总户数百分比

地区	资料年份	无地户数占总户数的	备考
东北：			
吉林、黑龙江五十二县(1)	1925	30.0	
辽宁二县(1)	1925	55.9	辽阳、沈阳
华北：			
绥远一县(2)	1934	75.2	临河
陕西三县(3)	1933	19.2	渭南、凤翔、绥德
山西一县(4)	1934	16.0	平顺
河南五县(5)	1932～1935	12.9	南阳、杞县、许昌、辉县、镇平
河北十五县(6)	1930～1936	28.4	定县、蓟县、平谷、丰润、遵化、昌黎、滦县、香河、玉田、乐亭、密云、抚宁、宁河、临榆、清苑
山东一县(7)	1922	9.1	沾化
江苏二县(8)	1932	27.8	铜山、萧县
安徽一县(7)	1922	18.0	宿县
华中和华南：			
江苏三县(9)	1933	54.0	常熟、启东、盐城
浙江七县(10)	1933～1934	32.4	吴兴、崇德、东阳、龙游、永嘉、余姚、兰溪
广东一县(11)	1933	52.0	番禺
广西二十一县(12)	1934	26.7	容县、藤县、桂平、信都、武宣、宾阳、武鸣、永淳、桂林、蒙山、贺县、钟山、阳朔、永福、柳州、思恩、融县、象县、百色、奉议、靖西

资料来源：(1)《中国农村经济资料》续编，第372页。(2) 戴林：《后套临河农村实况》，转见《中国农村经济论文集》，第599页。(3) 农村复兴委员会：《陕西农村调查》，第17、55、91页。(4) 赵梅生：《平顺农村经济概况》，转见天野原之助《支那农业经济论》，第153页。(5) 天野原之助：《支那农业经济论》，第151页；农村复兴委员会：《河南农村调查》，第27～29页。(6) 天野原之助：《支那农业经济论》，第147～148页；张培刚：《清苑农家经济》，第12页。(7) 戴乐仁编，李锡周译：《中国农村经济实况》，第92页。(8)《八里屯农村调查报告》，《教育新路》，12卷，转见《中国农村经济资料》续编，第12、16页。铜山、萧县位于江苏、山东、河南、安徽交界处，故划在华北组。(9) 农村复兴委员会：《江苏农村调查》，第32页。(10) 农村复兴委员会：《浙江农村调查》，第22、75、129、180页；中国经济统计研究所：《吴兴农村经济》，第90页。(11) 陈翰笙：《广东农村生产关系与生产力》，第76页。(12) 广西省立师范专科学校：《广西农村经济调查报告》，附表4。

编者注：各省数字是各县调查数字的简单算术平均数。

表 7-12　　　　　　　抗日战争前中国部分地区各阶级占有田地的质的差异

地区	资料年份	田地种类或等级	地主	富农	中农	贫农
广东番禺(1)	1933	水田	61.3	63.0	53.6	37.3
		旱田	38.7	37.0	46.4	62.7
		合计	100.0	100.0	100.0	100.0
河北赞皇，山西昔阳、平顺(2)	1937	上等	40.0	20.0	15.0	12.0
		中等	25.0	52.0	45.0	28.0
		下等	35.0	28.0	40.0	50.0
		合计	100.0	100.0	100.0	100.0

资料来源：(1) 陈翰笙：《广东农村生产关系与生产力》，第84页，附录21。(2) 张鱼：《旧中国农村土地关系与地租剥削》，《新中华》13卷12期，第4页。

编者注：河北赞皇、山西昔阳与平顺贫农田亩原书所载不等于一百，可能有误。

表 7-13　　　　　　　抗日战争前中国官公田私有化的趋向

时期	总计	官公地 合计	屯田	各种官田	庙田族田及其他公田	私有地
16世纪末(1)	100	50.0	9.2	27.2	13.6	50.0
1887年(2)	100	18.8	7.8	11.0	*	81.2
1929~1933年(3)	100	6.7	2.3	1.0	3.4	93.3

资料来源：(1) 陈翰笙：《现代中国土地问题》，转见冯和法编《中国经济论》，第219页。(2)《光绪会典》卷十七，第3~4页。(3) 卜凯：《中国土地利用》（中译本），第234页。

编者注：(1) 1887年"庙田、族田及其他公田"所占不及0.05%。(2) 16世纪末的私有地数字原来是和庙田、族田数字混在一起，计占总地亩百分之六十三点五七。据此，陈翰笙估计私田约占百分之五十。1887年的私有地数字，包括民田、更名田和退圈地，而民田包括绝大部分庙田和族田，个别省份的民田，还夹有学田和屯田（例如河北、陕西、湖北、广西和四川）。至于庙田、族田和其他公田一项，则只是义田、义学田和一些免税的寺庙产及"先圣"、"先贤"祭田，而不是全部数字。因此，私有地数字偏高，而官、公地数字偏低（这里粗略推定私有地占百分之七十五，官、公地占百分之二十五）。(3) 1929~1933年数字，系金陵大学农业经济系根据二十省一百一十一县调查推算出来的数字。由于对公有地比较多的省份或者根本没有放在调查之列（例如广东），或者所调查的偏于一些公地比较少的县份（例如广西和湖南），所以总的官、公地百分数可能有些偏低，虽则这已是比国民政府内政部所发表的数字高得多（根据其他一些零星资料看来，可能达到百分之十）。无论这些数字的精确程度怎样，它们都还可以大致反映出近代中国地权形态的一个转变过程即各种公有地逐渐转到私人地主手中。

表 7-14　　　　　　　　1905～1924 年间苏皖部分地区自耕农没落的倾向

年份	昆山 合计	昆山 自耕农	昆山 半佃农	昆山 佃农	南通 合计	南通 自耕农	南通 半佃农	南通 佃农	宿县 合计	宿县 自耕农	宿县 半佃农	宿县 佃农
1905	100	26.0	16.6	57.4	100	20.2	22.9	56.9	100	59.5	22.6	17.9
1914	100	11.7	16.6	71.7	100	15.8	22.7	61.5	100	42.5	30.6	26.9
1924	100	8.3	14.1	77.6	100	13.0	22.6	64.4	100	44.0	30.5	25.5

资料来源：乔启明，《江苏昆山南通安徽宿县农佃制度之比较以及改良农佃问题之建议》，1926 年，第 9 页。

表 7-15　　　　　　　　1912～1947 年间中国农民无地化的趋势百分比

年份	自耕农	半佃农	佃农	合计
1912	49	23	28	100
1931	46	23	31	100
1936	46	24	30	100
1947	42	25	33	100

资料来源：(1) 1912～1936 年的数字，见中央农业实验所《农情报告》5 卷 12 期，第 330 页。(2) 1947 年的数字，见《中华年鉴》，下册，第 1240～1241 页。

编者注：本表为二十二省资料汇集，即江苏、浙江、江西、安徽、河南、湖北、湖南、四川、云南、贵州、福建、广东、广西、陕西、河北、山东、山西、甘肃、绥远、宁夏、察哈尔和青海。1931 年缺宁夏省数字。

表 7-16　1935 年四川省新旧地主所有土地的对比

	新兴地主 合计	其中军阀、官僚	旧地主	合计
户数	31.0	1.8	69.0	100 户
土地	90.0	30.9	8.0	100 亩

资料来源：谭仪父所作的调查，转见陈伯达《关于十年内战》，第 43 页。

编者注：(1) 这是崇庆、大邑、灌县、重庆、万县、宜宾、西阳、雅安、苍溪及江油十县的调查数字。(2) 土地栏合计不等于一百，疑 90% 系 92% 之误。(3) 新兴地主中除军阀、官僚外，其他尚有豪劣团阀及高利贷商人。(4) 欲知各县数字，可查吕平登《四川农村经济》，第 186～191 页；张肖梅《四川经济参考资料》，第 A20～23 页，不过所载数字，很多讹误。

表 7-17　1939～1946 年间广西省灌阳县地主官僚兼并农民土地情况

	卖者 中农和贫农	卖者 合计	买者 新兴地主官僚	买者 旧封建地主	买者 富农
买卖土地亩数	109	109	69	27	13
占全村转移土地百分比	100	100	63	25	12

资料来源：《中国经济年鉴》(1948)，太平洋经济研究社，第 85 页。

编者注：本表是就原载数字加以改算编成的。这是灌阳一个村的调查数字。原载卖地户共为三十九户，全是中农和贫农，即百分之八十左右的中农和贫农在此期间出卖了土地；而购买土地者，不外地主、官僚和富农。

表 7-18 "土地改革"前中国农村土地占有情况

地区	年份	地主 户数	地主 人数	地主 土地	富农 户数	富农 人数	富农 土地	中农 户数	中农 人数	中农 土地	贫雇农 户数	贫雇农 人数	贫雇农 土地	其他 户数	其他 人数	其他 土地
松江通河县三个屯(1)	1946	2.7	6.7	51.8	4.9	5.8	16.8	21.4	29.7	15.7	70.2	55.4	15.8	0.8		
新疆五个专区(2)	1951	0.9	2.2	39.7		1.6	12.5	25.5	25.3	29.1	72.9	70.9	18.5		2.4	0.3
甘肃徽县六个村(2)	1950			37.6	0.6		8.2			40.3		20.6	13.9			
陕西武功一个行政村(3)	1951		20.3	31.3		5.0	5.4		54.0	52.0			10.7			
河南五个村(3)	1951		5.8	43.0		5.2	17.0		28.5	29.9		60.0	11.0			
苏南二十五县九百七十三个村(4)	1950	3.6	3.1	36.2	2.1	2.9	6.5	30.6	34.9	31.6	54.5	50.6	19.4	9.2	8.5	6.2
江西二十八个村(5)	1950		3.9	30.6		5.2	12.6		28.8	32.2		56.5	21.4		5.4	1.8
湖南十三保(5)	1950		3.0	55.0		5.0	13.0		30.0	26.0		49.0	7.0		13.0	
湖北黄陂十四个行政村(2)	1950	3.6	3.9	31.9	2.7	3.1	7.7	21.8	24.1	26.6	62.7	61.5	28.3	9.2	7.5	2.1
四川八个县十二个保(2)	1950	7.1	6.5	60.0	3.3	4.3	14.1	9.3	10.9	17.5	78.6	77.1	8.4	1.3	1.0	
贵州贵筑一个乡(2)	1951	3.2	4.6	45.2	5.2	7.3	16.4	24.6	26.9	28.3	60.6	66.9	9.0	6.4	4.3	1.1
云南砚山一个村(2)	1950	4.0	7.0	水田 32.4 / 旱地 21.2	4.0	4.0	水田 11.5 / 旱地 13.9	28.0	30.0	水田 39.9 / 旱地 49.5	64.0	59.0	水田 16.2 / 旱地 15.4			

资料来源：(1)《中国经济年鉴》(1947)，太平洋经济研究社，第 210 页。(2) 中央人民政府农业部计划司：《两年来的中国农村经济调查汇编》，第 180～181, 214, 261, 307～308, 316～307 页。(3) 中央人民政府财政部农业税司：《农村经济与农民负担调查资料》，第一集，第 32, 34 页。(4) 苏南人民行政公署土地改革委员会：《土地改革前的苏南农村》，第 2 页。(5)《新区土地改革前的农村》，人民出版社，第 42～43, 60～62, 69～70 页。

编者注：(1) 表中各阶级户数总和、人数总和、土地总和均等于一百。(2) 松江通河县三个屯是：富乡屯、魏家村、三站村。贫雇农内包括原载佃农、雇农和无产者；其他内包括原载游民和其他。(3) 新疆五个专区是：1. 喀什专区：疏勒县德义屯村，克尔木齐与阿图什买买依乡三个行政村；2. 莎车县甲安巴克与铁路巴克村，莎车县甲安巴克与铁路咱巴克村；3. 阿克苏专区：阿克苏县乔和塔洛徒、溧阳两县。其他内包括原载工商业家。小土地出租者及其他。(6) 湖南十三保是：资湖区四、丘陵区五、山区四。公田包括在地主田内。(7) 本表是根据中华人民共和国成立后各地进行土地改革之前所作的调查编成的。虽然所辑录的资料不够全面，却大体上可以反映出农村土地所有情况。尽管经过抗日战争和人民解放战争，土地情况有了一些变动（有些地区地权更加集中，另外一些地区则有一些分散），而贫雇农和中农缺乏土地的情况，却仍然是很严重的。

(三) 土地使用情况

土地问题包括两个方面，一是占有情况，二就是使用情况。单看占有情况而不看使用情况，是不能完全了解土地问题之所在及其性质的。土地集中程度并不能充分说明土地所有制的性质，以及这种所有制对生产力的影响，因此须进一步考察土地是怎样被使用的，所有者和使用者的阶级关系是怎样的。

以下诸表大致反映出近代中国土地使用情况的一般特征及其变动趋势。

表7-19至表7-20，反映土地使用的阶级分配情况。一般来说，农村土地百分之六十～百分之九十以上是由中农和贫雇农耕种的，地主、富农阶级经营面积多半不到百分之三十，极少超过百分之四十的（见表7-19）。十分明显，在土地使用上，主要角色，不是地主、富农，而是中农和贫雇农了。就农场规模来说，地主、富农的农场较大，但很少超过五十—六十亩的，中农次之，贫雇农更次之，后者一般不到十亩（见表7-20）。把这些情况同占有情况（占农村户口百分之八十～百分之九十的中贫农占有土地不过百分之二十～百分之三十，而占农村户口不及百分之十的地主富农，却占有土地百分之七十～百分之八十）对照起来看，就可以明了土地问题之严重了。地主、富农站在所有的一端，中农、贫雇农站在使用的一端。所有集中，使用分散，这就是近代中国农村封建半封建的土地关系的主要特征。

表7-21至表7-23，表示土地经营的分散程度及其发展趋势。全国各地农场平均面积不过十五～二十亩，其中百分之四十七的农场不到十亩，而华中、华南地区尤为分散（见表7-21）。就其发展趋势言，从十九世纪九十年代起，农场面积就一直在不断缩小（见表7-22），到国民政府时期，农业生产急剧衰落，这一现象就更加显著了（见表7-23）。占有越来越集中，而使用越来越分散，这一剪刀形趋势，标志着近代中国土地关系中的矛盾的激化。

表 7-19　　　　　1928～1933 年间中国农村各阶级每百亩土地占有百分比

地区	地主及富农 1928 年	地主及富农 1933 年	中农及贫雇农 1928 年	中农及贫雇农 1933 年	其他 1928 年	其他 1933 年
陕西渭南四个村[1]	24.0	19.1	76.0	80.6	0.1	0.3
凤翔五个村[1]	17.3	10.5	82.7	89.5		
绥德四个村[1]	18.9	15.0	81.1	85.0		
河北保定十个村[2]	39.6	39.0	60.4	61.0		
河南镇平六个村[3]	28.8	28.3	71.2	71.7		
辉县四个村[3]	44.5	40.2	55.4	59.8	0.1	
许昌五个村[3]	21.0	22.0	78.4	78.0	0.6	
江苏盐城七个村[4]	58.0	55.8	42.0	44.2		
启东八个村[4]	40.3	37.3	59.7	62.7		
常熟七个村[4]	8.0	8.2	92.0	91.8		
浙江龙游八个村[5]	35.0	35.3	64.5	64.3	0.5	0.4
东阳八个村[5]	10.2	9.0	79.3	79.1	10.5	11.9
崇德九个村[5]	3.5	5.3	96.6	94.7		
永嘉六个村[5]	10.3	10.4	88.3	88.5	1.4	1.2
广东番禺十个村[6]	35.4	33.9	64.6	66.1		
广西苍梧六个村[7]	17.6	15.7	82.4	84.3		
桂林九个村[7]	36.4	32.5	63.6	67.5		
思恩七个村[7]	28.3	30.8	71.7	69.2		

资料来源：(1)《陕西省农村调查》，第 4、19、22、28、67、79、98、100、101 页。(2) 陈翰笙：《现代中国的土地问题》，转见冯和法《中国农村经济论》，第 232、233 页。(3)《河南省农村调查》，第 35、37、39 页。(4)《江苏省农村调查》，第 23、28、33 页。(5)《浙江省农村调查》，第 18、29、83、85、139、142、127、178、184 页。(6) 陈翰笙：《广东农村生产关系与生产力》，第 77、81 页。(7)《中国农村》，一号，第 65 页，及 1936 年《申报年鉴》，农村，第 29 页。

编者注：(1) 地主、富农经营面积的相对下降和中农、贫雇农经营面积的相对上升，是农业生产衰落和农业经营进一步分散的标志。地主、富农阶级由于经营农业无利可图，而把所占有的土地出租给贫雇农和中农倒可以榨取高额地租，因而尽可能地放弃或缩小农业经营。本表大致反映了这一情况。(2) 河北保定系 1927 年和 1930 年数字。(3) 广西苍梧、桂林和思恩系 1929 年和 1934 年数字。

表 7-20　1928～1933 年间中国农村各阶级平均每户耕地面积比较

(单位：亩)

地 区	总计 1928年	总计 1933年	地主 1928年	地主 1933年	富农 1928年	富农 1933年	中农 1928年	中农 1933年	贫雇农 1928年	贫雇农 1933年	其他 1928年	其他 1933年
陕西渭南四个村(1)	27.31	21.86	43.30	34.67	80.20	57.36	34.69	32.20	16.68	14.61	1.00	2.14
凤翔五个村(1)	20.73	12.28	—	—	63.47	70.40	37.58	36.42	14.90	8.47	—	
绥德四个村(1)	12.07	11.61	46.40	30.75	38.17	36.83	17.12	18.82	8.95	9.18	—	
河北保定十个村(2)	17.32	16.75	3.57	5.04	64.67	62.29	23.95	23.67	7.38	7.06	0.32	
河南镇平六个村(3)	15.19	13.95	10.00	10.37	61.09	48.74	34.08	32.60	6.98	6.45	0.87	
辉县四个村(3)	25.05	24.23	12.00	24.00	106.92	87.00	34.08	31.27	9.75	10.09		
许昌五个村(3)	12.51	12.63			51.33	46.00	21.19	18.37	8.24	7.80		
江苏盐城七个村(4)	15.00	13.25	40.00	40.00	90.40	73.80	22.50	21.90	5.60	6.10	0.54	0.44
启东八个村(4)	9.03	8.66	10.50	10.50	60.87	50.32	16.36	14.96	5.38	5.19		
常熟七个村(4)	12.99	12.29	31.73	34.78	26.67	26.67	16.17	15.07	5.06	5.12	1.31	1.30
浙江龙游八个村(5)	3.90	3.50	24.50	24.50	37.66	30.51	17.18	18.13	8.12	8.18		
东阳八个村(5)	5.77	7.97		10.77	15.35	13.15	10.77	9.97	3.80	3.63	0.53	0.43
崇德九个村(5)	10.17	5.53	22.00	22.00	51.15	21.76	11.18	11.02	6.68	6.62		
永嘉六个村(6)	6.30	9.60	8.00	6.60	26.53	26.50	20.55	21.08	4.89	4.70		
广东番禺十个村(7)	11.40	5.80	20.00	19.40	26.55	25.50	12.22	11.70	5.71	5.70		
广西苍梧六个村(7)	8.80	11.10			21.80	20.90	11.30	11.10	4.90	4.70		
桂林九个村(7)		8.80		2.00	34.50	34.30	16.20	16.00	6.20	6.30		
思恩七个村(7)	8.80		3.30		27.60	26.90	12.10	12.10	5.50	5.30		

资料来源：(1)《陕西省农村调查》，第 4、22、28、19、67、79、98、100、101 页。(2) 陈翰笙：《现代中国的土地问题》，转见冯和法《中国农村经济论》，第 232、233 页。(3)《河南省农村调查》，第 35、37、39 页。(4)《江苏省农村调查》，第 23、28、33 页。(5)《浙江省农村调查》，第 18、29、83、85、127、139、142、178、184 页。(6) 陈翰笙：《广东农村生产关系与生产力》，第 77、81 页。(7)《中国农村》，一号，第 65 页。

编著注：(1) 本表反映出蒋介石夺取政权后，在资本主义世界经济危机的袭击下，伴随农村经济破产而来的则是全国各地农场面积普遍缩小，尤以富农和中农农场的缩小为最显著。至于有些地方农场反而增大，那可能是因为农民大量离乡退租，地主不得不收回自耕有些地方贫农农场所以增大，可能是由于中农下降为贫农的缘故。(2) 河北保定系 1927 年和 1930 年数字。富农内包括经营地主。(3) 广西苍梧、桂林和恩思系 1929 年和 1934 年数字。

表 7-21　1934年中国各地农场规模及比例

地区	调查县数	平均每户经营面积（旧制亩）	各组户数所占百分比				
			不足10亩	10～29.9亩	30～49.9亩	50～99.9亩	100亩以上
总计	163	15.759	47.0	32.4	7.8	5.4	7.4
察哈尔	1	238.350	1.4	7.9	2.2	8.9	79.6
绥远	2	102.358	9.3	33.3	16.2	18.4	22.8
陕西	12	22.709	38.7	35.9	12.8	10.1	2.5
山西	2	38.054	16.9	41.0	20.3	16.1	5.7
河北	23	20.765	40.0	41.4	10.8	6.1	1.7
山东	18	15.298	49.7	38.5	7.9	3.3	0.6
河南	12	18.220	47.9	34.6	9.5	6.2	1.8
江苏	12	15.197	52.3	38.1	5.8	2.5	1.3
安徽	12	16.798	47.0	38.2	9.6	4.5	0.7
浙江	15	10.390	67.0	27.8	3.5	1.4	0.3
福建	10	9.013	71.8	24.8	2.5	0.8	0.1
广东	2	5.957	87.4	12.3	0.3	*	—
江西	5	10.726	54.2	41.6	3.7	0.5	*
湖北	11	11.894	60.4	32.0	5.5	1.8	0.2
湖南	14	14.056	56.5	33.4	6.3	3.1	0.8
广西	12	15.371	51.1	37.7	7.2	3.0	0.9

资料来源：土地委员会：《全国土地调查报告纲要》，第26、27页。

编者注：（1）本表没有包括东北（农场较大）和西南各省（农场较小），但大体来说，这里所表示的农场分散的总情况则是符合中国实际的。可以看出，从全国范围来说，平均农场面积在十五到二十亩之间，而不足三十亩的农场，几占百分之八十。分区来说，新垦区农场面积较大，华北地区次之，华中和华南更次之。（2）*不及0.05%。

表 7-22　　　　　　　　1890～1933 年间中国农场缩小的趋势　　　　　　　（单位：市亩）

地区	农场平均作物面积 1890 年	1910 年	1933 年
平均	20.25	15.90	13.80
小麦地带	26.55	19.80	16.50
水稻地带	12.15	11.55	10.80

资料来源：卜凯：《中国土地利用》（中译本），第 356 页。

编者注：本表数字包括十六个省五十五县，五十五个地区。读者欲知详尽的省县名称，可查阅《中国土地利用》统计资料篇，第三表。

表 7-23　　　　　　　　1923～1933 年间中国各地农场面积的下降

地区	农场类别	各类农场百分比的变动 1923 年	1928 年	1933 年
陕西合阳	不足 20 亩者	19.2	30.8	39.8
	20～49.99 亩	64.9	56.2	40.5
	50 亩以上者	15.9	13.0	19.7
	总计	100	100	100
湖北应城	不足 5 亩者	31.7		48.8
	5～19.99 亩	39.7		51.2
	20 亩以上者	28.6		—
	总计	100		100
江苏镇江	不足 5 亩者	—	2.4	6.1
	5～19.99 亩	29.1	52.6	67.6
	20—25 亩	70.9	44.9	26.3
	总计	100	100	100
江苏无锡	不足 10 亩者	38.4	41.5	50.3
	10～19.99 亩	36.1	35.4	34.1
	20 亩以上者	25.5	23.1	15.6
	总计	100	100	100

资料来源：陈翰笙：《现代中国的土地问题》，转见冯和法《中国农村经济论》，第 231、234、236 页。

编者注：(1) 无锡系 1922 年、1927 年、1932 年数字。合阳为三座村庄，应城为一座村庄，镇江为一座村庄，无锡为三座村庄。(2) 本表所列的例子，虽为数不多，但可以大致反映出蒋介石执政后中国农业生产衰落，农场规模急剧缩小这一严重情况。

（四）地租形态、租佃制度与超经济强制

表7-24至表7-27，表示近代中国地租形态基本情况。

在近代中国地租形态中，与封建的自然经济相结合着的实物地租占着统治形式，而其中最落后的分租形式又占着相当的比重（见表7-24）。同时，劳役地租仍有它的地位，有个别地区仍有原始形态的劳役地租（见表7-27），有更广泛的区域把它作为实物地租的一种补充形式（见表7-31）。至于货币地租，在中国出现的历史虽然很早，它始终没有多大发展。从以上诸情况，反映了近代中国地租形态的落后性。复次，地租形态在各地区间并且有极大的差异。商品农作物与商品经济比较发达的地区，其货币形态地租较高于交通阻滞商品经济落后的地区。如江苏省南北两部地租形态的差异（见表7-25），广东番禺县纯商品作物区与稻作村地租形态的差异（见表7-26），都反映了这种情况。在各省之间，这种差异也是很明显的（表7-24）。这种情况，反映了中国各地区经济的不平衡发展。

表7-28至表7-30，表示近代中国押租及预租的性质。

押租制度，在中国中部及南部租佃制盛行之区比较普遍。就全国范围而言，交通阻滞工业落后的西南各省有押租的田所占比重较大（见表7-28）。就个别地区而言，如江苏宝山县，农民把土地视为唯一生活条件的东北区，其押租较为通行（见表7-28附注）。这说明：交通困难、工业幼稚、农民缺乏其他出路诸因素，成了地主掠夺押租的有利条件。至于押租额的高低，则各省不同，但有不少省份的押租高过正租（见表7-29）。由以上诸情况，充分反映出押租的强制性。而预租制的通行条件，与押租恰恰相反，在商品经济与货币地租比较发达的地区，如江苏、浙江、广东、河北诸省较其他各省为盛行（见表7-30），这说明了另一种意义：即预租与买办经济的联系。而且这种制度，在经常的水旱灾荒中保证了地主对农民的剥削，这又反映了它的强制性质。

押租与预租，促使佃农经常陷入高利贷的魔掌（见表7-31）。农民从地主那里贷来巨款向地主缴付押租和预租，最后地主仍以高利贷或商业资本形式投之于农村。从此，佃农与地主间的借贷关系成了租佃关系的另一连锁，这种借贷又成了超经济强制的变相形式。

表7-32、表7-33，表示近代中国租佃中更为原始的超经济强制。

从表7-32，地主的"小亩"出租"大斗"收粮，地主对佃户勒索各种附加租，地主迫令佃户从事各种无偿劳役，这些都带有浓厚的原始封建强制性。而尤足以表现租佃中的强暴性质的，是极其野蛮的人身隶属关系。从表7-32可以看出，有不少地区的地主，不但任意侵夺农民的财产，并且可以对他们施行残暴的人身迫害。

由以上地租形态的落后，租佃中的超经济强制，充分反映了旧时代中国农村经济极其野蛮的封建性。

表 7-24 　　　　　　　　1934 年中国各省实物地租及货币地租的比重

省别	调查县数	实物地租 分租百分比	实物地租 谷租百分比	货币地租 百分比	合计
察哈尔	6	29.7	51.6	18.7	100
绥远	9	45.7	23.1	31.2	100
宁夏	5	35.4	18.5	46.1	100
青海	7	35.6	53.8	10.6	100
甘肃	21	34.5	51.2	14.3	100
陕西	51	25.9	59.0	15.1	100
山西	78	26.7	46.3	27.0	100
河北	107	26.1	21.6	52.3	100
山东	83	39.1	30.5	30.4	100
河南	71	44.0	39.5	16.5	100
江苏	48	19.5	52.9	27.6	100
安徽	42	33.4	52.5	14.1	100
浙江	44	7.1	65.7	27.2	100
福建	28	25.3	55.5	19.2	100
广东	39	17.7	58.4	23.9	100
江西	24	12.8	80.1	7.1	100
湖北	28	21.8	58.0	20.2	100
湖南	39	18.4	74.2	7.4	100
广西	39	28.5	65.2	6.3	100
四川	58	15.8	57.8	26.4	100
云南	31	24.9	61.1	14.0	100
贵州	21	50.5	39.9	9.6	100
总计	879	28.1	50.7	21.2	100

资料来源：国民政府中央农业实验所：《农情报告》，3 卷 4 期，第 90 页。

表 7-25　　　　　　　　1934 年江苏省商品经济发达区和落后区的地租形态

地区	调查县数	合计 百分比	实物地租 百分比	货币地租 百分比
南部商品经济发达区	22	100	52.1	47.9
北部商品经济落后区	24	100	76.5	23.5

资料来源：《中国经济年鉴》，1936 年，第七章，第 36 页。

编者注：江苏南部，指长江以南的南汇、松江、川沙、上海、青浦、吴江、吴县、昆山、嘉定、常熟、无锡、江阴、武进、宜兴、溧阳、高淳、溧水、江宁、镇江、金坛、丹阳、扬中二十二个县。该区不仅商品经济发达，也是族公产较多的地方。江苏北部，指长江以北的泰兴、江都、淮安、淮阴、泗阳、宿迁、铜山、萧县、砀山、丰县、沛县、邳县、沭阳、涟水、阜宁、盐城、东台、泰县、如皋、靖江、南通、海门、启东、江浦二十四县。

表 7-26　　　　　　1933～1934 年广东省番禺县稻作村和纯商品作物村的地租形态

	合计		谷租田		钱租田	
	亩数	百分比	亩数	百分比	亩数	百分比
稻作村	3459.1	100	1802.2	52.1	1656.9	47.9
纯商品作物村	1254.8	100	44.9	3.6	1209.9	96.4

资料来源：陈翰笙，《广东农村生产关系与生产力》，第 84 页。

编者注：又如交通便利、商品经济较发达的顺德县，几乎全部为货币地租。其余如中山县的货币地租占大部分；新会、南海、台山等县货币地租均达百分之五十。

表 7-27　1934 年中国各省各种力役地租比例调查

省别	被调查总数	合计 数量	合计 占调查数百分比	有力役地租处 无工资、日数有定者 处数	无工资、日数有定者 占调查数百分比	无工资、日数无定者 处数	无工资、日数无定者 占调查数百分比	日数、工资不定者 处数	日数、工资不定者 占调查数百分比
察哈尔、绥远	18	3	16.67	—	—	2	11.11	1	5.56
甘肃、宁夏、青海	22	1	4.55	—	—	—	—	1	4.55
陕西	41	11	26.83	—	—	8	19.51	3	7.32
山西	153	42	27.46	5	3.27	21	13.73	16	10.46
河北	271	65	23.99	3	1.11	48	17.71	14	5.17
山东	185	56	30.27	6	3.24	43	23.24	7	3.79
河南	128	85	66.40	1	0.78	74	57.81	10	7.81
江苏	77	23	29.87	3	3.90	15	19.48	5	6.49
安徽	72	23	31.94	—	—	19	26.39	4	5.55
浙江	92	4	4.36	1	3.57	1	1.09	3	3.27
福建	28	3	10.71	—	—	2	7.14	—	—
广东	73	6	8.22	1	1.72	3	4.11	3	4.11
江西	58	5	8.62	—	—	2	3.45	2	3.45
湖北	61	23	37.71	3	4.92	7	11.48	13	21.31
湖南	67	18	26.87	—	—	8	11.94	10	14.93
广西	59	4	6.77	—	—	3	5.08	1	1.69
四川	62	36	58.06	1	1.61	21	33.87	14	22.58
云南	28	12	42.85	—	—	9	32.14	3	10.71
贵州	25	14	56.00	4	16.00	7	28.00	3	12.00
总计	1520	434	28.55	28	1.84	293	19.28	113	7.43

资料来源：陈正谟：《中国各省的地租》，第 43 页。

编者注：此表实际内容如何，原书未作具体说明。其中当包括下列三种情况：一、以全部劳役抵租；二、以部分劳役抵租；三、无偿劳役（额外地租）。

表 7-28　　　　　　　　　　1933年中国各大区通行押租县数及所占比例

区域	报告县数	有押租县数	有押租县数占报告县数的百分比
东北	40	18	45.0
华北	164	47	28.7
华东	54	35	64.8
华中	40	25	62.5
西南	39	33	84.6
华南	22	11	50.0
总计	359	169	47.1

资料来源：冯和法，《中国农村经济资料续编》，第504页。

编者注：《中国农村》1卷4号，瞿明宙著，《中国农田押租的进展》。靠近上海市区的西南区大场、杨行、广福等镇，农民不专靠土地生活，可以到都市另找工作，押租便不通行。而临近腹地盐滩的东北区如周浦、盛桥、罗店等镇，农民以土地为唯一生活条件，押租通行，押租额也日见增加。

表 7-29　　　　　　　　　　近代中国部分省租田押租额对正租额的比例

地区	押租额（元/亩） 上	中	下	正租（钱）额（元/亩） 上	中	下	押租占正租百分比 上	中	下
湖北应城等六县[1]	4.95	2.78	1.69	2.50	1.71	1.02	198.00	162.60	165.70
安徽宁国等四县[1]	4.52	3.36	1.69	3.44	2.55	1.55	131.40	131.80	109.00
江西九江[1]	3.30	2.20	1.10	0.44	0.33	0.22	750.00	666.66	500.00
江苏靖江等二十一县[2]		6.00			8.43			71.10	
广东番禺等十县[3]								64.00	

资料来源：(1) 金陵大学农学院农业经济系：《豫鄂皖赣四省之租佃制度》，1934年，第31～32页。(2) 田中忠夫：《国民革命与农村问题》，1930年。(3)《广东农村生产关系与生产力》，1934年。

编者注：(1) 佃农对地主所索取的押租系于承租之时一次缴付。此款与正租不同，在退佃时仍须退回原佃，叫做退押。

(2) "湖北应城"，原做"河南应城"，径改。

表 7-30　　1934 年前中国部分省预租每亩租额及通行情况示例

地区	每亩租额	缴纳时期	通行情形
江苏宝山	2~8 元	订约时缴纳	各村预租田有的占租田的百分之十，有的高到百分之七十，并有增加趋势
武进	8~10 元	先缴租后种田	有增加趋势
靖江	5~7 元	先缴租后种田	
上海			大都预征田租
浙江义乌（公田）	6~7 元	清明节前	
义乌（私田）	4~5 元	清明节前	
新登	5 元		
镇海	6 元	前一年秋季	
象山		前一年秋季,付一年租价	
新昌	4~9 元	前一年	
桐庐	3~12 元	立租约时	
嵊县	10 元		
余姚			预租之习已久，民以为苦
诸暨	10.7 元		
江西	一石谷价	前一年	
湖北麻城（城区）	20 串		预租田占租田百分之一~百分之二
黄梅两个村	1.5~20 串		
京山一个村			预租田占租田百分之二十
天门两个村			预租田占租田百分之八十~百分之一百
沔阳五个村			预租田占租田百分之五十~百分之一百
监利一个村	14~20 串	前一年冬季立租约时	
广东东部（澄海、海丰等县）、北江一带（曲江、花县、清远等县）、			中等以上田均用预租
沙田区域（东莞、香山、南海等县）	20~30 串	禾始熟时	如届期未缴，地主派人抢割，据为己有，称"割麦黄"
广西融县	一年租谷折价	一年前	
桂平			
河北天津一个村	1~3 元	前一年	
定县	0.7~5.6 元	惊蛰或清明	大半预交
保定	2~6 元	清明	通行预交
河南（园地）	3~12 元	先一年腊月	多是来年预租
山西大同	占农产价格 2/5	播种前缴清	预租之制系近年发生
陕西绥德	占农产价格 1/3		

资料来源：《中国经济年鉴》，1934 年，第七章，第 60 页。

表 7-31　　　　　　　　　　近代中国部分省租佃与高利贷的关系示例

类别	地区	高利贷情况
(一) 地主与佃户高利贷关系	江苏昆山[1] 安徽宿县[1]	佃户对地主发生借贷关系的占百分之六十六点四 佃户对地主发生借贷关系的占百分之四十一点二
(二) 预租与高利贷	江苏靖江[2] 浙江奉化[3] 广东东莞、香山、南海等县[4] 河南[5]	地主对于无力缴纳预租的佃户，迫令写立借票，照典例起息，于明年夏秋收获后一并偿还 预租如延至明年缴纳，按利息百分之五十计息 地主令佃户于收谷前缴租。如佃农无款，地主指定向与自己有关系的银号借贷，利率较一般为高；并规定收谷后到银号所指定之粮店出卖，粮价较一般为低 地主对于无力缴纳预租佃户，迫立借约，月利二～三分
(三) 押租与高利贷	四川[6]	佃农押金，全部由借贷而来的占百分之四十三，部分借贷来的占百分之三十二，合会方式借贷的占百分之十一，自有的仅占百分之十四

资料来源：(1) 乔启明，《江苏昆山南通安徽宿县农佃制度之比较及改良农佃问题之建议》，1926 年。(2)《中国经济年鉴》，1934 年，第七章 (系 1932 年中央研究院社会科学研究所调查资料)。(3) 人民出版社编辑部：《新区土地改革前的农村》，1951 年。(4) 桂林师专校刊专号：《广西农村经济概况》，1933 年。(5)《中国经济年鉴》，1934 年，第七章。(6) 吕平登，《四川农村经济》，1934 年。

表 7-32　　　　　　　　　　　　近代中国超经济强制例示

一、地主佃农之间人身隶属关系：

河北静海[1]：有"死佃"制，佃户不能自由脱离地主，对地主遇事供役，有如奴仆。

江苏吴江震泽乡[1]：地主强迫佃户书立"子孙世世永为佃户"契约。

安徽宿县[2]：立有租约之佃户（叫批帖佃户）多系世袭，只许地主退佃，不许佃户退种；甚至佃户积资买有田地，亦须出租已田与人，自己仍做原地主之佃户。

广东广宁、高要[1]：地主有丧事打斋，将佃名附列，书为"田仆某某"。

广东高要桂岭乡[3]：全村一万户中有三千户是"下户"，不许获得田地所有权，成为世袭佃户。

二、地主对佃农的人身迫害：

江苏灌云县[4]：地主自设法庭，陈列各种刑具，对迟交租佃户，轻者打板，重至处死。

江苏常熟[5]：地主用"滚笆篓"（把农民绑在笆篓里放在地上滚来滚去致死）、"扇风车"（冬天把农民绑在风车上吹，还要农民出手工钱）、戴枷、拷打、"开差船"、"放水灯"等二十四种私刑逼租，并备有脚镣、手铐、铁锤、棍棒等凶器，动辄吊打和扣押农民，并挖农民脑子，强奸妇女。

江苏吴县[5]：用三比酷刑逼租，三天一小比，五天一大比，七天一血比（打得屁股见血谓之血比）。

浙江北部（与江苏交界州县）[6]：地租逾期不交清，地主勾结县政府追拷，甚至处死，由地主出资收殓或出恤金了事（由全县地主每年出款若干，存储备用）。

广东海丰[1]：地主对佃户所交租谷如不满意，辄予殴打；并筑室拘禁农民，施以毒刑。

湖南滨洞庭湖各县[7]：强迫农民于青黄不接时提前交租，违者枪杀。

云南[8]：地主对欠租佃户，拘捕拷打；或强迫佃农卖妻子与地主为奴仆。

新疆[9]：强奸、侮辱、打骂、虐待佃户的妻女。

三、地主对佃农财产的侵夺：

新疆[9]：农民在土地上费了一番工夫之后，地主随意夺佃，强迫用劣地换农民务育好了的土地另佃别人，甚至年年调换。地主无偿地使用农民耕牛，强借农民财物，强买强卖。

江苏苏州[5]：拆农民房屋抵租，还要农民出拆屋工钱。

广东海丰、广宁等县[1]：地主于欠租佃户，抢谷种，牵猪牛羊，没收红契；或收买地保总练，查封佃户家具拍卖。

湖南桃源及滨湖各县[7]：对于欠租农民，不仅扣抵押金，并抢牵耕牛，或带着打手抢劫农民的菜子。

资料来源：(1)《中国经济年鉴》，1934年，第七章。(2) 乔启明：《江苏昆山南通安徽宿县农佃制度之比较以及改良农佃问题之建议》，1926年。(3) 陈翰笙：《广东农村生产关系与生产力》，1934年。(4)《大晚报》1932年，6月25日。(5)《土地改革前的苏南农村》，第8～9、13～14页。(6) 韩德章：《浙西农村之租佃制度》，见《社会科学杂志》，4卷1期，1934年。(7)《新区土地改革前的农村》，第39、140、154页。(8) 张肖梅：《云南经济》，1942年，第 K.23页。(9)《两年来中国农村经济调查汇编》。

表7-33

中国部分省额外地租示例

2. 承租交租时地主对佃户的各项勒索	四川巴县：正租外，每亩缴纳附产，上田二元，中田一点五元，下田零点八元	1938	张肖梅：《四川省经济参考资料》，第M.1页
	安徽舒城、宣城、桐城、宁国、太平、寿县：承佃时向地主馈赠现金或物品，要借酒席宴请（介绍人在内），送猪肉二斤，鸡二只，酒数斤，粗果十包；其有经理者，另送礼金二元	1934~1935	《豫鄂院赣四省之租佃制度》，第26页
	广东高要：批田时，每亩索鸡一只，酒二瓶；纳租时，每亩送田信鸡一只	1926~1929	《中国经济年鉴》1934年，第七章
	广东（西江）：地主派人收租每名另给一斤米，四两肉，二两酒，一些番薯、蔬菜之类	1927	同上
	浙江杭县、海盐：地主下乡收租，每石加脚米三~五升不等	1934	韩德章：《浙西农村之租佃制度》，见《社会科学杂志》，4卷1期
	江西九江、南昌：承租时，宴请地主及中人及送鸡、茶	1934~1935	《豫鄂院赣四省之租佃制度》
	安徽舒城、桐城：佃户向代收人写账、赈房收租秉勒索，每石加脚三元不等，又收租时佃户例须备酒招待，收租人如不受招待，即令折交现钱，叫"折席费"，如缴不交租，另交"草鞋费"，舒城称为"灰土钱"	1934~1935	同上
	湖北宣昌：地主有仓房者，均由代理收租人主持，交租时须送手续费，开仓费（每亩二角）及上仓费（一角）；如收租时下乡验看，每亩交"看里费"二角。（以上为交租时各项勒索）	1934~1935	同上
	广西龙茗：租田时送地肥鸡一二只，并糯米数斤，明年续租，又送鸡、米如前	1935	《广西农村调查》，第151页
	四川川西：佃户须以"小押租"贿送地主代理人，约当押租之二三成，退佃时不退，或馈赠以杂粮等。新业主受业，佃户须自动加押，或馈赠礼物，名为"挂红花"（以上为承租时各项勒索）	1946	《中国经济年鉴》，1947年，第64页
3. 佃户对地主的各种馈赠	四川：逢年过节及喜庆事，向地主馈送	1933	《四川农村经济》，第207页
	山东临沂：年节送礼	1935	《东方杂志》，32卷4期
	江苏无锡、太仓、丹阳：逢年节送礼，或请地主吃鸡、吃鹅，《丹阳节礼起每一至一石米）	土改前	《土地改革前的苏南农村》，第35、39、62页
	湖北黄陂：宜都、宜昌：年节送礼，中秋送糯米，新鸡	1934~1935	《豫鄂院赣四省之租佃制度》
	广西藤县、平南等县：年终送糯米、鸡、鱼、贡面、表肉，或按节请酒，或中秋送月饼	1935	《广西农村调查》，第151、165页，及《广西年鉴》，第二回

（五）地租的剥削

表7-34至表7-43，说明近代中国实物、货币及劳役三种地租的剥削程度。

在收取的地租中，占统治形式的实物地租的租率（占产量百分比），平均约在百分之五十左右，但有些县份高到百分之七十～百分之八十（见表7-34至表7-36），甚至有个别县份高到百分之百以上（见表7-35及附注）。在这里，佃农对地租的缴付，必须以一部副产物抵补正产不足的部分。货币地租的租率就其对地价百分比而言，一般均在百分之十以上，有数县靠近百分之二十～百分之二十五（见表7-37）。至于在个别地区存留的劳役地租，每亩所付劳役日数因地区而不同（见表7-38至表7-39），有的地区折合实物地租率为百分之七十～百分之七十五（见表7-39附注）。就两种主要形式地租的表面数字观察，货币地租是小于实物地租的（见表7-40）；但前者系预付地租，必须加算利息，其剥削已超过实物地租。复次，如将中国与西欧各国的地租购买年加以比较，中国地租剥削的苛重更突出的显示出来。英德两国在第一次欧战前后的地租购买年为二十～三十年（见表7-43），而中国一九三四年的地租购买年只有七～九年，有的省份并且更短至五～六年（见表7-40）。

以上诸表，不只说明了地租的剥削深度，并且表现出来近代中国地租一个主要的特征，即租率与田等及产量的背离。无论是实物地租或货币地租的租率，都是下等田高过上等田（表7-34、表7-37）。还有个别地区，同等级的田，旱田（一般产量较小）的租率超过水田（一般产量较大）的租率。这种趋势，说明越是压在下层的农民，所遭受的地租剥削越苛，因为租种劣田的多半是最穷苦的农民。农民的穷困，在地主看来，正是加重剥削的有利条件。

复次，近代中国地租剥削的另一特征，是租佃经营的无利或亏本。从表7-41可以看出佃农全凭农场收入不敷开支的情况；从表7-42更详尽地告诉我们地租侵占必要劳动的情况。在这里，佃农除尽量压低他的生活水平之外，只有仰赖副业收入借资弥补了。

计算地租剥削，仅从正租观察还是不够的，必须与额外附加租及押租（表7-29、表7-32）结合起来看。这些额外租的剥削，大大提高了实际租率。

由以上诸表反映出来，近代中国的地租不仅是极端苛重的，从它的"背离"状态观察，又是极其野蛮的。

表7-34　　1934年中国各等田地实物地租租价占产值的百分比

地区		每亩租价（元）						每亩产值（元）						租价占产值的百分比					
		水田			旱地			水田			旱地			水田			旱地			
		上	中	下	上	中	下	上	中	下	上	中	下	上	中	下	上	中	下	
长江流域	浙江	6.85	5.31	3.77	4.39	3.01	2.10	15.13	12.21	8.55	11.45	8.29	5.36	45.27	43.49	44.09	38.34	36.31	39.18
	江苏	6.21	4.91	3.71	4.34	3.43	2.41	16.92	12.29	9.39	12.03	8.91	6.08	36.70	39.95	39.51	36.08	38.50	39.64
	安徽	5.56	4.19	2.93	3.78	2.81	1.78	13.59	11.16	7.34	9.49	6.44	4.07	40.91	37.54	39.92	39.83	43.63	43.73
	江西	5.94	4.44	3.13	3.19	2.52	1.62	14.34	11.41	7.66	8.56	6.87	5.34	41.42	38.91	40.86	37.27	36.68	30.34
	湖南	7.76	6.05	4.37	3.87	2.98	1.89	35.00	11.67	8.18	10.71	7.88	6.31	51.73	51.84	53.42	36.13	37.82	29.95
	湖北	4.78	3.67	2.60	3.68	2.73	1.58	11.67	8.58	5.73	10.04	7.15	5.58	40.96	42.77	45.38	36.65	38.18	28.32
	四川	9.90	8.06	6.10	6.74	5.22	3.82	18.96	15.36	10.65	14.88	11.32	7.82	52.22	52.47	57.28	45.30	46.11	48.85
	合计	6.64	5.17	3.75	4.27	3.21	2.18	15.53	12.10	8.36	11.05	8.12	5.33	42.76	42.73	44.86	38.64	39.53	40.90
珠江流域	福建	8.50	6.57	4.83	5.10	3.65	2.17	17.15	13.00	9.29	13.09	8.46	5.91	49.56	50.54	51.99	38.96	43.14	36.72
	广东	9.64	6.56	4.08	4.97	4.09	2.10	22.55	16.56	11.28	12.00	8.83	5.12	42.75	39.61	36.17	41.42	46.32	41.02
	广西	9.50	7.26	5.29	4.71	3.63	2.26	20.32	12.74	11.83	11.78	9.00	5.97	46.75	56.99	44.72	39.98	40.33	37.86
	贵州	8.32	6.41	4.95	5.32	4.71	2.86	19.23	15.11	10.79	12.39	9.77	4.31	43.27	42.42	45.88	42.94	48.21	66.36
	云南	9.44	7.02	4.63	6.80	5.16	2.94	24.03	18.91	12.00	19.00	12.95	8.67	39.28	37.12	38.58	35.79	39.85	33.91
	合计	9.30	6.86	4.72	5.39	4.28	2.43	21.04	16.50	11.35	13.70	10.00	5.92	44.20	41.58	41.59	39.34	42.80	41.05
黄河流域	河南	7.65	5.88	4.05	4.18	3.15	2.02	16.16	12.13	8.56	8.35	5.91	4.69	47.34	48.47	47.31	50.06	53.30	43.07
	山东	6.88	4.88	3.36	5.92	4.49	3.25	19.00	11.77	8.41	13.69	9.45	6.39	36.21	41.46	39.95	43.24	47.51	50.86
	河北	6.06	4.49	3.23	4.02	2.80	1.85	12.40	9.08	5.90	7.54	5.21	3.24	48.87	49.45	54.75	53.32	53.74	57.10
	陕西	8.37	6.04	4.38	5.09	3.39	2.60	19.83	16.16	10.48	12.63	8.59	4.91	42.21	37.38	41.79	40.30	39.46	52.95
	山西	5.86	4.25	2.84	2.41	1.72	1.05	13.76	9.87	6.21	6.26	4.18	2.50	42.59	43.06	45.73	38.50	41.15	42.00
	甘肃、宁夏、青海	8.40	7.00	5.10	2.02	1.60	0.80	21.00	15.67	10.56	9.98	6.46	3.95	40.00	44.67	48.30	20.24	24.77	20.25
	察哈尔、绥远	5.34	3.75	2.25	1.59	1.18	0.68	13.38	9.77	6.41	3.85	2.36	1.47	39.91	38.38	35.10	41.30	50.00	46.26
	合计	6.58	4.85	3.36	4.07	2.99	2.00	14.56	11.05	7.43	8.95	6.28	3.91	45.19	43.89	45.22	45.47	47.61	51.15
总计		7.00	5.29	3.75	4.24	3.17	2.09	16.05	12.45	8.51	9.96	7.09	4.50	43.61	42.49	44.07	42.57	44.71	46.44

资料来源：陈正谟：《中国各省的地租》，第66～77、82～93页。

编者注：每亩租价，系据农产价格折算。

表 7-35 抗日战争前中国各省定额实物地租租额及其所占产量的百分比

地区	资料年份	物租类别及单位	每亩租额	每亩产量	租额占产量的百分比	备注	地区	资料年份	物租类别及单位	每亩租额	每亩产量	租额占产量的百分比	备注
四川重庆(1)	1934	石	0.85	1.5	56.7	除所交租额外，另支附产值零点八~一元	东阳八村(6)	1933	谷、斤	130.6*	308.8	42.3	
新繁(2)	1935	石	1.7~1.9	2~2.2	85.7	按一点八与三点一计算成百分比	义乌(7)	1934	谷、斤	300	247.5	121.2	
涪陵(3)	1938	石	0.5	1.0	50.0		江苏常熟五村(7)	1929	石	0.95	2.50	38.0	
云南昆明(4)	1932	米、斤	150	170	88.0		昆山十四村(7)	1927	石	0.8	1.57	51.0	
昆明三村(5)	1934	谷、斤	163.7	152	107.7		湖南衡阳(8)	1927	石	1.8	3.5	51.4	
禄丰六村(5)	1934	谷、斤	211.3	300	70.4		衡山(8)	1927	石	1.3	1.5	86.7	
马龙十村(5)	1934	米、斤	54.17	181.6	29.8		株萍路(8)	1927	石	2.0	3.5	57.1	原系石田租额，此处按每石田四亩折成每亩租额
开远二村(5)	1934	谷、斤	162.5	412.5	39.4		临湘(8)	1927	石	2.63	4.13	63.6	
浙江龙游八村(6)	1933	谷、斤	166.3	301.3	55.2	有永佃权的田租，租额占产量百分之二十四点二	永明(8)	1927	石	1.2	1.5	80.0	原系石田租额，此处按每石田六点三亩折成每亩租额
汤溪(6)	1933	谷、斤	160	300	53.3		湘中(7)	1929	谷、石	1.8	3.3	54.5	
衢县(6)	1933	谷、斤	166.7*	320	52.1		福建漳浦(9)	1929	斤	320*	800	40.0	
寿昌(6)	1933	谷、斤	180*	350	51.4		建瓯(9)	1929	斤	120*	200	60.0	
遂昌(6)	1933	谷、斤	200*	400	50.0		武平(9)	1929	斤	60	120	50.0	
常山(6)	1933	谷、斤	160*	360	44.4		古田(9)	1929	斤	100	300	33.3	
江山(6)	1933	谷、斤	186.7*	350	53.3		长汀(9)	1929	租	2+	2+	100.0	
崇德七村(6)	1933	米、石	0.72*	1.87	38.5		永春(9)	1929	斤	200	400	50.0	
海宁一乡(6)	1933	米、石	0.58*	2.0	29.0		同安(9)	1929	斤	120	320	37.5	
杭县一乡(6)	1933	米、石	0.9*	1.7	52.9		河南许昌三村(10)	1933	秋谷、石	0.3	0.518	57.9	
吴兴三村(6)	1933	米、石	0.53*	1.57	33.8		辉县三村(10)	1933	夏麦、石	0.3	0.825	36.4	
							镇平三村(10)	1933	麦、石	0.9	1.55	58.1	
							陕西汉中(11)	1932	稻、石	2.0	3.0+	66.7	

资料来源：(1) 西华近代文献征集处：《四川农村调查报告》，《四川地租崩溃之演化及其影响》，《四川地租近况之演化及其影响》，第1页。(2)《四川农村经济》，第207页。(3) 张肖梅：《四川经济参考资料》M.1。(4) 国民政府铁道部：《昆明县市经济调查年鉴》，第87页。(5) 民国政府农村复兴委员会：《云南省农村经济调查》，第15~201页。(6)《浙江省农村调查》，1934年，第七章。(7)《中国经济年鉴》，第32页；《中国经济年鉴》，1935年，第1期，第125~127页。(8)《中国农村经济资料》，第1123页。(9) 福建省《建设月刊》，3卷6号。(10) 农村复兴委员会：《河南省农村调查》，第10页。(11)《东方杂志》，30卷1期，陈翰笙：《破产中的汉中农民》。

编者注：租额数字有(*)记号者为各等田平均租额。租率在百分之百以上的本表只搜集到昆明及义乌两条资料。抗战期间四川璧山县各乡租率有高到百分之一百二十至百分之一百五十的（《四川经济》，2卷1期及2期）。

表 7-36 "土地改革"前中国各省实物地租租额及其所占产量的百分比

地区	资料年份	物租种类及单位	每亩租额	每亩产量	租额占产量的百分比	备注
江苏无锡[1]	1950	米、石	1.1	2.2	50.0	
无锡[2]	1948	谷、斤	190	250	76.0	
高淳[2]	1950	谷、斤	180	266	67.8	
浙江丽水[3]	1950	谷、斤	200	350	57.0	
福建沙县[3]	1950	谷、石	1.5	2.66	56.3	
沙县[3]	1950	谷、石	1.64	2.66	61.7	
沙县[3]	1950	谷、石	0.538	0.77	96.0	外加牛租二斗
湖北麻城[3]	1950	谷、石	1.0	3.0	33.3	
远安[3]	1950	谷、石	1.0	1~2	50~58	
江西永新[3]	1950	谷、石	1.8	3.5	52.0	
遂川[3]	1950	谷、石	2.0	3	66.7	
万安[3]	1950	谷、石	1.0	2.5	40.0	
临川[4]	1950	谷、石	1~2.5	4	65.0+	
赣县[3]	1950	谷、石	1.5	2.4	62.5	
陕西竹溪[3]	1949	谷、石	3.0	4	75.0	
甘肃皋兰[3]	1950	麦、石	0.48	1.00	48.0	水田
皋兰[3]	1950	麦、石	0.08	0.12	66.7	旱地

资料来源：(1)《苏南土地改革访问记》，第6页。(2)《土地改革前的苏南农村》，第43、63页。(3)《新区土地改革前的农村》，第18、22、46、54、55、100、105页。(4) 新华书店中南总分店编审部：《中南各省农村情况调查》，第58页。

表 7-37　　　　　　　1930年中国各等水旱田地货币地租租额对地价的百分比

省别	水田 报告区数	水田 上等	水田 中等	水田 下等	旱田 报告区数	旱田 上等	旱田 中等	旱田 下等
黑龙江	10	13.0	14.0	1.4*	6	24.0	23.6	29.6
吉林	10	8.7	8.7	8.4	15	14.8	16.6	17.6
辽宁	21	8.0	8.3	8.1	21	7.0	5.0	6.7
热河	1	5.0	5.0	5.0	1	5.0	5.0	5.0
察哈尔	8	11.1	13.0	13.9	6	11.2	13.4	14.3
绥远	2	13.0	16.5	23.0	—	—	—	—
陕西	2	21.0	18.5	17.8	2	11.5	35.0	15.0
山西	51	13.3	15.8	17.3	43	12.5	18.0	17.8
河北	86	8.7	10.3	10.5	82	9.7	9.3	2.9
山东	22	13.0	11.7	15.6	71	9.5	8.4	12.1
河南	22	8.3	9.2	10.1	17	8.5	7.4	6.6
江苏	62	8.1	8.2	8.7	45	8.6	9.5	10.4
安徽	—	—	—	—	3	12.0	13.8	19.0
浙江	21	9.3	9.2	11.5	18	11.1	10.9	10.2
福建	1	—	25.0	17.0	2	17.5	16.0	14.0
广东	7	5.0	6.7	8.3	3	13.6	10.5	10.0
江西	13	11.7	13.4	15.3	16	12.4	12.8	12.1
湖北	8	17.0	17.2	15.3	6	15.1	14.8	18.5
湖南	—	—	—	—	1	13.0	10.0	10.0
广西	1	12.0	13.0	13.0	1	13.0	10.0	10.0
四川	11	20.3	19.7	18.9	11	9.0	8.6	7.6
云南	1	13.0	14.0	10.0	2	24.5	27.5	21.5
总计	360	10.3	11.3	12.0	372	10.3	11.0	11.5

资料来源：《中国经济年鉴》，1934年，第六章，第63~66页。

编者注：租额对地价的百分比，即货币地租的租率。表中黑龙江下等水田的数字原书作1.37，此处"四舍五入"作1.4；1.37过于偏低，疑系13.7之误。

表 7-38　　　　　　　　　　抗日战争前的中国各省劳役地租示例

地区	租地面积	劳役日数	备 注
江苏宝山	1亩	30～60	全以劳役抵租，称脚田制
安徽桐城		工作日无定	称带庄田。此种租佃制，佃户须以全家劳动力为地主耕种
贵池		工作日无定	称带庄田。此种租佃制，佃户须以全家劳动力为地主耕种
湖北汉川	1斗田	4	以上数例，虽有租地面积及劳役日数，似非纯劳役地租，大概是实物或货币地租以外为地主劳役日数，可视为全部地租的一部分
江西星子	20亩	10+	
河北涞源	1亩	1	
山东诸城	1亩	2	
山西寿阳		30	
应县		10～15	
甘肃天水、武都		10～20	以上数例，只有劳役日数，缺租地面积，似非纯劳役地租
福建邵武		2～4	
贵州定番		10～20	
辽宁瞻榆		15	
黑龙江兰西		20～30	

资料来源：《中国经济年鉴》，1934年，第七章，第11页。

表 7-39　　　　　　　"土地改革"前江苏省嘉定等四县劳役地租

县别	每亩田所付劳役日
嘉定(1)	46.75（水田）
	39.50（旱田）
宝山(2)	20～80
无锡(2)	10+
丹阳(2)	45

资料来源：(1)《苏南土地改革访问记》，第31～34页。(2)《土地改革前的苏南农村》，第6、38、61页。
编者注：劳役地租剥削情况，兹以嘉定为例，如折合为实物地租计算，约占产量百分之七十一至百分之七十五（见《苏南土改访问记》及《土地改革前苏南农村》）。

表 7-40　　1934 年中国各省实物地租及货币地租剥削程度比较

省别	每亩普通租额（元） 分租	每亩普通租额（元） 谷租	每亩普通租额（元） 钱租	普通田地之平均价格（元）	租额占地价的百分比 分租	租额占地价的百分比 谷租	租额占地价的百分比 钱租	购买年 分租	购买年 谷租	购买年 钱租
察哈尔	1.9	1.2	0.8	27.4	6.9	4.4	2.9	14.42	22.83	34.25
绥远	1.5	1.8	0.8	12.5	12.0	14.4	6.4	8.33	6.94	15.63
甘肃	2.4	2.1	2.0	17.5	13.7	12.0	11.4	7.29	8.33	8.75
陕西	3.0	3.1	2.4	23.8	12.6	13.0	10.1	7.93	7.68	9.92
山西	1.8	1.7	1.8	29.0	6.2	5.9	6.2	16.11	17.06	16.11
河北	3.3	3.7	3.0	40.8	8.1	7.6	7.3	12.36	13.16	13.60
山东	6.1	5.5	4.7	29.3	20.8	18.8	16.0	4.80	5.33	6.23
江苏	5.6	3.4	3.8	43.7	12.8	7.8	8.7	7.80	12.85	11.50
安徽	5.4	3.1	3.1	33.0	16.4	9.4	9.4	6.11	10.65	10.65
浙江	5.9	4.6	4.3	44.7	13.2	10.3	9.6	7.58	9.72	10.40
福建	6.0	5.7	5.1	28.6	21.0	19.9	17.8	4.77	5.02	5.61
广东	6.1	7.5	6.7	39.5	15.4	19.0	17.0	6.48	5.27	5.90
江西	6.7	3.3	3.5	18.2	36.8	18.1	19.2	2.72	5.51	5.20
湖北	5.6	2.8	3.4	41.2	13.6	6.8	8.3	7.36	14.71	12.12
湖南	7.2	4.4	4.4	25.3	28.5	17.4	17.4	3.51	5.75	5.75
四川	8.3	7.1	5.6	49.1	16.9	14.5	11.4	5.92	6.92	8.77
云南	7.6	7.5	6.3	45.3	16.8	16.6	13.9	5.96	6.04	7.19
贵州	4.5	5.0	2.3	37.2	12.1	13.4	6.2	8.27	7.44	16.17
总计	4.6	4.2	3.6*	32.6	14.1	12.9	11.0	7.09	7.76	9.08

资料来源：国民政府主计处：《中国租佃制度之统计分析》，第 79~80 页。

编者注：(1) 由表 7-40 分析，谷租高过钱租；但也有的地方钱租高过谷租，如番禺、新会、南海、顺德、中山等县农产商品化程度较高的一些村庄，钱租租额约比谷租高百分之十（陈翰笙，《广东农村生产关系与生产力》，第 33 页）。(2) 购买年系由分租、谷租、钱租除田地价格而得。用实物地租来计算购买年原是不合理的，此处为了同货币地租的购买年作比较，而保存原表形式，以供读者参考。(3) 钱租多系预租，提前一年缴付；农民为缴付预租，多由高利借贷而来。本表"每亩普通租额"栏中"钱租"总计如按月利三分加息计算，三点六元应为四点九元，实较分租、谷租为高。

表 7-41　　　　　　　　民国时期中国部分省佃农收支不敷示例　　　　　　　(单位:元)

地区	年份	租田(亩)	田场收入(元)	支出(元) 地租	支出(元) 生产资料	支出(元) 生活资料	支出(元) 合计	盈(+)亏(-)(元)	备注
江苏宜兴(1)	1927	2	54.0	16.0	29.0	37.0	82.0	-28.0	五口之家;副产收入未计;食料未计。
江苏常熟(2)	1933	田面权 20	102.0	33.0	*73.9	(缺)	106.9	-4.9	五口之家*;内有"保卫捐"一元,人工费二十三点二元。
江苏铜山(3)	1934	甲 1	9.5	4.7	*3.7(合计)		8.4	+1.1	甲、按麦价最贵年估计*;包括人工费,又一部分生活费用未计算在内。
江苏铜山(3)	1934	乙 1	6.8	3.4	*3.7(合计)		7.1	-0.3	乙、按麦价最贱年估计;*包括人工费,又一部分生活费用未计算在内。
浙江武义(4)	1934	12	136.0	51.8	23.2	96.7	171.7	-50.7	原书另有其他一栏支出十五元,本表未列入。
四川成都(5)	1926		554.2	348.0	80.1	138.4	566.5	-12.3	二十三户佃户平均;副业收入未计。
四川温江(6)	1941	20	10578.6	5300.6	2549.0	5106.0	12955.6	-2377.0	一部分家庭杂费未计。
广西郁林(7)	1933		320.3	56.5	85.1	213.8	355.4	-35.0	二十七户自耕兼佃户平均。
广西郁林(7)	1933		270.1	68.5	66.9	183.9	319.3	-49.2	二十六户佃户平均。
广西郁林(7)	1933		165.9	38.8	32.8	143.9	215.5	-49.6	七户佃户兼雇农。
河北北塘(天津)(2)	1934	10	90.0	40.0	30.0	35.0	105.0	-15.0	家庭生活费未计。
河北宝坻(2)	1934	10	90.0	36.0	65(合计)		101.0	-11.0	

资料来源：(1) 徐方千：《宜兴农民状况》，《东方杂志》，24卷26期。(2) 谢敏道：《江苏省邳县、启东、常熟、盐城四县农民耕种成本计算》，《中国经济》，1卷8期；顾猛：《崩溃过程中之河北农村》，1卷4期。(3) 李惠风：《江苏铜山县的农民生活》，《中国农村》，1卷1期。(4)《中国经济年鉴》，1935年，第七章，第142页。(5) 吕平登：《四川农村经济》，第221～222页。(6)《经济通讯》，84期。(7) 千家驹等：《广西省经济概况》。

编者注：佃农田场收入，多不足供地租、生产资料和生活资料开支，其亏折部分系仰赖副业及副产收入弥补。

表 7-42　　　　　民国时期中国部分省地租侵占佃农必要劳动示例　　　　（单位：元）

地区	年份	农户	产值	生产资料	生活资料	剩余劳动	地租	地租侵占必要劳动占百分比
江苏宜兴[1]	1927		54.00	29.00	37.00	-12.00	16.00	75.7
浙江武义[2]	1934		115.04	23.16	96.72	-4.84	51.84	58.6
河北北塘[3]	1934	一家佃农	90.00	30.00	35.00	25.00	40.00	42.9
四川成都[4]	1926	二十三家佃农平均	554.15	80.14	138.39	335.62	347.95	8.9
温江[5]	1941	一家佃农	10578.63	2549.00	5106.00	2923.63	5300.63	46.6
广西郁林[6]	1933	二十六家佃农平均	270.14	66.85	183.86	19.43	68.51	26.7
郁林[6]	1933	二十七家自耕农兼佃农平均	320.33	85.08	213.79	21.46	55.78	16.1
郁林[6]	1933	七家佃农兼雇农平均	165.93	32.82	143.90	-10.79	38.80	34.5

资料来源：(1) 徐方干：《宜兴之农民状况》，《东方杂志》，24卷26期。(2)《中国经济年鉴》，1935年，第七章，第142页。(3) 顾猛：《崩溃过程中之河北农村》，《中国经济》，1卷4期。(4)《四川农村经济》，第221～222页。(5)《金陵大学经济通讯》，84期，第792～794页。(6)《广西省经济概况》。

编者注：(1) 宜兴、成都、郁林三处，产值一项原资料另有副业收入，本表未计入。浙江武义产值内有养猪收入十五元。四川成都生产资料中无种子支出。(2) 本表计算地租侵占必要劳动方法，系根据陈伯达同志《近代中国地租概说》第一章。用地租减去剩余劳动再除以生活资料所得，即为地租侵占必要劳动所占的比例。

表 7-43　　　　　　　　中国地租与西欧各国地租购买年的比较

国别	购买年	时期
中国	7.09～9.06	1934年
德国	28～32 / 20	毕士麦时代 / 欧战后
英国	20～25	18世纪末
美国	27～30	欧战后

资料来源：《中国租佃制度之统计分析》，第143页。

（六）租佃情况的变动

表7-44至表7-46，表示地租形态的变动。抗日战争以前，原占主要形式的实物地租及原占比重极少的劳役地租有缩减趋势，货币地租有增加趋势（见表7-44至表7-45）。实物地租向货币地租的过渡，则表现为折租的增长（见表7-44附注）。当然，这些变动，和商品经济的发展是密切相关的；更重要的意义，是反映了地租剥削的加强，地主利用改变地租形态的办法，达到加租目的（见第五小节《地租的剥削》说明）。同一理由，在抗日战争时期及以后，国民党统治区在恶性通货膨胀的影响下，地租形态复发生逆转情势，即货币地租向着实物地租转化（见表7-46）。

表7-47至表7-50，表示地租正额的增加。从表7-48可以看出增租已成为南北各省普遍情形。这种变动，或由于农产品商品化而产值增加，或经过佃农花费资力改良土地，这些因素给地主增租提供了可能。而尤其值得注意的是在近代工商业发达、商品经济比较发展的地区，地租增加得更快。譬如在同一时期，江苏南通县地租增加速度远超过安徽宿县（见表7-47）。从此可以窥见地主经济与买办经济的联系。在抗战期间的国民党统治区，由于官僚资本与商业资本急剧的向土地投机，由于广大农民失掉土地而竞争租地，由于反动政府的重税刺激及对地主的支持，地租的增加趋势尤为迅速（见表7-49至表7-50）。

表7-51至表7-55，表示押租及预租的增长。押租的增加，表现在有押租田的增加（见表7-51）及押租额的增加（见表7-52）两方面。在抗战期间，加租趋势更加猖狂，尤其在国民党控制力最强的四川省最为突出（见表7-53）。在这里，押租不啻为佃农纳给地主的押身金。这是地主对农民一种更为残酷而野蛮的掠夺，是利用货币贬值直接剥夺农民的押金（见表7-54）。至于预租的发展，则表现为预租田的增加（见表7-55），并且在一九三四年以前就已遍及各省了（见表7-30）。复次，由秋收后交租改为预租，其本身就表现着增租的意义。押租及预租，虽然是与契约制密切相关的货币形态地租，它并非表示主佃身份隶属关系的削弱，实质是地租的增殖。其结果，则促使农民为支付押租及预租而陷于高利贷境地（见表7-31），使主佃关系在旧有束缚之上，加上一重新的锁链。

表7-56至表7-57，表示永佃制的没落及租期的缩短。在地主增租的企图下，永佃制及长期租佃方式，逐渐缩减，不定期租佃（地主得随时撤佃）及一年租佃（地主得年年增租）方式，逐渐增加（表7-56至表7-57）。地主为了获得随时增租的便利，以加强对农民的掠夺，每制造各种借口，以剥夺农民的永佃权（见表7-57）。这说明永佃制的没落及租期的缩短，同样不能表现身份隶属关系削减，只能证明地主对佃农的经济控制更加凶恶。

由此可见，无论是货币地租的发展，押租和预租的增长，及永佃制的没落，都是在保证地租增值的要求下进行的。这些变动，虽然反映了中国传统的封建租佃关系的变动，并不是中国旧有的农村封建生产关系的解体，而是地主为了加强对农民的剥削，在原有封建生产关系上加上一重新的束缚，使原有的封建租佃关系改变了一些形状。

由以上诸变动，可以窥见近代中国封建的社会经济基础解体过程。同时，地主的增租、增押，货币形态地租的发展，是在买办经济猖狂进攻之下开展的。在这里，佃农兼受地主经济与买办经济双重剥削，而构成近代中国地租性质的另一特征。

表 7-44　1924~1934 年间中国部分地区实物地租及货币地租百分比的变动

省别	调查县数	1924年	1934年	实物地租 合计 1924	合计 1934	分租 1924	分租 1934	合租 1924	合租 1934	货币地租 合计 1924	合计 1934	折租 1924	折租 1934	钱租 1924	钱租 1934
江苏	13	100	100	61	59	15	14	46	45	39	41	15	17	24	24
浙江	7	100	100	73	72	2	2	71	70	27	28	14	14	13	14
安徽	2	100	100	75	75	60	60	15	15	25	25	15	15	10	10
江西	15	100	100	85	85	14	14	71	71	15	15	7	7	8	8
山东	62	300	100	63	61	28	27	35	34	37	39	10	10	27	29
山西	2	100	100	100	100	70	70	30	30	0	0	0	0	0	0
河南	24	100	100	77	75	33	31	44	44	23	25	6	7	17	18
甘肃	3	100	100	95	95	50	50	45	45	5	5	0	0	5	5
河北	15	100	100	47	44	23	21	24	23	53	56	10	10	43	46
绥远	7	100	100	57	51	19	21	38	30	43	49	10	11	33	38
青海	3	100	100	87	87	40	40	47	47	13	13	3	3	10	10
总计	153	100	100	74	73	32	32	42	41	25	27	8	9	17	18

资料来源：《中国经济年鉴》，1935年，第七章，第51~57页；《中国经济年鉴》，1936年，第七章，第51~53页。

编者注：(1) 原表分合租、分租、钱租、折租、帮工佃种分租、帮工佃种与钱租合并、预租与钱租合并。此表将帮工佃种与分租合并，将预租与钱租合并，因系由实物地租向货币地租的过渡形式，仍予保存。(2) 关于折租的发展，据一九三四年《中国经济年鉴》，第41~43页：江苏无锡县折租田占全部租田的百分之三十，昆山县更高到百分之七十一点八，靖江县的折租亦有增加倾向；又江西省从前折租只行于山田区，后来一般地主多改为折租。有些地区，契约虽定为合租，而多按市价折交钱租。

表 7-45　　　　　　　　　　　1923~1933 年间江苏省劳役地租缩减示例

	1923 年	1933 年	备 注
杨行全乡（南区）	16.7	5.0	
刘行全乡（中区）	20.0	20.0	近年有减少趋势，因无地农民多移往他处工作
刘行顾村（中区）	20.0	10.0	近五六年本村设工厂，失地农民多到工厂工作
广福陈行（中区）	40.0	20.0	
同浦潘家桥（北区）	5.0	1.0	
同浦新兴镇（北区）	10.0	10.0	
盛桥南乡（北区）	30.0+	10.0	
盛桥北乡（北区）	20.0+	20.0	
罗店泥墙圈（北区）	10.0	10.0	
罗店积福桥（北区）	20.0	20.0	
罗店经西、马桥乡（北区）	60.0	60.0	
罗店墅沟乡（北区）	50.0	30.0	因接近刘河镇，农民离村者日多
罗店潘桥乡（北区）	80.0	80.0	

资料来源：《中国经济年鉴》，1934 年，第七章，第 160~166 页。

编者注：资料选取江苏省宝山县"脚色田"。南区城市周家宅，1913 年脚色田占相当势力，但至 1933 年已绝迹。南区大场，1923 年有小部脚色田，1933 年也绝迹了。

表 7-46　　　　　　　　　　1941 年国民党统治区货币地租向实物地租的逆转百分比

省别	总计	钱租改为分租	钱租改为额租	仍保留钱租者
四川	100	15.9	46.5	38.6
西康	100	50.0	—	50.0
浙江	100	25.0	50.0	25.0
湖北	100	50.0	—	50.0
湖南	100	8.7	13.0	78.3
云南	100	33.3	—	66.7
广西	100	8.7	13.0	78.3
广东	100	8.3	16.7	75.0
甘肃	100	5.2	21.1	73.7
河南	100	19.2	23.1	57.7
陕西	100	4.7	14.3	81.0
贵州	100	—	18.2	81.8
平均	100	19.1	17.9	63.0

资料来源：《农产促进委员会研究专刊》第二号，《抗战以来各省地权变动概况》，第 24 页。

编者注：在抗战时期，在敌伪统治区，地租并有向劳役地租逆转趋势。如嘉定县，在抗战前劳役地租并不普遍，在敌伪统治时期大量发展，占到全部租田的百分之七十，有的地方全部改为劳役地租（见《苏南土改访问记》）。在同一时期，无锡、丹阳各县，均出现劳役地租（见《土改前的苏南农村》）。

表 7-47　　1904~1924 年间江苏省南通、安徽省宿县实物地租增加百分比

地区	增加百分比
江苏南通	172.0
安徽宿县	146.0

资料来源：《国民革命与农村问题》（上册），第 203~204 页。

表 7-48　　抗日战争前中国部分省货币地租租额增加示例　　（单位：元，%）

地区	年代	租额增加情况 增加前	租额增加情况 增加后	增加百分比	备注
辽阳铁岭[1]	1911~1931	14.00	29.00	107.1	
小闼屯[1]	1916~1925	35.00	70.00	100.0	
河北天津 李家嘴村[1]	1913~1928	6.00	8.96	49.3	由于改良土地，佃户改种蔬菜，加租。地主将田面改为畦，按畦收租
山西[1]	1933 前后	1.00 (棉田)2.0	3.50 10.00	250.0 400.0	地主为增租，劝佃种棉，1923~1926 年棉田增加一倍
四川资中[1]	1932 前后	40000~50000 文	80000~140000 文	100~180.0	
广东[1]	1919~1929	5.00	10.00	100.0	
台山[2]	1927~1933	20.00	30.00	50.0	
江苏十八市县[3]	1922~1927	3.50	8.57	144.9	
宝山[1]	1923~1933	2.50	9.00	260.0	由于大地主均经商沪上及湘鄂一带，对货币需要迫切
南通[4]	1905~1924	1.31	3.14	140.0	中等田
安徽宿县[4]	1905~1924	0.83	1.40	68.7	中等田
浙江诸暨[1]	1928 前~1930	10.70	11.10	3.7	

资料来源：(1)《中国经济年鉴》，1934 年，第七章，第 58、74、88、90 页。(2)《广东农村生产关系与生产力》，第 37 页。(3)《国民革命与农村问题》（上册），第 202~203 页。(4)《江苏昆山南通安徽宿县农佃制度之比较及改良农佃问题之建议》，1926 年。

编者注：江苏十八市县是，南京、海门、句容、泰兴、金坛、无锡、丹阳、六合、武进、江阴、奉贤、常熟、高淳、如皋、靖江、宝应、崇明、昆山。

表 7-49　　　　　　　　抗日战争期间国民党统治区实物地租租额增加情况

（分租为百分比，谷租单位为石）

省别	租别	水田 1937	水田 1941	水田 增减百分比	平原旱地 1937	平原旱地 1941	平原旱地 增减百分比	山坡旱地 1937	山坡旱地 1941	山坡旱地 增减百分比
四川	分租	56	61	+8.9	49	52	+6.1	44	45	+2.3
	谷租	2.22	2.38	+7.2	1.54	1.57	+1.9	0.97	1.03	+6.2
西康	分租	53	50	-5.7	50	55	+10.0	50	53	+6.0
	谷租	1.06	1.43	+34.9	0.55	0.81	+47.3	0.32	0.37	+15.6
浙江	分租	59	59	0	49	52	+6.1	47	49	+4.3
	谷租	1.81	1.81	0	0.79	0.83	+5.1	0.37	0.40	+8.1
湖北	分租	50	45	-10.0	45	40	-11.1	35	33	-5.7
	谷租	0.63	0.60	-5.0	0.65	0.60	-7.7	0.35	0.30	-14.3
湖南	分租	51	51	0	48	50	+4.2	43	45	+4.7
	谷租	2.04	2.04	0	1.56	1.49	-4.5	1.65	1.65	0
云南	分租	54	54	0	50	49	-2.0	42	39	-7.1
	谷租	0.89	0.86	-3.4	0.57	0.56	-1.8	0.40	0.34	-15.0
广西	分租	46	48	+4.3	41	41	0	37	39	+5.4
	谷租	1.21	1.46	+20.7	0.77	1.03	+33.8	0.65	0.74	+13.8
广东	分租	51	51	0	51	52	+2.0	44	44	0
	谷租	1.48	1.73	+16.9	1.09	1.18	+8.3	0.49	0.57	+16.3
甘肃	分租	35	39	+11.4	39	42	+7.7	29	32	+10.3
	谷租	0.76	0.72	-5.3	0.36	0.40	+11.1	0.22	0.23	+4.5
河南	分租	50	49	-2.0	50	49	-2.0	43	43	0
	谷租	1.05	0.94	-10.5	0.71	0.66	-7.0	0.40	0.39	-2.5
陕西	分租	47	49	-4.3	45	48	+6.7	37	39	+5.4
	谷租	0.98	0.99	+1.0	0.45	0.44	-2.2	0.20	0.21	+5.0
贵州	分租	50	49	-2.0	52	49	-5.8	48	43	-10.4
	谷租	1.53	1.51	-1.2	0.50	0.50	0	0.26	0.16	-38.5

资料来源：《抗战以来各省地权变动概况》，第 26~27 页。

编者注：（1）由本表，在短短的四年中反映出了地租增加趋势。虽然有的省份或因战事波及或因地权稍被分散关系而造成地租略减，那只是个别现象。（2）由本表，旱地比水田的租增加得更快，即土地越坏地租增加得越快些；也就是说，越是租种劣地的穷苦农民所受地租剥削越重。（3）另据 1948 年《中国经济年鉴》："近年来加租在川东已很普遍，把三十年前和最近（即 1947 年——引者）比较一番：分租，地主所得已增加百分之十到百分之二十；议租和宕租的租额也随这个比例增高。"与上表可互相印证。

表 7-50　　　　　　　　抗日战争期间四川省佃农租额增加情况

年份	预定租率	指数	实交租率	指数
1938	44.0	100.0	48	100.0
1939	47.0	106.8	48	100.0
1940	47.0	106.8	52	108.3
1941	53.0	120.4	55	114.6
1942	56.0	127.3	59	122.9
1943	73.0	165.9	73	152.1
1944	79.8	181.4	94	195.8

（第一、二列为"预定"，第三、四列为"实交"）

资料来源：甘英：《关于调查研究的一点心得》，《新华日报》，1945年6月2日（由陈伯达著《近代中国地租概说》转录）。

编者注：实交地租超过预定地租之情形，以泸县二十七户人家为例，该县正租平均占产量百分之六十五点四，但系指丰收而言。通常收成由八点五至九成不等，按此折算，实际租率达百分之七十三。

表 7-51　　　　　　1905～1924年间江苏省昆山、南通县
有押租田逐年增加情况

县别	1905年	1914年	1924年
昆山	25.5	40.9	61.8
南通	72.9	76.7	88.1

（表头："历年有押租田占租田的百分比"）

资料来源：《江苏昆山南通安徽宿县农佃制度之比较以及改良农佃问题之建议》，1926年。

编者注：南通于1914年至1924年间，因欧洲战乱的关系棉业得以发展，地主用撤佃加押办法积资收买棉花，故有押租之田骤增（《中国农村》，1卷4期，第28页）。

表 7-52　　　　　　　　　　　抗日战争前中国部分省租田增加押租示例

地区	年份	加押情况
江苏(1)	1914～1917	种棉田增加押租
宝山(2)	1923～1932	该县八乡镇，每亩押金由十一点五元增至二十三点五元
嘉定(3)	1932年前后	每亩押金由零点五元增至贰元
浙江乐清(2)	1932年前后	每亩押金由二点七元增至七点五元
武义(2)	1929～1932	田二十把，押租由十八元增为二十三元
平阳(4)	1911～1927	每亩押租由二千文（约折二元）增至六至二十元
四川重庆(5)	1920～1930	租田若干亩，押金由一千四百五十元增至一千六百三十六元
广东灵山(6)	1928～1933	交租谷一石的田，押金由四千文增至七千二百文

资料来源：(1)《中国农村》，1卷4期，第28页。(2)《中国经济年鉴》，1934年，第七章，第89页。(3)《申报》，1932年2月15日。(4)《东方杂志》，24卷16期，第132页。(5)《四川农村崩溃实录：四川地租近况之演化及其影响》，第2页。(6)《广东农村生产关系与生产力》，第22页。

表 7-53　　　　　　　　　　　抗日战争以后国民党统治区租田加押示例

地区	租地面积	原交押租额	增加押租额
四川江北(1)	二十七点八石地	一九三七年原交押租三百五十元，可买谷二十八石	加押法币一万九千六百五十元，可买谷十二石（共四十石）
巴县(1)	十六石田，零点六石地	原交押租一百四十元，可买谷二十石（老石）	1937～1948年六次加押，可买谷三十石（老石）（共五十石）
重庆市郊(1)	五石田	一九三七年交押租六十元，可买谷十八石	1947年，地主以货币贬值，将原押租取消，另索押金十万元，可买谷五石（共二十三石）
北碚(1)	十二石田	原交押租银二百二十两	1938年加押谷一石；1940年，加押五千元，可买谷十三点六石；一九四四年，加押六千元，又包谷（玉米）一斗
湖南洞庭湖滨湖各县(2)		原交押租一百四十元	1945年，加押谷十一石
湖北浠水(2)	二十石田	原交押金二十四元	至1949年，历次加押折银元一百零八元

资料来源：(1)重庆《新华日报》，1950年9月23日。(2)《新区土地改革前的农村》。

表 7-54　　　　抗日战争结束以后国民党统治区地主利用货币贬值剥夺佃农押金示例

地区	租地面积	原交及补交押租情形	地主剥夺佃农押金情形
四川江北[1]	三十五石田	1942年交押二万二千元，可买谷三十三石，后又加押二千元	地主以货币贬值，将押金折谷二石
泸县[1]	一百四十石田	1937年交押租一千四百元，可买谷一百四十六石	1943年按法币折谷十四石
北碚[1]	十七点五石田	原交押银一百八十两	后加押共折法币一千元
巴县[1]	十六石田 零点五石地	1937年前原交押金一百四十元，后加押谷二石，又加押二十一万元（共可买谷五十石）	1948年地主按法币折押谷二石
重庆近郊[1]	五石田	1937年交押租六十元，可买谷十八石；一九四七年，将原押金取消，另交押伪法币十万元，可买谷五石	1948年，地主以十万法币退佃，只能买盐一斤
陕西竹溪[2]		地主以货币贬值，年年加押	法币作废，地主以法币退押
湖南洞庭湖滨湖各县[2]		原交押租银元一百四十圆	1945年，将押租折谷十四石，实值银元四十二圆

资料来源：(1) 重庆《新华日报》，1950年9月23日；8月16日。(2)《新区土地改革前的农村》。

表 7-55　　　　　　　　　　1923～1932 年间江苏省宝山县预租田的增加

乡村名	预租田占租田百分比 1923 年	预租田占租田百分比 1932 年	乡村名	预租田占租田百分比 1923 年	预租田占租田百分比 1932 年
城区周家宅	—	10	刘　　行	20	70
大　　场	—	10	刘行顾村	—	30
大场盛家沟	5	20	广福陈行	—	20
杨　　行	5	10	罗店积福桥	—	20
杨行狮吼乡	15	60	广　　福	—	30

资料来源：《中国经济年鉴》，1934 年第七章，第 85 页。

编者注： 预租田的增加，是在地主急迫要求之下发展的。在江苏上海（1929）及浙江嵊县（1931）等地，如佃农不同意改缴预租，地主即以另佃相要挟。广东顺德县的桑田及禾田，在 1904～1934 年间几乎全部改为预租。

表 7-56　　　　　　　　　　1929～1934 年间中国部分地区永佃制的没落示例

地区	永佃制没落之情况
江苏无锡[1]	地主禁止永佃农出卖"灰肥田"（即田面权），违者撤佃，并取消佃权
江都[1]	占有屯田之地主，将永佃屯农改为普通佃农，以达加租目的
浙江定海[1]	地主于佃农据有永佃权之田，违约撤田另佃
杭县[1]	地权转移后，新地主否认原佃之永佃权
萧山[1]	地主于佃农据有永佃权之田，撤佃收回
诸暨[1]	地主于佃农之永佃田，借口自种收回
各县[1]	地主将佃农未持有契约之永佃权取消
崇德[2]	地主在契约上规定得随时向佃户收买田面权
广东澄海[1]	地主于佃农据有永佃权之田，违约撤田另佃
潮安[3]	地主卖田时，将质田（佃农之耕种权）一并出资，新买主另行召佃
河北天津五村[4]	地主剥夺农民永佃权，夺田自种

资料来源：（1）《中国经济年鉴》，1934 年，第七章，第 80～81 页。（2）怀溥：《浙江崇德县农村视察记》，中国农村经济研究会会报（二）。（3）《广东农村生产关系与生产力》，第 27 页。（4）《大公报》（天津），1929 年 11 月 7 日。

编者注： 永佃是长期租佃的意思。此制盛行于江苏、浙江、江西、湖北、福建诸省。中国永佃制的产生，或由于农民曾出劳力垦荒成熟，或农民曾出资力改良土质，或农民卖田时保留田面，或曾出资购买田面。据有永佃权之佃农，有自由转卖田面之权。

表 7-57　1924～1934年间中国部分省各类租佃期限比重的变动

调查省份	合计 1924年	合计 1934年	1年 1924年	1年 1934年	3~10年 1924年	3~10年 1934年	10~20年 1924年	10~20年 1934年	永佃 1924年	永佃 1934年	无定期 1924年	无定期 1934年
绥远	100	100	50	51	12	12	6	5	4	4	28	28
青海	100	100	19	14	20	21	11	11	24	24	26	29
甘肃	100	100	20	20	50	50	20	20	10	10	—	—
山西	100	100	56	58	8	8	6	4	4	4	26	26
河北	100	100	28	28	30	31	7	7	8	7	27	27
山东	100	100	35	37	28	28	8	6	7	6	22	23
河南	100	100	13	15	31	33	13	9	6	0	37	38
江苏	100	100	15	20	41	37	8	3	9	11	27	29
安徽	100	100	—	—	10	10	10	10	5	5	75	75
浙江	100	100	19	20	18	20	9	8	41	37	13	15
江西	100	100	30	30	20	18	5	4	10	9	35	39
总计	100	100	26	27	24	24	9	8	12	11	29	30

资料来源：《中国经济年鉴》，1935年，第七章，第101～104页。《中国经济年鉴》，1936年，第七章，第92～97页。

（七）农村经济商品化与商业资本对农民的剥削

以下诸表大致反映出近代中国农村经济商品化的一般情况，以及在这一基础之上，商业资本对农民剥削的形式和深度。

表 7-58 至表 7-60，显示出近代中国农产商品化的趋势和农民生活对市场的依赖程度。帝国主义的侵入，促进了中国农村商品经济的发展，第一次世界大战前后，农产的商品化便迅速扩大了（见表 7-58）。一般来说，晚近中国农民经济的商品率，各地一般地不低于百分之四十，在专门化的种植区域内，则达到百分之六十～百分之七十（表 7-59，参看马扎亚尔《中国经济大纲》，第 25、26 页）。

就农村各阶级分别来看，富裕农户农产商品化率比较高，中等农户商品经济的比重最低，而贫穷农户对市场的依赖程度最高，因为贫农同富农、中农比较起来，虽则消费较少也较坏，但购买（见表 7-60）却较多。

表 7-61 至表 7-66，反映商业资本是怎样剥削农民的。商业资本的形式是多种多样的，从单纯收购农副产品到直接分配原料，使小商品生产者变成雇佣工人。在中国农村中除收购农副产品这一最简单的形式以外，最流行的要算商业资本与高利贷的结合，以及用商品支付农民所售产品。此外，在农村手工业比较发达的地方，还有用农民生产上所必需的原材料进行支付以及直接分配原料的形式。不过后者从全国范围来说，还不是普遍存在的（见表 7-61 及其附注）。

由于商业资本以及其他中间剥削，农民在其所创造的价值中仅能获得很小的一部分（见表 7-62）。举例说，据估计黑龙江流域黄豆市价仅有三分之一是到农民手里去的（陈翰笙、王寅生：《黑龙江流域的农民与地主》，第 10 页）。

商人惯于利用他们在农产买卖中的垄断地位，操纵农产品价格的季节变动，牟取暴利，而使农民蒙受低价卖出、高价买进的巨大损失（见表 7-63）。

商业资本的规律是不等价交换，买贱卖贵。这表现在农民所得物品与所付物价的不相称。随着商业资本活动的加剧，这种违离越来越大（见表 7-64 至表 7-66）。

必须指出，近代中国商业资本带上浓厚的买办性，直接或间接地成为帝国主义在华收购原料和推销商品的助手。因而商业资本对农民的榨取，也就或多或少地意味着帝国主义对中国农民的剥削的深重。至于帝国主义资本之直接在中国农村进行商业活动（例如英美烟草公司之在山东、河南、安徽烟草种植区）更不言而喻了。

表 7-58　　　　　　　　　1914～1929 年间中国农产贸易的增长趋势

以 1909 年为指数 100

项别	农产品	调查地区数或县数	1914～1919 年	1924～1929 年
各地区输入之农产品	高粱	14	139	144
	稻	15	102	138
	米	10	107	275
	小麦	25	133	173
自县城输出之农产品	水果	16	114	125
	花生	15	123	159
	芝麻	10	114	133
	茶	10	103	79

资料来源：卜凯：《中国土地利用》（中译本），第 493～494 页。

编者注：虽然这里农产品的种类列的太少，但已大致反映出近代中国国内农产贸易的增长趋势（在 1924 年至 1929 年间茶的指数降低，是因为它在世界市场的地位下降的缘故）。这个统计还没有包括农产商品化速率较高的东北地区。

表 7-59　　　　　　　　1922～1923 年黑龙江流域农村各阶层
对市场的依赖程度

每户耕作面积	每垧农作物出售额占产额百分比	每人每年购买饮食费占其食品总值的百分比
15 垧以下	56.9	58.7
15～30 垧	55.5	16.4
30～75 垧	58.2	15.2
75 垧以上	61.9	6.4

资料来源：《东省铁路经济调查局》，《北满农业》，第 198、274 页。

编者注：本表反映出这样两个现象：一、就农产商品化程度而言，中等农户比较低，富裕农户和贫穷农户则较高；二、就最基本的生活必需品，即饮食品的来源而言，贫穷农户依赖市场的程度最高，中等农户和富裕农户则较低。这里的数字虽只是个别地区的，但它所反映的情况则带有典型性。从这里我们可以看出农村中受商业资本剥削最厉害的，必然是贫穷农户。

表7-60

中国商业资本对农民的榨取形式示例

形式	内容示例	资料年份
收购	[河北安国][1]药行"明三暗五,"如秤得一百斤,报秤者只报九十七斤,而登账者只报九十二斤。一家内常预备大小不同的两杆秤,入货用大秤,出货用小秤。	1934
	[浙西诸暨][1]米行家的衡器常另备大小两种,农民来销售时用大斛,出售时则用小斛,大斛比标准斛每石大二升,小斛每石小至一升。用秤亦有类似的情况。	1934
	[安徽门][1]茶号收购水毛茶用大秤,普通二十二两折合十六两,侵占百分之三十八,折合十三点六两之新制秤,则侵占百分之二十。至于茶市紧俏时或用二十一两,否则二十三两,甚至二十四两"扣秤","茶农售茶给茶号,须把很多茶叶无偿地奉送给茶商。	1934
	[江苏无锡][1]茶叶,经过行主到手只有八百五十文,有的地方给九百文,卖主拿钱时要打折扣。值一千文到手只有八百五十文,有的地方给九百文,卖主拿钱时要打折扣。值一文到角子小洋,还吞什么"水龙洋""车费"等等杂色角洋"零气",以杀蚕市价。故章证开秤时间,蚕市热闹时,放蛋市匹大布在纱时	1935
用生产者所必需的原材料进行支付	[江苏南通][1]布有以棉纱向织户换取土布,十二支纱则高出三至五角钱,而线庄匹大布在纱时的作作价,又较南通县坡实现时,要压低价。十八支纱则高出三至五角钱,而线庄匹大布在纱时的作作价。	1937
	[广西玉林][3]以布向纱商换纱。如二斤一匹的布,可换纱二斤,假定浆量三两,则工价只是五两纱,不到大洋一元五角。若布质较劣,只能等重交换。	1934
	[福建上杭][2]上杭行产萝卜干,种需肥,贫农无资,分别向肥商购借,除付利息外,制成品必须售予债权人,故抑价及扣佣情事,数见不鲜。腌时需盐,纱布庄发给。	1940
直接分配原材料	[河北高阳][2]织户中无钱及原料的,托人介绍到布线庄领纱起布换取微薄的工资。例如织八斤半白布的成本,单人工一项每匹为九角七分,而线庄所给工资,最多也只有九角,平均为八角,还不够人工的开销。	1934
	[河北宝坻][3]一架织机要每月产布二十六匹,非有三人同时工作不可,而散纱户的布商所给予的工资,每月每张布机(仅含食粮二斗。	1930
	[浙江硖石][3]织户通常都不备原料,纱由布庄发给,织完不发,得工资五元。	1934

资料来源:(1)冯和法:《中国农村经济资料续编》,第914、920、946、947、995页。(2)陈翰笙:《产业资本与中国农民》(Chen Han-Seng: *Industrial Capital And Chinese Peasants*),第51~52页。(3)千家驹:《中国农村经济论文集》,第502~513、618、133~136页。(4)《天津益世报·农村周刊》,1934年2月27日。(5)张人梅:《四川经济参考资料》,二十章一节,第T1~4页;十三章六节,第N22页。(6)中国农村经济研究会:《中国农村描写》,第3~6页。(7)《中国经济年鉴》,1934年,五章八节,第E207页。(8)《新中华》2卷17期,1934年。(9)严中平:《中国棉业之发展》,第239页。(10)陈翰笙:《广东农村生产关系与生产力》。(11)《抗战中的中国农村动态》,第218页。(12)《福建农村经济参考资料汇编》,第241、251页。(13)严中平:《中国棉业之发展》,第239页。

编者注:商业资本对小商品生产者的统治形式,按其性质来分,不外本表所列五种。第一种最简单的形式,就是商人从农民手里购买农产品或副业产品。商人利用各种欺诈手段,取得价格上、数量上乃至币值上的便宜。第二种形式是商业资本与高利贷的结合。商人利用农民经营所需的条件贷给现金、原料、日用品或生产工具,使农民以农产品或副产品抵偿债务。在近代中国这种形式颇为广泛地流行着。第三种形式较其极端的形式是以商品偿付农民出售的产品。商人收购农民产品不是支付货币而是支付商品是大量存在的。第四种形式是商人自里头购来农副产品,然后再支付给生产农民预先所需的肥料或原料。这种形式是商人利用农民对于原料市场的联系断绝,而使商品生产者彻底服从于自己。这种形式多半是从事副业生产者,在这里面形式变成了存在于农村手工业比较发达的地区。最后,商业资本的最高形式是用直接分配原料的办法,使商品生产者为一定的报酬而工作。在这种形式下,农民出售产品一般是质量极其低劣的商品。这种形式的统计对象多半是农多。原料或材料进行支付。这种形式是雇用工人、这种形式的最高形式出现于一些农村手工业发达的地区,但从全国范围来说,还不是大量存在的。本家工作的雇佣工人,这种形式是雇用工人。

表 7-61　　　　　　　　　1921～1925 年间中国农家经济商品化程度百分比

地区	农产物自用和出售部分 自用	农产物自用和出售部分 出售	农家生活数据中自给和购买部分 自给	农家生活数据中自给和购买部分 购买
十七处或十三处平均	47.4	52.6	65.9	34.1
中国北部				
平均	56.5	43.5	73.3	26.7
安徽怀远	64.8	35.2	67.3	32.7
宿县	59.7	40.3	59.9	40.1
河北平乡	45.1	54.9	79.3	20.7
盐山（1922）	44.4	55.6	69.7	30.3
盐山（1923）	69.4	30.6	65.1	34.9
河南新乡	62.4	37.6	77.5	22.5
开封	67.2	32.8	87.0	13.0
山西武乡	50.2	49.8	72.0	28.0
五台	45.1	54.9	—	—
中国中东部				
平均	37.2	62.8	58.1	41.9
安徽来安（1921）	45.1	54.9	—	—
来安（1922）	43.2	56.8	73.8	26.2
芜湖	44.3	55.7	—	—
浙江镇海	16.2	83.8	—	—
福建连江	35.5	64.5	59.6	40.4
江苏江宁（淳化镇）	26.3	73.7	46.2	53.8
江宁（太平门）	33.6	66.4	42.1	57.9
武进	53.7	46.3	72.0	28.0

资料来源：卜凯，《中国农家经济》（中译本），第 275、525 页。

编者注：农家经济商品化程度，也就是农民生活对市场的依存程度。从本表的数字看来，第一次世界大战后市场势力和货币权力对农民已经有了统治作用了。其中当然包括世界市场对中国农业生产的影响和帝国主义商品对中国农村的侵入。据调查，江苏武进农家购买的物品中约有三分之一系由国外输入（张履鸾，《江苏武进物价之研究》，第 9 页）。

表 7-62　　中国部分地区农产品价格中农民所得价格的比率

货品	产地	终点市场	农民所得价格占销地价格百分比	资料年份	资料来源
棉	河北束鹿	天津	64.7	1926	曲直生：《河北棉花之出产及贩运》，第191页。
烟叶	河南商城	上海	69.7	1933	陈翰笙：《产业资本与中国农民》，第51页。
米	江西临川	上海	49.6	1935	《中国农村》，1卷12期，第64页。
干茧	浙江嘉兴	上海	72.0	1935，6	杜修昌：《京沪沪杭沿线米谷丝茧棉花贩卖费之调查》，第19页。
米	浙江长兴	杭州	74.4	1934～1936	张培刚、张之毅：《浙江省食粮之运销》，第184页。
米	浙江武义	宁波	68.5	1932～1936	张培刚、张之毅：《浙江省食粮之运销》，第184页。
米	福建邵武	福州	53.6	1935，6～10月	巫宝三、张之毅：《福建省食粮之运销》，第88、89页。

编者注：本表的数字，无疑是偏高的，因为所谓农民所得价格，多半是原始市场价格，这里包括着由农场搬至产地市场的运销费，还可能包括一些中间商人的利润，而且由商人玩弄各种欺骗手段，农民所得到的实际价格与名义价格有很大的悬殊，有时相差一倍以上（参看陈翰笙《产业资本与中国农民》）。即使如此，还可以从这里大致看出农民在实现产品的价值上所受中间剥削的严重程度。

表 7-63　　　　　　　　1936年中国部分乡镇农产品价格季节差　　　　以最低价为100

地区	米 最低	米 最高	小麦 最低	小麦 最高	高粱 最低	高粱 最高	黄豆 最低	黄豆 最高
山西静乐	—	—	100	219.2	100	151.8	100	146.4
河北正定（傅家村）	100	125.8	100	177.2	100	144.3	100	142.1
安徽宿县	100	122.3	100	171.4	100	143.8	100	137.1
江苏武进（礼家桥）	100	110.8	100	147.2	—	—	100	152.9
江苏南京中华门	—	—	100	167.8	—	—	100	168.5
湖北黄陂（张家店）	100	178.4	100	244.9	—	—	100	157.6
湖北远安（南关）	—	—	100	177.6	100	141.3	100	220.5
江西泰和（沿溪渡）	100	178.4	100	266.3	—	—	100	144.1
广西富川（羊岩）	100	167.7	—	—	—	—	100	—

资料来源：《经济统计》(Economic Facts)，1937年，5期，第224页，及6期，第262～268页。

编者注：农产品价格的巨大季节差，是商业资本活动的结果。农产价格季节变动的规律是收获时期特别低，青黄不接时期特别高。农民为经济所迫，往往在收获后按低的价格卖出去（据金陵大学农业经济系调查一百五十一地区，农民于收获后立即出售其产品者占百分之五十五，见卜凯《中国土地利用》，第479页），而在青黄不接的时候，又按高的价格买进来。商业资本正是利用农民的弱点，操纵农产价格的季节变动，以进行剥削的。

表 7-64　　　　　　1937～1944年间四川省温江等四县农民
　　　　　　　　　　所得物价与所付物价的变动

以1937年为指数100

年份	所得物价指数	所付物价指数
1937	100	100
1938	103	118
1939	143	167
1940	429	530
1941	1615	1729
1942	3595	4007
1943	10149	11755
1944	38538	43658

资料来源：《经济统计》(Economic Fact)，1945年，41期，第652页。

编者注：(1)参看表7-64的注。(2)四县是温江、乐山、宜宾和合川。(3)所得物价包括九至十三种农产品；所付物价包括三十三至五十一种生活和生产资料。

表 7-65　　1907～1932年间江西省南城县农民所得物价与所付物价的变动

以1926年为指数100

年份	所得物价 棉花价格指数	所得物价 早稻谷价格指数	所付物价 盐价指数	所付物价 菜饼价格指数	所付物价 煤油价格指数
1907	16	24	17	6	16
1908	17	24	20	6	16
1909	17	24	25	7	8
1910	21	21	29	10	11
1911	22	24	31	13	11
1912	23	26	35	15	11
1913	22	22	36	24	11
1914	28	24	35	18	11
1915	30	28	34	25	14
1916	36	28	34	19	19
1917	40	31	35	25	28
1918	41	36	37	22	33
1919	44	41	38	27	36
1920	47	48	43	28	44
1921	48	45	48	31	47
1922	50	52	52	39	53
1923	57	62	53	46	58
1924	60	78	52	51	69
1925	63	103	55	60	33
1926	100	100	100	100	100
1927	100	107	148	118	139
1928	105	103	153	121	92
1929	107	110	165	127	120
1930	106	121	187	134	132
1931	105	138	173	142	146
1932	113	141	178	145	165

资料来源：张景瑞：《二十六年来江西南城县物价变动之研究》，第4～7页。

编者注：这里所选取的几种物品价格指数，当然不能全面地正确地反映出农民出售产品所得到的价格与购买物品所支付的价格总的变动情况，而且严格来说，这里所选取的棉花和稻谷的价格也还不是农民所得到的价格，因为农民不可能按照平均价格出售他的产品，而是在最不利的条件下出售他的产品的。同样，盐、菜饼和煤油的价格，也不能说是农民实际支付的价格，农民往往是按最贵的价格支付的。尽管如此，这里的数字依然表现出农民所得物价与所付物价违离的趋势。促成这种趋势的重要因素，就是商业资本的活动。

表 7-66　　1910～1932年间江苏省武进县农民所得物价与所付物价的变动

1910～1914年＝100

年份	所得物价 白米价格指数	所得物价 干茧价格指数	所付物价 盐价指数	所付物价 竹布价格指数	所付物价 煤油价格指数
1910	96	—	77	82	88
1911	106	—	109	103	86
1912	105	—	100	95	97
1913	103	—	104	108	108
1914	90	—	109	113	122
1915	102	—	109	90	130
1916	98	—	115	110	106
1917	90	—	123	105	108
1918	87	—	126	140	118
1919	89	102	134	154	100
1920	121	119	132	187	104
1921	130	128	134	197	107
1922	155	133	134	191	97
1923	162	174	134	199	136
1924	146	131	140	205	141
1925	154	123	145	189	149
1926	207	130	162	215	156
1927	202	125	172	306	198
1928	152	105	200	319	191
1929	187	110	217	324	211
1930	239	113	230	332	295
1931	169	129	234	373	413
1932	165	57	238	414	348

资料来源：张履鸾：《江苏武进物价之研究》，第12～15、26页。原注：竹布、煤油系输入品。

编者注：本表数字主要缺点是，没有正确反映出农民实际上出卖产品所得到的价格和购买物品所支付的价格。因为原调查所谓农民，包括地主、富农乃至一些商贩。而真正农民的处境，是贱的时候卖，贵的时候买，并不是按照平均价格出售产品，甚至也不是按照平均价格购买物品的。即使如此，这里的数字，也还大致表现出农民所得价格与所付价格离差扩大的趋势。这种现象，与商业资本的活动是分不开的。

（八）农村高利贷

以下诸表大致反映出近代中国农村高利贷的一些基本情况。

表7-67至表7-72，表示农民负债情况。就抗日战争前的情况说，各地农村负债户百分率，一般地在百分之五十至百分之七十以上（见表7-67、表7-68）。就各类农户分别看来，佃农负债户百分率比半佃农高，半佃农又比自耕农高（见表7-67）。这是因为佃农多半是贫困的小农的缘故。负债农户中，贫农占绝大部分，中农次之，富农比较少（见表7-69）。这是很容易理解的现象。

农村借贷的特点之一，则是实物借贷占有很大的比重（见表7-68、表7-70）。就负债农户中各阶级分别来看，中农负债户中借谷户的比率高于富农，贫农则又比中农高（见表7-70）。这一点有助于我们理解为什么农村实物借贷利率要比货币借贷利率高。

由于农民的日益贫困化，负债户也就越来越多，债务也就越来越重，特别是在蒋介石攫取政权后，这种情况更为严重（以定县为例，见表7-71）。

农民由于无以为生，才不得不饮鸩止渴，乞怜于高利贷，因而农民的借款就不可能用于生产上（见表7-72）。这就说明了高利贷对农民经济的侵蚀作用。

表7-73和表7-74，表示农村高利贷主的构成及其变动。抗日战争前，农村高利贷的主要角色，是商人、地主和富农。他们合计占借款来源三分之二，如将商店包括进来，则达五分之四（见表7-73）。抗战以后，高利贷主的阵容有了一些显著的改变，那就是银行一跃而居第一位，其次是合作社和商店（见表7-74）。这乃是官僚资本和其他城市商业资本之侵入农村，"四大家族"（蒋、宋、孔、陈）之成为农村高利贷主的事实反映。

表7-75至表7-79，表示农村高利贷的剥削方式和深度。简单来说，高利贷对农民的剥削，主要有这样几个特点：第一，借贷期限短，大部分在一年以下，而且就其变动的趋势言，是越来越短的（见表7-76、表7-77）。第二，农民借款，绝大部分要有抵押或保证，很少能凭个人信用取得贷款（见表7-76）。第三，利率高，尤其是实物借贷。就抗战前的情况而论，货币借贷利率（年率）在百分之三十以上，实物借贷利率，则在百分之七十以上，一般来说是从百分之三十到全部以至五倍（见表7-77、表7-75，参看马扎亚尔《中国农村经济研究》，中译本，第424页）。随着农民贫穷化的加深，高利贷资本的活动越来越猖獗，因而利率也就不断增长着（见表7-78、表7-79）。最后，除了上述共通的特点而外，则是剥削花样的繁多，其名目举不胜举。就其性质而言，可以归结为：第一，单纯借贷本利的盘剥，第二，与商业结合，兼带商业资本的剥削作用；第三，成为兼并土地的手段；第四，成为建立或维持人身隶属关系的手段。所有这些，说明了农村高利贷的本质（见表7-75）。

表 7-67　　　　　　　　1934～1935 年中国农村各类农户中负债户百分率

户别	平均	河南	湖北	安徽	江西
	71	66	74	80	57
自耕农	63	62	65	76	42
半佃农	72	66	77	82	58
佃农	78	71	82	82	72

资料来源：《经济统计》，1937 年 2 月 4 期，第 190 页。

编者注：这是金陵大学农业经济系的调查数字，包括十四个地区，八百五十二户。

表 7-68　　　　　　　　1933 年中国各地农村借款和借粮债户百分率

地区	借款家数比例	借粮家数比例	地区	借款家数比例	借粮家数比例
察哈尔	79	53	安徽	63	56
绥远	48	33	浙江	67	48
宁夏	51	47	福建	55	49
青海	56	46	广东	60	52
甘肃	63	53	江西	57	52
陕西	66	56	湖北	46	51
山西	61	40	湖南	52	49
河北	51	33	广西	51	58
山东	46	36	四川	56	46
河南	41	43	云南	46	49
江苏	62	50	贵州	45	47

资料来源：《农情报告》，第二年，4 期，第 30 页。

编者注：其中借款家数全国平均为 56%，借粮家数为 48%。

表 7-69　　　　　　　　抗日战争前后中国部分地区负债农户阶层分配比例

地区	资料年份	合计	富农	中农	贫农
河北定县[1]	1933	100	13.0	24.0	63.0
广东番禺[2]	1933	100	11.0	21.6	67.4
广西苍梧[3]	1934	100	1.7	8.7	89.6
广西思恩[3]	1934	100	4.6	10.6	84.8
四川璧山[4]	1944	100	4.0	29.2	66.8

资料来源：(1) 李景汉：《定县农村经济现状》，《民间》，创刊号（原文划分农户为三等，即不满二十亩者，二十至四十亩者，四十亩以上者，在本表中姑分别作为贫农、中农及富农处理）。(2) 陈翰笙：《广东农村生产关系与生产力》，1934 年，第 85 页。(3)《中国农村》，创刊号。(4)《四川经济季刊》，2 卷 1 期。

表 7-70　　1934 年广西省苍梧县农村各阶层实物借贷与货币借贷的百分比

阶层	合计	借谷户	借钱户
富农	100	33.3	66.7
中农	100	50.0	50.0
贫农	100	71.6	28.4
总计	100	68.8	31.2

资料来源：冯和法：《中国农村经济资料续编》，第 322 页。

表 7-71　　1929～1931 年间河北省定县农村负债情况的变动

年份	负债户数占总户数的百分比	负债户数指数	借款总次数	借款总次数指数	借款总额（元）	借款总额指数
1929	33	100	335	100	21026	100
1930	44	135	466	139	34401	164
1931	58	178	726	217	48944	233

资料来源：李景汉：《定县农村借贷调查》，《中国农村》1 卷 6 期。

表 7-72　　1934～1935 年中国各类农户借款用途百分比

用途	平均	自耕农	半佃农	佃农
生产用	8.4	7.4	11.6	5.8
非生产用	91.6	92.6	88.4	94.2
伙食	42.1	25.6	43.9	60.3
婚丧	18.1	21.5	12.7	20.3
其他	31.4	45.5	31.8	13.6
合计	100.0	100.0	100.0	100.0

资料来源：《经济统计》，1937 年 4 期，第 193 页。
编者注：本表系金陵大学农业经济系的调查数字，调查范围包括河南、湖北、安徽、江西四省十四区八百五十二户。

表 7-73 1934年中国农村借款来源百分比统计

地区	合计	银行	合作社	典当	钱庄	商店	地主	富农	商人
平均	100	2.4	2.6	8.8	5.5	13.1	24.2	18.4	25.0
察哈尔	100	—	—	—	12.5	18.7	25.0	12.5	31.3
绥远	100	2.9	5.8	2.9	8.8	5.8	20.7	17.7	35.4
宁夏	100	—	—	—	—	21.8	14.3	28.6	35.3
青海	100	—	—	6.3	—	14.9	23.5	17.0	38.3
甘肃	100	—	1.3	2.6	—	16.0	21.3	22.7	36.1
陕西	100	4.1	2.0	9.0	5.0	20.5	15.4	14.4	29.6
山西	100	4.9	1.3	18.9	13.1	11.4	14.4	13.4	22.6
河北	100	3.3	11.9	5.1	10.7	13.8	13.2	19.8	22.2
山东	100	6.1	3.4	3.5	16.3	15.4	15.5	19.6	20.2
河南	100	1.7	1.3	6.3	6.5	15.7	28.8	16.6	23.1
江苏	100	8.8	5.6	18.5	6.2	7.2	23.5	14.2	16.0
安徽	100	—	8.6	6.9	0.5	13.1	30.4	16.9	23.6
浙江	100	3.7	4.5	16.2	10.1	12.0	21.9	15.8	15.8
福建	100	0.9	—	3.6	7.2	16.3	20.0	22.8	29.2
广东	100	3.2	0.3	18.4	5.5	13.2	26.9	12.4	20.1
江西	100	1.6	3.2	5.6	4.0	11.2	33.6	22.4	18.4
湖北	100	2.9	4.9	10.9	3.9	13.8	25.4	21.6	16.6
湖南	100	—	1.6	5.6	2.2	13.6	34.5	22.7	19.8
广西	100	3.7	—	22.3	0.8	8.9	31.8	13.4	19.1
四川	100	2.6	0.9	18.3	6.8	8.8	26.6	14.5	21.5
云南	100	2.6	0.8	5.2	—	6.1	33.4	21.1	30.8
贵州	100	—	—	7.4	—	10.4	32.9	23.9	25.4

资料来源：《农情报告》，第二年，11期，第108页。

表 7-74　　　　　　　1938~1946 年间中国农村高利贷主的变动百分比

年份	合计	银行	钱庄	典当	商店	合作社	合作金库	地主、富农和商人
1938	100	8	3	13	14	17	2	43
1939	100	8	2	11	13	23	2	41
1940	100	10	2	9	13	26	2	38
1941	100	17	2	9	11	30	4	27
1942	100	19	2	8	10	34	6	21
1943	100	22	2	7	8	32	5	24
1944	100	21	3	8	13	27	4	24
1945	100	22	4	9	18	19	3	25
1946	100	24	5	9	20	19	2	21

资料来源：《中华民国统计年鉴》，1947 年，第 93 页。

编者注：这是中央农业实验所的调查数字，包括浙江、江西、湖北、湖南、四川、河南、陕西、甘肃、青海、福建、广东、广西、云南、贵州、宁夏十五省。

表 7—75　民国时期中国农村"高利贷"的剥削形式示例

形式	资料年份	内容示例
单纯高利贷	1927	湖南郴县的"水谷"[13],借钱还钱,以谷付利。借洋一元,每年缴谷三斗作为利息
	1927	湖南衡阳的"称谷利"[2],四五月间借成现钱折成谷并按百分之六~七计利,七八月间再按最低价钱折合偿还,三个月间即增加三倍以上
	1932	山东鱼台的"青麦"[1],小麦未黄时借粮,六月初~以前偿还,借一还四
	1934	山西方山的"放土债"[1],青季借麦一斗,价一千,加五行息,麦收时偿还。归还时,麦价按一斗麦计算。麦贱则按一千文计算
	1932	江苏江北的"放小麦账"[1],冬季或春季借铜元一百枚,麦收须偿麦一斗,约合铜元三百枚
劳役制的结合		备本金去赎,有的可以抵偿本利,大概本金二十元,成年人须做三年以上的奴隶,年幼儿女须过十年才能恢复自由。
	1933	广东罗定的押妻女[1],借钱时须将妻女抵押给债主,如在债主家中怀孕,所生儿女归债主所有,偿债时只能赎回原来抵押的妻女,过期无力赎妻,便被债主没收。
	1934	广西的人口典当[11],借钱时,把子女典当给债主,到债主家去做工,以抵偿利息,期满无力取偿,仍须继续服役。主人可以用出嫁方式随意出卖,也可以代为娶妻,生下子女,仍做奴隶。

资料来源:(1)《中国经济年鉴》,1934 年,第 E211,203,195,172,194,193,208,186 页。(2)冯和法:《中国农村经济资料》,第 1125,688,1124,541,550,1031 页。(3)《中南各省农村情况调查》,第 64 页。(4)《新区土地改革资料续编》,第 104,125 页。(5)千家驹:《中国农村经济论文集》,第 501,256,471,381,580 页。(6)《四川月报》,7 卷 1 期。(7)冯和法:《中国农村经济资料》,第 896,824,25,8,20,415 页。(8)《广西省农村调查》,第 223,225,227 页。(9)廿二年《中国劳动年鉴》,第一编,第 600 页。(10)《东方杂志》,32 卷 1 号,农第 48 页。(11)薛暮桥:《广西农村经济调查》,第 45,46 页。(12)《土地改革前的苏南农村》,第 36 页。(13)《第一次国内战争时期的农民运动》,第 343 页。

编著注:中国农村高利贷花样百出,名目繁多,不胜列举。例如列举我们所见到的江苏省就有所谓"念个头"、"一粒一"、"一粒二"、"一粒三"、"一粒四"、"粒米"、"粒半"、"青豆票"、"青豆钱"、"青麦钱"、"青麦票"、"青稻钱"、"青稻钱"、"加一钱"、"印子钱"、"榆面账"、"押店条"、"当空"、"放洋纱"、"鸽子地"、"拿银租"、"地包租"、"加益钱"、"转斗米"、"放青稻"、"卖梢叶"、"百哥洋"、"三道连"等等。这里只是就其性质比较突出和带有普遍性的例子而已。

表 7-76　　　　　　　1934 年中国农村各地的借贷期限与借贷方式百分比

地区	借贷期限 合计	一年以下	一至三年	三年以上	不定期	借贷方式 合计	个人信用	保证信用	抵押信用
平均	100	77.3	9.3	2.1	11.3	100	19.8	33.9	46.3
察哈尔	100	75.0	12.5	—	12.5	100	14.3	42.9	42.8
绥远	100	86.8	6.6	—	6.6	100	12.0	36.0	52.0
宁夏	100	71.5	—	—	28.5	100	35.7	42.9	21.4
青海	100	71.4	9.6	9.5	9.5	100	10.2	39.5	50.3
甘肃	100	64.0	27.8	2.7	5.5	100	22.5	40.4	37.1
陕西	100	90.0	4.0	1.0	5.0	100	10.6	37.9	51.5
山西	100	90.6	6.8	—	2.6	100	12.0	35.7	52.3
河北	100	95.0	2.6	0.4	2.0	100	21.1	35.2	43.7
山东	100	92.8	4.0	—	3.2	100	14.0	46.9	39.1
河南	100	86.1	6.0	0.6	7.3	100	10.3	46.0	43.7
江苏	100	81.8	10.9	0.6	6.7	100	22.6	32.6	44.8
安徽	100	72.5	11.8	5.2	10.5	100	23.8	35.5	40.7
浙江	100	90.2	3.7	1.2	4.9	100	26.3	26.8	46.9
福建	100	64.4	14.2	2.3	19.1	100	27.5	27.5	45.0
广东	100	68.7	7.3	8.3	15.7	100	27.3	21.6	51.1
江西	100	71.2	7.8	5.2	15.8	100	32.7	24.5	42.8
湖北	100	80.0	2.5	—	17.5	100	25.0	31.2	43.8
湖南	100	70.6	6.3	2.5	20.6	100	24.9	28.6	46.5
广西	100	66.7	25.0	1.0	7.3	100	17.8	24.4	57.8
四川	100	80.2	5.6	2.8	11.2	100	20.4	35.1	44.5
云南	100	57.5	16.9	2.1	23.5	100	6.8	31.5	61.7
贵州	100	75.1	12.4	—	12.5	100	18.3	22.5	59.2

资料来源：《农情报告》，第二年，11 期，第 108、109 页。

表 7-77 1933～1934 年中国农村一般借贷的利率 （单位:%）

地区	粮食借贷月利	现金借贷各种利率（年利）所占百分比					
		合计	10%～20%	20%～30%	30%～40%	40%～50%	50%以上
平均	7.1	100	9.4	36.2	30.3	11.2	12.9
察哈尔	8.3	100	12.5	62.5	12.5	—	12.5
绥远	7.7	100	18.7	12.5	6.2	43.9	18.7
宁夏	11.7	100	—	—	28.5	14.2	57.3
青海	5.1	100	—	42.9	19.0	14.2	23.9
甘肃	7.3	100	2.7	22.3	19.4	27.8	27.8
陕西	14.9	100	0.9	6.6	29.3	12.2	51.0
山西	6.0	100	2.6	17.0	40.6	27.6	12.2
河北	3.3	100	6.6	46.7	43.8	2.5	0.4
山东	3.5	100	5.4	35.7	37.0	20.0	1.9
河南	7.3	100	1.2	10.8	52.8	19.2	16.0
江苏	7.6	100	14.3	48.7	25.2	5.9	5.9
安徽	10.0	100	1.2	32.1	38.3	11.1	17.3
浙江	4.0	100	41.2	57.7	1.1	—	—
福建	4.7	100	31.9	63.9	4.2	—	—
广东	5.8	100	18.8	48.2	30.4	0.9	1.7
江西	4.4	100	16.3	73.5	10.2	—	—
湖北	6.9	100	7.5	50.0	27.5	7.5	7.5
湖南	6.8	100	1.1	44.9	43.6	4.7	5.7
广西	10.9	100	1.0	34.0	55.0	6.0	4.0
四川	5.7	100	15.6	32.7	40.9	6.1	4.7
云南	7.2	100	8.3	39.6	37.6	4.1	10.4
贵州	7.4	100	—	15.2	65.5	12.9	6.4

资料来源：《农情报告》，第二年，4 期，第 30 页，11 期，第 109 页。

编者注：据原记载称：本表根据调查中之普通利率计算得来的，也就是说对真正的高利贷利率未加计算。因此，这里的数字并不能正确地反映农村高利贷水平。尽管如此，我们还可以从这里得到关于农村借贷利率的一个粗略的印象，而且可以看到实物借贷利率，任何地方都比货币借贷利率高。实物借贷利率之所以比较高，是因为借实物的债户多半是贫农。

表 7-78　　　　　　　　　　1909～1934 年间中国农村借贷利率增长情况

地区	年份	本期内利率增长百分率
东北扶余、宁安、依兰	1909～1916	100～170
松花江流域	1909～1922	350
黑龙江流域五常、巴彦、呼兰、扶余等	1909～1924	400
东北长春的货币借贷	1929～1931	40
四川泸县农村的现金借贷	1932～1933	100
广东电白、茂名、新兴、信宜、英德、梅县	1929～1934	10～40
广东台山的广海附近农村	1929～1934	119

资料来源：冯和法：《中国农村经济资料》，第 1108～1109、1030～1031 页；续编，第 824 页。陈翰笙：《黑龙江流域的农民和地主》。吕平登：《四川省农村经济》，第 452 页。

编者注：本表是根据一些零星记载加工编成的。利率增长百分率是由期初利率除期末利率乘以一百再减去一百得来的。这些零星的数字，使我们大致看到从清末到蒋介石时代，农村利率一直在增长着。

表 7-79　　　　　　　　　1938～1946 年间中国农村借贷利率及借贷期限的变动比率

年份	现金借贷 放款期限百分比 一～三个月	四～六个月	七～九个月	十～十二个月	十三个月以上	放款利率（月利）信用	保证	抵押	合会	合作社	粮食借贷 借粮还粮利率百分比 私人	三个月	六个月	六个月借钱还粮利率百分比
1938	9	19	2	59	11	2.1	2.2	2.3	2.0	1.2	2.7	28	42	39
1939	10	19	2	58	11	2.0	2.3	2.3	2.0	1.2	2.9	27	42	44
1940	5	16	8	65	6	1.9	2.1	3.1	1.9	1.2	2.6	26	41	47
1941	11	23	1	59	6	1.8	2.1	2.2	2.0	1.2	2.8	25	41	50
1942	13	22	1	58	6	2.3	2.4	2.3	1.3	3.1	26	41	67
1943	19	20	1	55	5	2.6	3.0	3.3	2.9	1.5	4.6	31	51	104
1944	25	19	2	51	3	4.6	5.2	5.8	4.9	2.8	7.6	38	63	151
1945	43	19	1	36	1	7.5	8.3	9.1	8.1	3.9	10.6	35	59	192
1946	41	19	1	36	3	7.7	8.5	9.4	8.1	4.1	11.0	39	63	192

资料来源：《中华民国统计年鉴》，1947 年，第 93～94 页。

编者注：这是中央农业实验所的调查数字，包括浙江、江西、湖北、湖南、四川、河南、陕西、甘肃、青海、福建、广东、广西、云南、贵州、宁夏十五省。参看本书表 7-10 的注。

（九）封建、半封建生产关系桎梏下的农业生产

以下诸表反映近代中国农业生产停滞和下降的总趋势。

表7-80至表7-82表示耕地面积及其变动。抗日战争前，中国耕地面积大约在十四亿亩至十五亿亩之间（见表7-80）。就现有资料看来，从十九世纪七十年代起，除新垦区（特别是东北各省）外，耕地一般的没有什么扩张，相反，有下降趋势。从一八七三年到一九三三年的六十年间，除东北区以外，耕地总面积亦不过增加百分之一，从一九一三年到一九三三年的二十年间，甚至从一八九三年到一九三三年的四十年间，都没有任何增加（见表7-81）。而蒋介石的反动统治则更加重了耕地下降的趋势（见表7-82）。如果说从一八七三年到一九三三年中国农村人口增加的百分之三十以上（见《农情报告》，2卷5期），而同时又有大量的可耕荒地存在，则耕地面积之不能扩张（和资金贫乏的农业经营情况联系起来看），显然是生产关系束缚产生力的标志。至于抗日战争结束后，蒋介石发动反人民的战争期间，耕地被荒弃的现象，则更令人触目惊心。举例说：一九四六年间河南耕地已有百分之三十荒弃，湖南和广东则已荒弃百分之四十（1946年8月31日天津《益世报》）。

表7-83表示各种作物种植面积的消长。总的来说，经济作物，除蓝靛、甘蔗等因舶来品的竞争而减产外，一般种植面积是在扩大之中，而粮食作物则恰呈相反的变动。经济作物排斥粮食作物这一方面标志着农业生产的商品化，同时也反映着粮食作物生产不足的危机的加剧。在这里鸦片生产的扩大对农业生产起着特殊严重的破坏作用。

表7-84、表7-85记录重要农产品的总产量和单位面积产量。这里反映出当时中国农业生产能量和水平，也反映出农业生产力的下降情况。将一九四六年或一九四七年和一九三六年的数字比较一下：就总产量言，除小米、玉米、油菜子和烟叶有些增长以外，其他重要作物都是减产（见表7-84）。就单位面积产量言，则几乎是无例外地下降着（见表7-85）。

表 7-80　　1929～1933 年间中国耕地的面积　（单位：市顷）

		耕地面积
关内	河北	1091325
	山东	1004505
	山西	728790
	河南	984990
	陕西	456270
	甘肃	261675
	江苏	852960
	安徽	731280
	江西	433395
	浙江	416580
	福建	210945
	湖北	645000
	湖南	502065
	广东	409890
	广西	274935
	云南	262155
	贵州	231735
	四川	1554480
	西康	40110
	青海	78075
	宁夏	18465
	新疆	149130
	绥远	170865
	察哈尔	155265
	合计	11664885
东北	热河	256500
	辽宁	731834
	吉林	782790
	黑龙江	611385
	合计	2382509
	台湾	122169
	总计	14169563

资料来源：除西康、台湾外，悉见国民政府主计处统计局编《中国土地问题之统计分析》一书（第 9～10 页）。惟所载东北各省耕地未包括当时在日寇直接控制下的所谓"关东区"和"南满铁道区"的数字，兹据 1935 年英文《日满年鉴》（第 714～715 页）所记载的数字补充填入辽宁的数字中。西康数字见 1945 年国民政府主计处统计局编《中华民国统计提要》（第 5 页）；台湾是 1932 年的数字，见 1935 年英文《日满年鉴》（第 521 页）。

编者注：本表基本上是 1929～1933 年间的数字。清代官书所载田亩数字，精确程度颇成问题。北洋军阀时期和国民党时期，官方和中外私人所发表的耕地面积的调查估计数字不下十余种，有低至一千万市顷的（贝克尔的估计），亦有高至一千七百万市顷以上的（马黎元的估计）。我们选用了国民政府主计处统计局所公布的数字，并就所欠缺的个别省区的数字，加以补充。这项数字的来源是国民政府立法院统计处根据通讯调查所收到的各县政府及各地邮政局和各地农会填报的材料加以整理后由"主计处统计局"作了一次修正，嗣后金陵大学农业经济系作中国土地利用调查时又曾详细加以校正，最后复由"统计局"加以补充订正。因此，我们相信这个数字的可靠程度比其他的数字要大一些。

一市顷＝一百市亩。

此处"关内"指河北山海关以内。

表 7-81　　　　　　　　　1893～1933 年间中国耕地面积指数

以 1873 年为指数 100

省别	1893 年	1913 年	1933 年
察哈尔	104	112	104
绥远	95	93	88
宁夏	100	102	99
青海	169	175	203
甘肃	116	117	118
陕西	98	95	91
山西	103	110	110
河北	98	100	98
山东	103	105	99
河南	99	117	115
江苏	101	102	110
安徽	106	107	107
浙江	102	73	78
福建	96	92	81
广东	101	101	102
江西	99	93	91
湖北	104	109	128
湖南	88	89	88
广西	105	117	123
四川	102	104	110
云南	111	133	331
贵州	115	121	130
总计	101	101	101

资料来源：《农情报告》，第二年，12 期，第 117 页。"总计"：系由各时期之二十二省耕地面积总数计算而得。

编者注：本表数字是国民政府中央农业实验所与金陵大学农业经济系根据各省农情报告员所呈报的一千五百三十二份报告编制出来的。1933 年数字可能有些偏高，从 1913～1933 年间，各地战乱和灾荒的频繁和严重来看，我们似乎有理由相信 1933 年耕地面积（东北除外）要比 1913 年低。

表 7-82　　　　　　　　　　1933～1934 年中国耕地面积下降趋势

以 1928 年为指数 100

地区	1933～1934 年	备考
陕西三县(1)	79.19	渭南、凤翔、绥德
河北二县(2)	99.47	保定、清苑
河南三县(3)	98.43	许昌、辉县、镇平
江苏四县(4)	94.24	盐城、启东、常熟、邳县
浙江四县(5)	99.14	龙游、永嘉、崇德、东阳
广东一县(6)	98.50	番禺
广西三县(7)	100.38	苍梧、桂林、思恩
云南四县(8)	102.42	昆明、禄丰、玉溪、马龙
平均	96.30	根据上列各地基年及计算年耕地面积总和计算出来的

资料来源：(1) 国民政府农村复兴委员会：《陕西省农村调查》，第 27、28、108、109、174、175 页。(2) 陈翰笙：《现代中国土地问题》；冯和法，《中国农村经济论》，第 233 页；及张培刚，《清苑的农家经济》，第 193、196 页。清苑为一九二七年数字为基年。(3) 国民政府农村复兴委员会：《河南省农村调查》，第 63、64 页。(4) 国民政府农村复兴委员会：《江苏省农村调查》，第 15、23、28、33 页。(5) 国民政府农村复兴委员会：《浙江省农村调查》，第 18、29、71、127、139、142、178、184 页。(6) 陈翰笙：《广东农村生产关系与生产力》，第 77 页。(7) 广西省立师范专科学校：《苍梧、桂林、思恩三县农村调查报告》，转见 1936 年《申报年鉴》，第 K37 页。(8) 国民政府农村复兴委员会：《云南省农村调查》，第 97、151、199、236 页。

编者法：本表数字是根据各地调查材料编算的。这里反映出 1928 年至 1934 年间国民政府统治下各地耕地普遍下降的情况。国民政府土地委员会 1934 年所作十四省八十九个县垦地和荒地调查统计，也大致证实了这一情况。该调查指出从 1924 年至 1934 年，十年间全国已垦地之荒废者计占原垦地面积百分之十点六四，而荒地之已垦者则占百分之八点九一。

表 7-83　　1904～1933 年间中国各种作物耕种面积占农田比例的变动

作物	1904～1909 年	1914～1919 年	1924～1929 年	1929～1933 年
稻	40	41	37	40
小麦	26	27	27	27
大麦	24	23	20	19
高粱	26	23	20	16
小米	22	18	17	17
玉米	11	14	16	17
黄豆	8	9	10	8
油菜	15	21	27	28
芝麻	4	8	10	9
花生	9	8	11	11
棉花	11	14	18	20
蓝靛	10	7	2	*
甘蔗	7	6	5	6
鸦片**	14	3	11	20

资料来源：卜凯：《中国土地利用》，第 271 页。

编者注：(1) 本表系十五省一百个县一百零二个地区的调查估计数字。(2) 各种作物占作物面积百分比之和大于一百，因为在同一土地上每年可能种植两种以上作物。(3) 各种作物的调查地区不尽相同，例如，稻是根据十七个地区的调查，鸦片则是根据十三个地区的调查，因此本表的意义不在于精确反映各种作物相互间的对比关系，而只是从各种作物生产在各调查地区的变动情况中，大致反映出各种作物消长的趋势。(4) * 不及 0.5%（疑有误，似应为 0.05%。——再版编者）。(5) ** "鸦片"应为罂粟。——再版编者

表 7-84　　　　　　　　　1931～1947 年间中国主要农产品总产量的变动

(单位：千市担)

作物名	1931 年	1932 年	1933 年	1934 年	1935 年	1936 年	1946 年	1947 年
稻	930353	1055923	1034275	833977	1032210	1034125	956926	942794
小麦	464238	477524	468109	462261	446639	480897	430955	430570
高粱	221531	222828	222969	204966	212454	233201	228411	203027
小米	188183	184825	198594	179452	195961	196544	234782	198602
玉米	167734	175873	158224	149243	178781	170455	230261	215440
大豆	220224	221154	238805	186239	178182	203086	168000	159178
油菜	43515*	46965*	42185*	51477*	49802*	49625*	64569	74505
芝麻			19328*	17017*	15317*	17360*	14428	12979
花生			60931*	54207*	46290*	53940*	44832	44761
棉花	7488	9484*	11826	13661	9781	17357	7430	10738
烟叶			12745	12204	12827	12865	12992	13435

资料来源：《农情报告》，4 卷 9 期，第 223 页，及 4 卷 12 期，第 323 页。国民政府东北物资调节委员会，《东北经济小丛书》(3)《农产》(生产篇)第二章各页。国民政府广西统计局，《中华民国统计年鉴》，1948 年，第 75～78 页。国民政府农林部统计室，民国三十七年《农林统计手册》，第 9、13、22 页。

编者注：(1) 本表数字不包括台湾。(2) 带星号 (*) 年份的 1931 年～1936 年间东北各省的油菜子、芝麻、花生产量不详，1932 年东北各省棉花产量不详。(3) 稻包括籼稻、粳稻、糯稻和陆稻。(4) 1936 年以前各年东北棉花数字原载是籽棉，兹按三分之一的比率折成皮棉。

表 7-85　　　1931～1947 年间中国主要农产品单位面积产量的变动

（单位：每市亩市斤）

作物名	1931年	1932年	1933年	1934年	1935年	1936年	1946年	1947年
籼粳稻	336	383	351	281	347	355	339	247
小麦	146	146	154	153	137	151	140	138
高粱	165	187	180	170	190	209	183	168
小米	164	167	161	168	172	176	166	139
玉米	184	194	178	176	194	176	179	171
大豆	145	163	183	144	130	161	148	150
油菜子	82	87	80	90	88	84	75	85
芝麻			83	79	76	82	75	69
花生			258	243	224	260	225	227
棉花	28	29	30	28	27	34	30	28
烟叶			159	153	164	154	147	—

资料来源：《农情报告》，4 卷 9 期，第 225 页，及 4 卷 12 期，第 325 页。《农报》，12 卷 2 期，第 55 页，及 12 卷 5 期，第 56 页。国民政府农林部统计室：《农林部统计手册》（民国三十七年），第 7～9、13 页。

编者注： 1931～1934 年，包括察、绥、宁、甘、陕、晋、冀、鲁、苏、皖、豫、鄂、川、滇、黔、湘、赣、浙、闽、粤二十个省，1935～1936 年，增加青海共为二十一个省，1946 年又增加广西共为二十二个省。1947 年包括全国各省区，仅台湾除外。

附　　录

清代乾隆、嘉庆、道光、咸丰、同治、光绪六朝人口
　　统计表（一七八六～一八九八年）

(一) 乾隆年间人口统计

(单位：千人)

地区	乾隆五十一年[1] (1786)	乾隆五十二年[1] (1787)	乾隆五十三年[2] (1788)	乾隆五十四年[2] (1789)	乾隆五十五年[3] (1790)	乾隆五十六年[3] (1791)
奉天	807	811	819	825	831	837
吉林	148	150	152	155	156	157
直隶	22819	22957	23072	23272	23497	23697
安徽	28826	28918	29043	29205	29367	29564
江苏	31142	31427	31732	32056	32377	32710
江西	19008	19156	19347	19683	19854	20006
浙江	21473	21719	21969	22233	22522	22829
福建	12809	12020	12121	12235	13298	13398
湖北	18556	19019	19496	19926	20401	20872
湖南	16068	16165	16262	16348	16450	16556
山东	22479	22565	22759	23066	23359	23599
河南	20907	21036	21133	21255	21363	21496
山西	13190	13232	13268	13307	13346	13387
陕西	8390	8403	8448	8455	8461	8491
甘肃	15159	15162	15164	15166	15169	15172
巴里坤、乌鲁木齐*	112	114	117	121	122	124
四川	8429	8567	8713	8926	9184	9489
广东	15923	16014	16112	16218	16337	16450
广西	6294	6376	6454	6531	6593	6647
云南	3413	3461	3510	3565	3624	3689
贵州	5151	5158	5163	5170	5177	5183
总计	291103	292430	294854	297718	301488	304353

资料来源：(1) 据乾隆五十二年"户部汇题各省民数谷数清册"* (以下简称"户部清册"，存北京故宫博物院，原册963号，以下仅标每册号数)**。案是年户部题本不存，而乾隆五十二年题本则将是年数目列入以资比对，故得据以载入。本表以下，每遇前一年题本不存，即据后一年题本所列比对之数字以著录前一年之数字。(2) 据乾隆五十四年户部清册（964号）。(3) 据乾隆五十六年户部清册（965号）。

编者注：* 非省级行政单位。——再版编者注

(二) 嘉庆年间人口统计 (单位：千人)

地区	嘉庆二十四年[1] (1819)	嘉庆二十五年[1] (1820)
奉天	1674	1730
吉林	330	330
直隶		
安徽	34925	35065
江苏	39274	39510
江西	23575	23652
浙江	27313	27411
福建	15942	16067
湖北	28807	29063
湖南	18892	18929
山东	29355	29522
河南	23561	23598
山西	14325	14352
陕西	11963	11976
甘肃	15320	15329
巴里坤、乌鲁木齐*	182	184
四川	25665	26259
广东	21392	21558
广西	7411	7423
云南	6009	6067
贵州	5347	5352
总计		

资料来源：据嘉庆二十五年户部清册（966号）。

编者注：* 非省级行政单位。——再版编者注

(三) 道光年间人口统计之一

(单位：千人)

地区	道光十年[1] (1830)	道光十一年[1] (1831)	道光十二年[2] (1832)	道光十三年[3] (1833)	道光十四年[1] (1834)
奉天	2114	2125	2135	2144	2152
吉林	322	323	322	323	323
直隶	22063	22136	21480	22200	22266
安徽	36891	37064	37075	37103	37142
江苏	41399	41554	41605	41707	41836
江西	24463	24467	24468	24478	24478
浙江	28071	28080	28174	28301	28394
福建	17459	17573	17635	17781	17873
湖北	31470	31614	31749	31935	32139
湖南	19523	19535	19547	19565	19601
山东	30874	30356	31124	30810	31316
河南	23661	23662	23664	23665	23668
山西	14658	14678	14696	14714	14730
陕西	11965	12021	12025	11964	11871
甘肃	15365	15368	15371	15374	15377
巴里坤、乌鲁木齐*	207	205	207	209	212
四川	32172	32776	33392	34034	34654
广东	22662	22778	22895	23019	23306
广西	7515	7524	7533	7542	7553
云南	6553	6603	6654	6688	6730
贵州	5377	5379	5382	5385	5388
总计	394784	395821	397133	398941	401009

资料来源：(1) 据道光十一年户部清册 (967号)。(2) 据道光十二年户部清册 (968号)。(3) 据道光十三年户部清册 (969号)。(4) 据道光十四年户部清册 (970号)。

编者注：* 非省级行政单位。——再版编者注

（四）道光年间人口统计之二

（单位：千人）

地区	道光十五年[1] （1835）	道光十六年[2] （1836）	道光十七年[3] （1837）	道光十八年[4] （1838）	道光十九年[5] （1839）
奉天	2163	2173	2183	2194	2203
吉林	323	323	324	323	323
直隶	22223	22405	22665	22743	22589
安徽	37172	37186	37245	37317	37359
江苏	42016	42165	42305	42445	42575
江西	24480	24482	24485	24490	24493
浙江	28537	28661	28761	28858	28932
福建	18106	18196	18348	18450	18597
湖北	32337	32524	32697	32869	33041
湖南	19634	19686	19727	19777	19822
山东	31435	31493	31534	31649	31763
河南	23670	23671	23672	23768	23769
山西	14807	14824	14841	14858	14875
陕西	11957	11932	11941	11951	11973
甘肃	15379	15392	15395	15398	15402
巴里坤、乌鲁木齐*	216	219	222	224	228
四川	35259	35868	36485	37103	37712
广东	23604	23904	34297	24763	25203
广西	7563	7575	7588	7602	7617
云南	6777	6526	6871	6916	6971
贵州	5393	5396	5399	5341	5406
总计	403051	404601	416985	409039	410853

资料来源：（1）据道光十六年户部清册（972号）。案是年直隶造报人口为二千零九十三万八千人，中缺香河等七州县未造报，至道光二十年补报，该七州县共一百二十八万五千人，故是年直隶人口实数为二千二百二十二万三千人。再，是年原册全国人口总数本为四亿零一百七十六万七千人，今将补报之数加上，故实为四亿零三百零五万二千人。以下各年份遇有同样情形者均如此，不再一一注明。（2）据是年户部清册。（3）据道光十七年户部清册（973号）。案是年直隶造报人口为二千一百六十万四千人，中缺乐亭等五州县未造报，至道光二十年补报，该五州县共一百零六万一千人，故是年直隶人口实数为二千二百六十六万五千人。（4）据道光十八年户部清册（974号）。（5）据道光十九年户部清册（975号）。

编者注： * 非省级行政单位。——再版编者注

(五) 道光年间人口统计之三 (单位：千人)

地区	道光二十年[1] (1840)	道光二十一年[2] (1841)	道光二十二年[3] (1842)	道光二十三年[4] (1843)	道光二十四年[5] (1844)	道光二十五年[6] (1845)
奉天	2213	2222	2232	2242	2458	2484
吉林	324	324	324	325	325	326
直隶	22646	22677	22769	22508	22739	22859
安徽	37386	37407	37449	37471	37500	37514
江苏	42730	42890	43033	43180	43339	43476
江西	24498	24502	24505	24508	24509	24510
浙江	28909	27539	29046	29155	29257	29391
福建	18728	18925	19032	19140	19272	19389
湖北	33196	33306	33233	33303	33366	33420
湖南	19891	19962	20032	20096	20169	20360
山东	31876	31991	32077	32198	32326	32448
河南	23770	23771	23771	23772	23772	23773
山西	14892	14927	14946	14966	14986	15008
陕西	11977	12011	12020	12010	12020	12037
甘肃	15405	15409	15412	15415	15418	15421
巴里坤、乌鲁木齐*	232	235	239	242	246	250
四川	38338	38951	39397	39843	40618	41228
广东	25744	26287	26415	26613	26802	27072
广西	7633	7649	7668	7689	7712	7735
云南	7019	7061	7106	7146	7185	7221
贵州	5410	5412	5414	5418	5420	5423
总计	412817	413458	416120	417240	419439	421345

资料来源：(1) 据道光二十年户部清册（976号）。(2) 据道光二十一年户部清册（977号）。(3) 据道光二十二年户部清册（978号）。案是年浙江造报人口为二千七百六十一万五千人，中缺鄞县、镇海县、定海厅。至道光二十三年补报鄞县、镇海二县共一百四十三万一千人，故是年浙江人数除定海厅未补报外共为二千九百零四万六千人。(4) 据道光二十三年户部清册（979号）。案是年福建台湾人口未造报。(5) 据道光二十四年户部清册（980号）。案是年浙江定海厅、福建台湾府人口未造报。(6) 据道光二十五年户部清册（981号）。案是年浙江定海厅、福建台湾府人口未造报。

编者注： *非省级行政单位。——再版编者注

（六）道光年间人口统计之四

（单位：千人）

地区	道光二十六年[1] (1846)	道光二十七年[2] (1847)	道光二十八年[3] (1848)	道光二十九年[4] (1849)	道光三十年[5] (1850)
奉天	2503	2520	2538	2554	2571
吉林	326	326	326	327	327
直隶	22940	23028	23270	23365	23401
安徽	37533	37553	37572	37592	37611
江苏	43630	43814	43966	44095	44155
江西	24510	24511	24512	24513	24515
浙江	29564	29796	29894	29968	30027
福建	19529	19644	19768	19876	19987
湖北	33475	33539	33607	33674	33738
湖南	20440	20504	20540	20576	20614
山东	32564	32701	32847	32996	33127
河南	23773	23925	23926	23927	23927
山西	15031	15056	15078	15103	15131
陕西	12039	12071	12084	12094	12107
甘肃	15424	15428	15431	15434	15437
巴里坤、乌鲁木齐*	255	253	256	264	274
四川	41837	42454	43065	43575	44164
广东	27312	27496	27707	27899	28182
广西	7756	7778	7799	7815	7827
云南	7254	7283	7313	7342	7376
贵州	5425	5427	5429	5432	5434
总计	423120	425107	426928	428422	429932

资料来源：（1）据道光二十六年户部清册（982号）。案是年浙江定海厅、福建台湾府人口未造报。（2）据道光二十七年户部清册（983号）。案是年福建台湾人口未造报。浙江造报人口为二千九百六十二万八千人，中缺定海厅，至道光二十九年补报十六万八千人，故是年浙江人口实数为二千九百七十九万六千人。（3）据道光二十八年户部清册（984号）。案是年福建台湾府人口未造报。是年浙江造报人口二千九百七十万二千人，中缺定海厅，至道光二十九年补报共十九万二千人，故是年浙江人口实为二千九百八十九万四千人。（4）据道光二十九年户部清册（986号）。案是年福建台湾府人口未造报。是年甘肃省人口数至咸丰元年始补报。（5）据道光三十年户部清册（989号）。案是年福建台湾府人口未造报。是年甘肃省人口数至咸丰元年始补报。

编者注： * 非省级行政单位。——再版编者注

（七）咸丰年间人口统计一

（单位：千人）

地区	咸丰元年[1]（1851）	咸丰二年[2]（1852）	咸丰三年[3]（1853）	咸丰四年[4]（1854）	咸丰五年[5]（1855）	咸丰六年[6]（1856）
奉天	2582	2725	2737	2751	2764	2776
吉林	327	327	328	327	327	327
直隶	23455	23492	22867	22940	22975	22813
安徽	37631	37650				
江苏	44303	44494				
江西	24516	24517	24519	23878	23878	12376
浙江	30107	30176	30289	30400	30469	30542
福建	20099	20211	20314	20401	20509	20574
湖北	33810					
湖南	20648		20700	20725	20754	20783
山东	33266	33406	33500	33619	33685	33767
河南	23928	23928	23929	23930	23930	
山西	15693	15892	15921	15957	15992	16016
陕西	12010	12038	12048	12059	12064	12028
甘肃	15440	15443	15446	15451	15454	15458
巴里坤、乌鲁木齐*	278	283	288	292	297	302
四川	44752	45341	45930	46523	47115	47708
广东	28389	28581	28732	28890	29034	29102
广西	7823	7808	7785	7775	7774	5164
云南	7403	7430	7456	7488	7522	
贵州	5436	5437	5439	5441	4299	4301
总计	431896					

资料来源：（1）据咸丰元年户部清册（988号）。案是年福建台湾府人口未造报。又是年人口总数，照各省总和为四亿三千一百八十九万四千人，而原册上所载总数为四亿三千二百一十六万四千人多出二十七万人。（2）据咸丰二年户部清册（991号）。案是年江苏省人口系至咸丰五年始补报。巴里坤、乌鲁木齐人口系至咸丰四年始补报。又是年广西全州、永安州人口未造报。（3）据咸丰三年户部清册（992号）。案是年福建省人口系至咸丰五年始补报。巴里坤、乌鲁木齐人口系至咸丰四年始补报。又是年广西全州、永安州人口未造报。（4）据咸丰四年户部清册（994号）。案是年福建省人口系据咸丰八年补报五年份人数所载4年份数字著录。巴里坤、乌鲁木齐人口系至咸丰五年始补报。（5）据咸丰五年户部清册（995号）。案是年贵州人口系至咸丰七年补报。福建、巴里坤、乌鲁木齐人口系至咸丰八年补报。（6）据咸丰七年户部清册（997号）。案是年福建人口系至咸丰九年补报。巴里坤、乌鲁木齐人口系至咸丰八年补报。广西、贵州人口系于咸丰七年补报。又是年广西人数，仅系永宁等十四州、临桂等三十一个县人数，其他各州县未造报。再是年册载奉天等十二个省人数共二亿七千五百一十一万八千人，今案此十二个省人口总数实为二亿四千三百六十九万六千人，加上补报的福建等四省共为二亿七千四百零三万七千人，册载有误。

编者注：* 非省级行政单位。——再版编者注

（八）咸丰年间人口统计二

（单位：千人）

地区	咸丰七年[1]（1857）	咸丰八年[2]（1858）	咸丰九年[3]（1859）	咸丰十年[4]（1860）	咸丰十一年[5]（1861）
奉天	2787	2798	2808	2818	2827
吉林	328	328	329	329	330
直隶	23032	974	979	987	995
安徽					
江苏					
江西	9840	24486	24485		24487
浙江	30596	30330	30399	19213	
福建	20687	20739		20968	21074
湖北		30570	30815	31063	31222
湖南	20812	20841	20867	20940	20990
山东	34017	34143	34292	34346	34106
河南		23932	23932	23933	23933
山西	16049	16088	16123	16199	16242
陕西	12009	11968	11986	11997	11973
甘肃	15462	15465	15468	15470	15473
巴里坤、乌鲁木齐*	310				
四川	48301	48894	49487	50080	50673
广东	29139	29108	29178	29204	29228
广西					
云南					
贵州	4302	3965		4344	4411
总计					

资料来源：（1）据咸丰七年户部清册（997号）。案是年福建人数系至咸丰十年补报。巴里坤、乌鲁木齐、贵州人口系至咸丰八年补报。又案是年江西人数仅系南昌等二十九个州县人数，其他州县未造报。（2）据咸丰八年户部清册（998号）。案是年福建人口系至咸丰十一年补报。又案是年直隶人数仅系承德一府造报。贵州八寨等二十一个厅州县未报。再自是年起至光绪二十四年止，直隶人口均止承德一府造报。（3）据咸丰九年户部清册（1000号）。（4）据咸丰十年户部清册（1003号）。案是年福建人口系至同治二年补报。又案是年浙江仁和等二十九个州县因战事未造报。贵州都匀、镇远二府、八寨十八个厅州县亦因战事未造报。（5）据咸丰十一年户部清册（1004号）。案是年福建人口系至同治三年补报。又案是年贵州都匀、镇远二府、八寨十七厅州县因战事未造报。

编者注： *非省级行政单位。——再版编者注

附　录　253

(九) 同治年间人口统计之一

(单位：千人)

地区	同治元年[1] (1862)	同治二年[2] (1863)	同治三年[3] (1864)	同治四年[4] (1865)	同治五年[5] (1866)
奉天	2835		2858	2874	2888
吉林	330	331	331	331	332
直隶	995	996	999	715	716
安徽					
江苏					
江西	24488	24489	24487	24489	24491
浙江					6378
福建	21174	21273	19236	19347	
湖北	31372	31526	31667	31809	31920
湖南	20992	20995	20996	20996	20997
山东	34117	34244	34343	34497	34598
河南	23933	23934	23934	23935	23935
山西	16286	16324	16154	16186	16218
陕西					
甘肃	15476				
巴里坤、乌鲁木齐*					
四川	51266	51859	52452	53045	44729
广东	29242	29261	29286	29295	29301
广西					
云南					
贵州	4085			3178	
总计					

资料来源：(1) 据同治元年户部清册（1006号）。案是年福建人口系至同治四年补报。又案是年贵州兴义、都匀、镇远三府、并普安等二十二个厅州县、古州等十个卫人口因战事未造报。(2) 据同治二年户部清册（1008号）。(3) 据同治三年户部清册（1010号）。(4) 据同治四年户部清册（1012号）。案是年直隶承德府人口及贵州人口系至同治五年补报，福建人口系至同治九年补报。又案是年贵州人口只系贵阳七府、仁怀等四厅、归化、水城二通判、定番等八州、永宁等十七县、大塘、罗斛二州判民数，其大定等府厅州因战事未造报。(5) 据同治五年户部清册（1013号）。

编者注：* 非省级行政单位。——再版编者注

(十) 同治年间人口统计之一

(单位：千人)

地区	同治六年[1] (1867)	同治七年[2] (1868)	同治八年[3] (1869)	同治九年[4] (1870)
奉天	2902	2922	2937	2952
吉林	333	333	334	334
直隶		716	716	717
安徽				
江苏				
江西	24493	24496	24498	24500
浙江	6403	6430	6453	6468
福建	19600	19745	19897	20053
湖北	32026	32113	32202	32289
湖南	20997	20998	20998	20998
山东	34665	34717	34780	34890
河南	23936	23936	23937	23938
山西	16248	16282	16309	16329
陕西				
甘肃				
巴里坤、乌鲁木齐*				
四川	45322	45915	46509	55454
广东	29311	29322	29338	29489
广西				
云南				
贵州			3287	3289
总计				

资料来源： (1) 据同治六年户部清册 (1015号)。案是年福建人口系至同治十一年补报。(2) 据同治七年户部清册 (1017号)。案是年福建人口系至同治十一年补报。(3) 据同治八年户部清册 (1019号)。案是年福建人口系至同治十一年补报。(4) 据同治九年户部清册 (1020号)。案是年奉天人口系至光绪元年补报，福建人口系至同治十一年补报。又案是年及同治十年、十一年贵州兴义、都匀、镇远三府、八寨等二十七个厅州县未造报。

编者注： * 非省级行政单位。——再版编者注

（十一）同治年间人口统计之二　　　　　　　　　　　（单位：千人）

地区	同治十年[4] (1871)	同治十一年[5] (1872)	同治十二年[6] (1873)	同治十三年[7] (1874)
奉天	2969	2982	3003	3019
吉林	335	336	336	337
直隶	718	719	719	721
安徽				
江苏				19823
江西	24502	24505	24507	24509
浙江	6483	6643	6982	10843
福建	20211	20376	20636	20649
湖北	32380	32469	32561	32650
湖南	20999	20999	20999	21000
山东	34985	35100	35219	35338
河南	23939	23940	23941	23942
山西	16392	16360	16384	16394
陕西				
甘肃				
巴里坤、乌鲁木齐*				
四川	56403	57393	58344	59396
广东	29507	29523	29545	29558
广西				
云南				
贵州	3289	3292	3957	4171
总计				

资料来源：（4）据同治十一年户部清册（1021号）。（5）据同治十二年户部清册（1022号）。（6）据光绪元年户部清册（1023号）。案是年贵州兴义、都匀、镇远三府、八寨二十个厅州未造报。

编者注：* 非省级行政单位。——再版编者注

(十二) 光绪年间人口统计之一

(单位:千人)

地区	光绪元年[1] (1875)	光绪二年[2] (1876)	光绪三年[3] (1877)	光绪四年[4] (1878)	光绪五年[5] (1879)	光绪六年[6] (1880)
奉天	3037	3054	3793	4068	4134	4176
吉林	338	338	339	340	345	
直隶	721	723	723	724	724	724
安徽						
江苏	19941	20058	20188	20324	20463	20644
江西	24512	24515	24518	24521	24525	24527
浙江	11361	11414	11466	11500	11541	11558
福建	21036	21130	21238	21439	21647	
湖北	32754	32859	32950	33037	33122	33206
湖南	21000	21000	21001	21002	21002	21002
山东	35463	35567	35657	35731	35902	35998
河南	23942	23943	23944	22114	22115	22115
山西	16405	16419	16433	15557	15569	14587
陕西						
甘肃						
巴里坤、乌鲁木齐*						
四川	60448	61500	62451	63503	64560	65611
广东	29572	29592	29614	29632	29651	29672
广西						
云南						
贵州	4484	4487	4490	4493	4608	4739
总计						

资料来源:(1)据光绪元年户部清册(1023号)。案是年福建人口系至光绪二年始补报。又是年贵州都匀、镇远二府、八寨等十六个厅州未造报。(2)据光绪二年户部清册(1024号)。案是年福建人口系至光绪三年补报。又案是年贵州都匀、镇远二府、八寨等十四个厅州未造报。(3)据光绪三年户部清册(1025号)。案是年福建人口系至光绪四年补报。又案是年贵州都匀、镇远二府、八寨等七个厅州县未造报,下年度同。(4)据光绪四年户部清册(1026号)。案是年吉林、福建人口系至光绪五年补报。(5)据光绪五年户部清册(1027号)。案是年吉林、福建人口系至光绪六年补报。又案是年贵州都匀一府、八寨等十三个厅州未造报。(6)据光绪六年户部清册(1028号)。案是年贵州为全省造报人口,以后贵州所造报人口均为全省数。

编者注:* 非省级行政单位。——再版编者注

(十三)光绪年间人口统计之二

(单位:千人)

地区	光绪七年[1] (1881)	光绪八年[2] (1882)	光绪九年[3] (1883)	光绪十年[4] (1884)	光绪十一年[5] (1885)	光绪十二年[6] (1886)
奉天	4208	4243	4284	4323	4369	4409
吉林	342	398	402	414	149	448
直隶	725	726	726	725	725	726
安徽						
江苏	20784	20905	21026	21161	21260	21347
江西		24534	24538	24541	24541	24554
浙江	11572	11589	11606	11637	11685	11691
福建	22276	22676		23503		24345
湖北	33285	33365	33438	33519	33600	33682
湖南	21002	21003	21003	21004	21005	21006
山东	36095	36248	36355	36454	36546	36631
河南	22115	22116	22106	22117	22117	22117
山西	14349	12211	10744	10909	10793	10847
陕西			8094	8277	8396	
甘肃						
巴里坤、乌鲁木齐*						
四川	66662	67713	68969	70021	71074	72126
广东	29695	29706	29717	29753	29740	29751
广西						
云南						
贵州					4804	
总计						

资料来源:(1)据光绪八年户部清册(1029号)。(2)据光绪八年户部清册(1029号)。案是年吉林、福建人口系至光绪九年补报。(3)据光绪九年户部清册(1030号)。案是年吉林人口系至光绪十年补报。(4)据光绪十年户部清册(1033号)。案是年吉林、福建人口系至光绪十一年补报。(5)据光绪十一年户部清册(1034号)。(6)据光绪十三年户部清册(1036号)。

编者注: * 非省级行政单位。——再版编者注

（十四）光绪年间人口统计之三

（单位：千人）

地区	光绪十三年(1)(1887)	光绪十四年(1)(1888)	光绪十五年(2)(1889)	光绪十六年(3)(1890)	光绪十七年(4)(1891)	光绪十八年(5)(1892)
奉天	4451	4490	4538	4566	4617	4665
吉林	449	448	420	480		551
直隶	727	728	729	729	551	731
安徽						
江苏	21409	21472	21532	21584	21643	21741
江西	24559	24567	24570	24574	24579	24584
浙江	11703	11720	11745	11774	11792	11812
福建	24740	24849	24934	25007		25159
湖北	33763	33836	33912	33994	34112	34159
湖南	21006	21007	21008	21008	20935	21009
山东	36694	36817	36859	36984	37096	37151
河南	22118	22118	22119	22119	22119	22120
山西	10658	10984	11034	11059	11071	
陕西	8404	8405	8405	8407	8413	8422
甘肃						
巴里坤、乌鲁木齐*						
四川	73179	74231	75283	76336	76336	77388
广东	29763	29774	29786	29800	29811	29826
广西	7509					
云南						
贵州	4807	4811	4816	4821	4827	4831
总计						

资料来源：（1）据光绪十三年户部清册（1034号）。案是年吉林、福建人口系至光绪十四年补报。（2）据光绪十四年户部清册（1037号）。案是年吉林、福建、广西人口系至光绪十五年补报。（3）据光绪十五年户部清册（1039号）。案是年吉林、福建人口系至光绪十六年补报。（4）据光绪十六年户部清册（1040号）。案是年吉林、福建人口系至光绪十七年补报。（5）据光绪十七年户部清册（1043号）。（6）据光绪十九年户部清册（1044号）。

编者注：* 非省级行政单位。——再版编者注

(十五) 光绪年间人口统计之四　　　　　　　　　　　（单位：千人）

地区	光绪十九年(1)(1893)	光绪二十年(2)(1894)	光绪二十一年(3)(1895)	光绪二十二年(4)(1896)	光绪二十三年(5)(1897)	光绪二十四年(6)(1898)
奉天	4725	3082	2404		4957	4643
吉林	626	626	638	632	779	
直隶	732	767	836	837	735	736
安徽						
江苏	21852	21974	22085	22228	22336	22390
江西	24593	24599	24604	24608	24613	24617
浙江	11825	11843	11852	11866	11884	11900
福建	25235	25630	26026		26833	
湖北	34254	34340	34427	34518	34614	34716
湖南	21009	21010	21011	21011	21012	21174
山东	37279	37438	37476	37593	37714	37789
河南	22120	22121	22121	22121	22122	22123
山西	10912	11051	11104	11191	11493	11531
陕西	8431	8473	8495	8510	8547	8592
甘肃						
巴里坤、乌鲁木齐*						
四川	78441	79493	80546	82811	83780	84749
广东	29839	29852	29866	29881	29897	29900
广西						
云南						
贵州	4836	4841	4845	4850	4854	4859
总计						

资料来源：(1) 据光绪十九年户部清册 (1044 号)。是年吉林、福建人口系至光绪二十年补报，山西人口系至光绪二十一年补报。(2) 据光绪二十年户部清册 (1047 号)。案是年福建人口系至光绪二十一年补报。(3) 据光绪二十一年户部清册 (1049 号)。案是年吉林、福建人口系至光绪二十二年补报。(4) 据光绪二十二年户部清册 (1051 号)。(5) 据光绪二十四年户部清册 (1052 号)。(6) 原稿缺出处。

编者注：* 非省级行政单位。——再版编者注

《中国近代经济史统计资料选辑》
重版核校的一些说明

（代跋）

严中平等编《中国近代经济史统计资料选辑》（以下简称《选辑》）出版已近六十年，数十年来，为研究者提供了极大的便利，至今仍然是中国经济史研究"基本的足资参考的统计资料"[①]。由于《选辑》所涉及的统计数据十分庞杂，在没有电子计算器或计算机这类高速运算工具的条件下，难免会有一些计算失误。《选辑》）出版后，治学严谨的严中平先生又做了三十多年的增补修订工作，遗憾的是严老辞世后他所做增补修订工作的大量手稿曾经大部分下落不明。幸运的是2009年11月严老遗留的《选辑》手批本失而复得，价值珍贵，严老在其中所花巨大心血不能再被埋没。中国社会科学出版社这次重版《选辑》时注意根据手批本作若干修订，实际上是在弘扬严中平严谨治学精神。由于这一手批本中有些地方涂改较乱需仔细辨识整理，其他修订之处也要进行核校，《选辑》原编著者之一汪敬虞先生、中国社会科学院经济所及中国社会科学出版社委托笔者做这项整理和核校工作。汪敬虞先生一再告诫笔者，做这项核校工作一定要尊重严老的意见。因此，这次修订主要是根据严老提及的问题，作有关核对和修订。[②]

严老手批本指出，《选辑》第一部分表7（现为表1-7，以下类似）中1775~1779年自英本国进口五年平均值不应是371475两（银两，下同），应改为384009两；自印度进口五年平均值不应是875997两（银两，下同），应改为315067两，但是严老手批本又在这一行上写了"不用"两字。经笔者根据原资料来源有关数据计算，原表这一行确实有误，但是严老的修改数字也有问题，而且统计表内各项数字存在相互关联，手批本对于表7尚未修改的1775年至1779年自英进口总值五年平均数及后来两项占进口总值的百分比都应随之改正。笔者认为，严老既然又批注"不用"两字，说明严老对此修订十分审慎，应当遵照严老意见将"1775年至1779年"这一行删去，表头也应随之修改。与表7相关联的表9也应随之修改。

手批本指出，《选辑》第一部分表8中1780年至1784年东印度公司自英本国输华毛织品5年平均值有误，其错在缺1782~1783年数字，原表径将其他年份数字之和除以五之结

[①] 宓汝成、邢菁子：《中国近代经济史研究综述》，天津教育出版社1989年版，第194页。
[②] 凡严老未提，而笔者及其他学者发现《选辑》计算失误问题，暂不列入这次修订。

果作 1780～1784 年平均值是不合适的，应当除以四。笔者认为严老手批本的这一处置方法是正确的，但是严老手批本的修改数据为 473?70，其中百位数因涂改似"3"亦似"8"，不易确认；且表 8 的指数是以 1780～1784 年平均值为 100，原表将除以五之结果作 1780～1784 年平均值实际上导致"英国输华毛织品"这一栏的一系列指数全错，严老手批本也未作英国输华毛织品这一栏系列指数的修改，尚需作较大修订。经笔者根据原资料来源有关数据计算出 1780～1784 年平均值应为 473370，并以此值为 100 对 1775-1833 年相关指数栏作全面修订。

鸦片战争前的中英贸易由三大部份组成，一是英国东印度公司的对华贸易，二是英国东印度公司职员私人对华贸易，最后是英属印度对华所谓"港脚商人"贸易。手批本指出，《选辑》第一部分表 17 错误较多，经笔者根据原资料来源核校，手批本这一总判断是对的，这一表确实应当修订。不过手批本关于这一表的一些具体意见却存在如下问题：

1. 手批本指出表中"东印度公司出超"这一栏计算有误，并对这一栏数据作了较多修改，但是经笔者根据原资料来源核校发现：原计算确实有误，手批本这些修订计算也有误，有的年份数据本来是对的，手批本反而改错了。

2. 对于"东印度公司职员私人入超"、"港脚商人出入超"这两栏，手批本原都批注"此栏不错"，后又划去"东印度公司职员私人入超"栏的"此栏不错"，并对这一栏数据作了较多修改，也有将本来是对的数据改成错的；这两栏 1760 年至 1764 年只有最后一年有数据，严老手批本曾指出表 8 英本国输华毛织品 1780 年至 1784 年数据不应当除以五，同理在表 17 这两栏 1760 年至 1764 年之数据也不应当除以五；"港脚商人出入超"栏另有两处数据错误，手批本却未作修订。

3. 原表"总计出入超"栏数据计算也有误，手批本在前面两栏修改基础上对"总计出入超"栏数据作了修订，但是由于基础是错的，这一栏较多数据应当重新计算。

由于"东印度公司出超"、"东印度公司职员私人入超"这两栏每一个数据背后都需要将五年的出口和进口数据相加减，再求平均值，需要大量计算，严老手批本对这一表所作改动较其他表多，并有多处改了又划，数字亦有涂改，有的改了再划后又恢复原先数据，较乱。笔者根据原资料来源有关数据重新计算，修订结果见表 17。

手批本指出表 1-18 "进口商货价值"栏中"1760～1764 年"的 345930 两、"1765～1769 年"的 520059 两、"1795～1799 年"的 1961352 两皆错，并将"1795～1799 年"的数字修订为 1981472 两；手批本指出："运入中国的白银量"栏中"1765～1769 年"的 1066596 两应改为 1056345 两，"1775～1779 年"的 143032 两应改为 143027 两，其余数据皆对。经笔者根据原资料来源有关数据核校，确实存在手批本指出"进口商货价值"栏中"1760～1764 年"、"1765～1769 年"、"1795～1799 年"进口货值的错误，但是手批本对"1795～1799 年"的数字修订也有误，手批本未指出的"1790～1794 年"的数字原有误；手批本对"运入中国的白银量"栏"1775～1779 年"数据修订是对的，但是将"1765～1769 年"的 1066596 两改为 1056345 两，反而有误：《选辑》这部分内容依据普立查特（Earl H. Pritehard）所著的 The Crueial Years of Early Anglo-Chinese Relations（《选辑》译作《早期中英关系史上的决定性年代》，简称《决定性年代》）一书的附表 IX。《决定性年代》原表中，1765 到 1766 贸易年度，自英国运到中国的白银为 1098255 两，从印度运到中国的白银为 673479 两，两者相加为 1771734 两，而《决定性年代》的总计则误为 1690479 两，手批本根据这一错误的总计计算五年平均值为 1056345 两，相比之下，《选辑》表 18 原是根据 1765 到 1766 贸易年度的 1771734 两得出五年平均值为 1066596 两，应保留。据此，修订结果见表 18。

《选辑》第一部分表 21 题为"英属印度政府的鸦片收入"，严老手批本对这一表"折合银两"栏的折合率（汇率，1 卢比＝0.288 银两）提出质疑，改折合率为"0.326 卢比＝两"，后又改为"卢比/3.062＝两"。龚缨晏在《中国社会经济史研究》1999 年第 1 期发表文章中也曾对《选辑》表 21 中的中国银两数提出批评，认为 1 卢比＝0.288 银两这个换算比例来历不明。根据 H. B. Morse 所提供的资料[1]，龚缨晏指出在鸦片战争前 1 英镑大约等于中国的银两 3 两（1 卢比大约等于 0.3 中国银两）[2]。表 27 题为"中印之间的白银流向"，原数字单位为卢比，《选辑》也按 1 卢比＝0.288 银两比例折合成银两。严老手批本在这一表"自中国输入印度"和"自印度输入中国"这两栏都打了叉，认为这两栏折合数都不对，加注"卢比/3.062＝两"的折合率。龚文未提及表 27 的修订。经笔者查核，关于"卢比/3.062＝两"的折合率，手批本的质疑及龚缨晏的批评有理，但是手批本后来改的"卢比/3.062＝两"折合率也有误，"1 英镑＝3 银两，1 卢比＝0.3 银两"的折合率较可靠[3]。现按此折合率对表 21 "折合银两"栏及表 27 的所有数据进行修订。

《选辑》第四部分"工业"中表 1（现为表 4－1，以下类似）、表 2 中商办机器工厂 1883 年设立者有 1 家，资本 10 万元。经笔者查核，该厂名"源昌机器五金厂"，以前有多种资料载有其 1883 年在上海设立，资本 10 万元等历史。严老在 1986 年出版的《科学研究方法十讲》中指出，1961 年上海工商局领导的机器工业史料组多方调查后认为"源昌机器五金厂"是清末祝大椿为了冒领二品顶戴造的假。[4] 手批本例虽未提及，但是重版时将其从表 4－1、表 4－2 中除去，这是符合严老心意的。又：表 4－1 中 1895 年以后各年设厂数和资本数等，原编著者之一汪敬虞先生后来都作了修订[5]，重版时吸收这些修订。但是汪敬虞先生的修订只有总数，没有再分经营方式。建议把表 4－1 分成 A、B 两部分，1895 年以前的为 A 部分，以后的只列设厂总数和资本总数，作为 B 部分。

严中平、汪敬虞等前辈学者在资料零散又没有高速运算工具等困难条件下，严谨治学，

---

[1] H. B. Morse, The Chronicles of the East India Company Trading to China, vol. 1. 附表。
[2] 龚缨晏：《关于鸦片战争前中英贸易的几个数据》，《中国社会经济史研究》1999 年第 1 期。
[3] 公一兵的《1780－1880 年间中国白银出入的变化及外国银元之地位》一文（载于北京大学 1999 级"泰兆奖助金"论文集）通过对英国国会档案的研究，也得出鸦片战争前 1 英镑大约等于 3 银两的汇率。又："在 1873 年以前，用黄金表示的白银价格的一致稳定或接近于稳定，已经超过了一百年之久。"（North China Herald，1892 年 4 月 8 日，第 465 页；《字林西报》，1893 年 4 月 5 日，第 296 页）。
[4] 严中平：《科学研究方法十讲》，人民出版社 1986 年版，第 72～75 页。
[5] 见汪敬虞编《中国近代工业史资料》第二辑，科学出版社 1957 年版，第 654 页。

努力多方收集史料，做了大量近代经济史统计工作，为后人留下宝贵资料；其后又发扬科学精神，不断增补修订。笔者谨以此项核校工作向前辈学者的科学精神致敬！

陈争平
中国社会科学院经济研究所
特邀研究员